思想政治教育研究文库

——

学校心理教练技术

夏 文 沈彦晨 罗文昀 主编

光明日报出版社

图书在版编目（CIP）数据

学校心理教练技术 / 夏文，沈彦晨，罗文昀主编
. --北京：光明日报出版社，2024.5
ISBN 978－7－5194－7951－0

Ⅰ.①学… Ⅱ.①夏… ②沈… ③罗… Ⅲ.①教育心
理辅导 Ⅳ.①G448

中国国家版本馆 CIP 数据核字（2024）第 093980 号

学校心理教练技术
XUEXIAO XINLI JIAOLIAN JISHU

主　　编：夏　文　沈彦晨　罗文昀

责任编辑：王　娟　　　　　责任校对：许　怡　董小花
封面设计：中联华文　　　　责任印制：曹　净

出版发行：光明日报出版社
地　　址：北京市西城区永安路 106 号，100050
电　　话：010-63169890（咨询），010-63131930（邮购）
传　　真：010-63131930
网　　址：http://book.gmw.cn
E－mail：gmrbcbs@gmw.cn
法律顾问：北京市兰台律师事务所龚柳方律师

印　　刷：三河市华东印刷有限公司
装　　订：三河市华东印刷有限公司
本书如有破损、缺页、装订错误，请与本社联系调换，电话：010-63131930

开　　本：170mm×240mm
字　　数：314 千字　　　　　印　　张：17.5
版　　次：2024 年 5 月第 1 版　印　　次：2024 年 5 月第 1 次印刷
书　　号：ISBN 978－7－5194－7951－0
定　　价：95.00 元

编　委　会

主　编：夏　文　　沈彦晨　　罗文昀

副主编：范岚仙　　舒跃丽　　万子龙

　　　　李林格

编　委：黄　健　　张方娜　　区宝仪

　　　　罗金梦　　陈靖松

引　言

心理教练是一个近年来备受关注的专业名词，是指教练通过运用沟通、计划、提问等技术，帮助练习者参与训练，以达成个人的目的。心理教练技术是运动心理学、教育学等学科的衍生应用，是一种新兴而有效的管理技术。心理教练技术可以帮助练习者洞察自我，发挥个人潜能，有效激发个人并发挥自身力量，从而提升能力。这种技术的起源可以追溯到20世纪70年代初，当时美国体育界开始出现"教练技术"的相关概念。后来，添·高威，一位美国网球教练，率先将教练技术引入企业界。自20世纪70年代以后，心理教练技术开始向多学科、多领域发展，并不仅仅局限于企业领域，商业、教育领域也开始广泛应用。如今，心理教练已经逐步发展成为一个相对成熟的行业。相信在不久的将来，会有越来越多的学校、企业管理层学习并应用心理教练技术，成为这个行业中的一员。

在21世纪，由于家长对孩子的过度宠溺和骄纵，学生们在成长过程中可能会遇到某些心理上的问题。例如，当他们的需求未得到满足时，可能会采取激烈的不满表达和情绪失控等行为来达到目的。同时，在与他人争论时，他们可能过于强调自己的观点，表现出偏激和自我中心主义的倾向。此外，有些孩子可能会选择不与他人交流，过于封闭自己的内心世界。

这些心理问题应该引起家庭、学校和社会的高度重视。近年来，心理教练技术在教育领域得到了广泛应用。针对不同年龄和类型的学生，心理教练可以使用不同的技术来帮助他们。例如，对于情绪低落或失去斗志的学生，心理教练可以通过激励和引导，帮助他们逐步找到自己的目标和方向。此外，心理教练也可以将技术应用于教学中，通过聆听和提问等方式，充分引导学生参与并表达自己的想法。家长也可以成为孩子的心理教练。在学业压力大的情况下，学校可能没有足够的时间来处理每个孩子的心理问题，因此家长的帮助和支持非常重要。为了更好地帮助孩子们成长，我们建议更多具有丰富经验的心理咨询师，以及没有接触过心理教练技术的人们加入这个领域。这将有助于解决中国心理教练人才短缺的问题，并为广大的青少年提供更全面、更有效的心理健康支持。

　　本书第一篇详细阐述了心理教练与教练技术的内涵、历史与发展，以及其多学科交叉的特点。读者需带着问题去思考，了解心理教练技术的特点、历史演变及适用领域。第二篇是关于教练技术的核心内容，详细介绍了常用的三大技术：GROW 模型、认知行为教练技术和 NLP 教练技术。这些技术的概念和使用技巧在本部分得以全面展现。这一部分是全书的重点，每个小点相互关联，读者需仔细阅读并理解。第三篇是全书的实践环节，提供了不同阶段学生教练实践案例供读者学习。通过理解这些案例，读者在未来的学生教育实践中可以结合实际情况进行应用。

目　录
CONTENTS

第一篇 01

心理教练技术介绍

第一章

心理教练技术的概念

我们致力于运用心理教练技术，这一过程不仅需要树立心理学的理念，还需引入教练的助人模式。在心理学层面，我们关注人本主义心理学、积极心理学、人性主义心理学、后现代心理学等学派对人性尊重和信任的核心观念。同时，我们充分借助教练的互动模式，通过聆听、提问、回应、反馈等沟通环节，鼓励练习者主动表达想法，陪伴他们进行反思与探索，最终的目标是激发练习者自行寻找解决问题的策略，以实现最佳的"表现"。本章将详细阐述心理教练技术的定义、应用心理教练技术的意义以及使用心理教练技术的原则。

第一节　心理教练技术的定义

一、教练的定义

根据《朗文词典》，教练的意思是"辅导"或"教学"，是指向个人或团体提供建议或指导。教练起源于 20 世纪 70 年代初的美国，是一种新兴的、有效的管理技术，从日常生活、对话、商业学、心理学和教育学中发展而来。教练就好像镜子、指南针和催化剂，反映了练习者的思维、行为和现实，而且，明确练习者的方向，可以帮助他们更有效和快速地实现目标。

专业教练使用各种沟通技巧（目标重述、积极倾听、提问、澄清等）来帮助练习者转变他们原来的观点，找不同的方案来实现他们的目标。这些技能是所有教练所共有的，从这个意义上说，教练是一种"超越职业"，可以从个人、职业、体育、社会、家庭和精神层面等应用于支持练习者生活的各个方面。教练行业目前在美国是最受欢迎和发展最快的人力资源开发领域。教练职业之所以受到关注，是因为它以教练技术的标准流程为基础，考虑练习者工作和生活的实际情况，启发练习者找到自己愿意为之努力的方法，支持练习者在教学过程中制定的行动方案。更重要的是，教授与训练是一个循序渐进的过程。在这个过程的支持、鼓励和问责下，行为改变逐渐成为可能。

教练分为专业和职业。其一，国际教练联合会（International Coach Federation，ICF）认为："专业教练作为一个长期伙伴，旨在帮助练习者成为生活和事业上的赢家。教练帮助他们提升个人表现，提高生活质量。教练都是经过专业培训的，他们倾听、观察并根据练习者的需要来调整他们的教练方法。教练认为练习者具有与生俱来的创造力和智慧，可以激发练习者寻找自己的解决方案。教练的职责是提供支持，以增强练习者已有的技能、资源和创造力。"其二，职业教练定义为："教练是运用教练技术来帮助练习者在企业、个人成长及家庭，社会生活等各种领域达成目标的人。"

二、教练技术的定义

"教练"是一个新的管理概念，从体育中产生，是运动员赢得冠军和金牌的重要支持者。另一方面，教练技术被认为是一种完善的心智模式（心智模式是嵌入我们头脑中的图像、假设和故事，也决定了我们的世界观），通过提问来发挥潜能，提升效率的管理技术。

就教授的内容而言，教练技术与传统的培训和教育不同，后者侧重于培养人的能力和技能，而教练技术关注于练习者深层次人格方面，并挖掘其个人的价值；从教授的过程来看，教练技术是一个帮助练习者不断发展自己，构建自己的过程，练习者在受教过程中会对自己的人格、认知、情感态度等进行重新构建。除此之外，教练技术的实现是通过有效的对话，比如发现性对话、扩展性对话和动力性对话，在实现教练技术的过程中，以移除练习者心中的盲点。

三、心理教练的定义

心理教练将会是世界上发展快速的职业之一。未来的领导者和高层管理将聘请心理教练，并应用教练技术来提高团队绩效。学校的中高层管理单独设立心理教练岗位或者让老师学习心理教练技术来提高学生学习能力，这将是一种趋势。同时，企业在员工培训和职业指导中也可聘请心理教练来提高员工工作能力，实现公司业绩目标。中国非常缺乏心理教练，需要大量的心理教练来满足各种人力资源需求。此外，心理教练的资格有着职业的认证，中国的心理教练的职业标准主要是根据国际教练联合会的教练专业标准制定的。

心理教练的定义是：运用心理教练的知识和方法，帮助人们调整思维，激励精神，开发潜能，从而提高练习者的效率，是帮助他们实现目标的专业人员。

心理教练通过尊重、聆听、提问，引发当事人的思考，围绕练习者的需求与目标，通过觉察个体或团队的心理过程，借助对人性的尊重、好奇和信任，采用倾听、提问、回应、反馈等技术流程，作为对话伙伴与练习者一起反思与探索，激发练习者的动力与潜能，进而实现练习者自我完善、自我提升、自我成就的价值。

四、心理教练技术的定义

心理教练技术是心理学（心理学是一门研究人类心理现象及其影响下的精神功能和行为活动的科学，兼顾突出的理论性和应用性）和教练技术的智慧结合（见图1），是一种新思潮。心理教练技术超越了心理学的局限，以世界上先进的科学理论为基础，融合神经语言程序技术的同时，还整合了传统心理学、积极心理学、成功学和中西方哲学智慧之精华，从而形成了快速开发人的心智潜能、提升人的内心智慧、增强人的内在力量和能力的技术。心理教练技术需要"专业团队"支持，同时基于政策、文化和资金的投入以及专家相关的科研支撑才能发展起来。

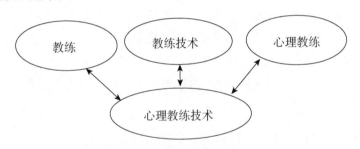

图1　心理教练技术的构成

关于心理教练技术的定义到目前还没有确切的定义，中国教育学会"十一五"科研规划重点课题"青少年生活技能教育研究与实践"课题组副组长樊昌隆关于心理教练技术的几个问题中提道："心理教练技术也是通过完善的心智模式来激发潜能、提升人力资源效率的开发技术。通过一系列方向性和战略性的培训过程，练习者深入了解自己的心理模式，向内激发潜能，向外发展可能性，使他们能够有效地实现自己的目标。"

因此，本文结合查阅的资料及文献，心理教练技术的定义是：

"建立在广泛的心理学理论和原则上，采取有效的方法，用于提升人们在个人、集体生活及职业领域的表现和幸福感，并对人们能力的发展具有重要作用的技术。"

目前，心理教练技术是以目标为导向的，是发展性的，在教练和练习者之间的对话中，可以洞察练习者的心智模式。在与练习者的互动中，心理教练承担着支持者、陪伴者和唤醒者的角色，始终相信他们解决问题的能力，并通过教练式沟通帮助他们了解自己，提供自己的经验资源。心理教练技术应用于多方面，在心理教练领域，目前比较先进的是来自中科院心理研究所的后现代心理教练团队，该团队是由史占彪教授领衔，集后现代心理学、积极心理学、社会建构理论、合作对话理论和中国传统文化尤其是阳明心学之大成等基础理论，探索心理教练的工作方式，在学术、技术和艺术相辅相成、相互补充、相映成趣的情况下，满足人们更高层次的心理需求。

总结：

教练和心理教练以及教练技术和心理教练技术之间存在上下级概念的关系，且彼此之间相互促进、相辅相成。尽管心理教练技术是一个相对新的概念，但其与教练、教练技术以及心理教练之间存在着密切的联系。心理教练技术的发展、推广与创新离不开这些相关概念的支持与协助。

思考题：

1. 你如何定义教练、教练技术、心理教练和心理教练技术？

2. 你如何看待心理教练技术未来十年的发展状况？

3. 心理教练技术该如何运用在实践中？

4. 训练与监督对心理教练技术的实施是否有帮助？帮助在哪里？

第二节　心理教练技术的使用原则

随着全球经济一体化的不断深化，教育事业获得了空前的发展，教育领域对德、智、体、美、综合实践活动等方面的要求也日益提高，这在一定程度上给人们尤其是学生造成了心理压力，甚至部分学生还出现了严重的心理障碍。面对这种情况，越来越多的人开始需要借助心理教练技术进行必要的训练。然而需要强调的是，如果在实际应用中缺乏对心理教练技术原理以及倾听、提问、反馈等技巧的掌握，心理教练技术的实际效果可能会大打折扣。因此，我们在运用心理教练技术时，务必要遵守其使用原则。

一、心理教练技术的常用原则

（一）全面性原则

练习者在受教过程中全部的生理机能和心理机能必须参与其中，教练不能在过程中一味地只求结果，还必须重视练习者身心全面性的培养。当然，在教授过程中，由于每一个练习者的状况不同，肯定也存在某些方面的差异，要有针对性地进行教学，但是越是存在这种情况越不能对其他的方面有所偏差，否则会适得其反。所以，在心理教练技术实施期间，教练要注意教练内容的多样性，全面提高练习者的身心机能，以此保证练习者能够如期有效地完成目标。

（二）主动性原则

心理教练技术的效果关键在于练习者自身的主动性，如果练习者自己不主动，就不会有效果，教练不能代替练习者进行培训，以达到效果。主动性原则在心理教练技术和其他培训技术的原则上是有所不同的，一般培训主张教练制订计划，发挥的是教练的主体作用，而练习者只需配合教练的计划参与即可，长此以往练习者的积极性与激情会消耗殆尽，这样不利于练习者目标的实现。心理教练技术需要练习者主动参与，充分发挥练习者的主动性，这样练习者有激情，教练也容易实施计划。

（三）渐进性原则

心理教练技术的使用要符合个体自身认识发展的规律，练习者在不同的发展阶段都有其特定的身心状态。教练在此之前要清楚明白练习者是具有发展性的，方案的制定需要根据练习者认识发展的规律进行阶段性调整。因为心理教练技术的实施过程分为数个阶段，可能练习者在第一个阶段还适应教练的方案，但到了第二个阶段就不适应了，这种情况也是常有的。不过，在极个别的情况下还可以使用冲击性的方法，一瞬间把练习者的心理负荷能力顶到极限。但是大部分的心理教练技术的使用还是要遵循循序渐进原则的。

（四）针对性原则

心理教练技术的每一个实施过程与阶段都必须要有针对性，教练需要针对练习者之间的不同来制定不同的方案。因为每个人的情况都是不一样的，不存在完全相同的训练方法和手段，教练必须要根据不同练习者采取针对性的方法与手段。在使用不同的技术时需了解其相关性，并去除有威胁或无效的方法和技术。就好像在健身房中，器械的不同就是为了针对你每一块肌肉而设计的。

（五）持续性原则

实施心理教练技术是一个漫长又艰难的过程，练习者只有持之以恒地进行训练，才能保持良好的状态与效果。在教授过程中，教练需要不间断协助练习者，每当练习者完成了一个小目标时，教练需给予练习者适当的奖励，并继续鼓励练习者进行下一步目标的完成，也只有这样，练习者才能在耐心的基础上保持较高的完成率。在这点上心理教练技术和心理咨询有明显不同。后者宣称其"疗法"的效果可以永远保持下去。进这个门时你带着一堆问题，出这个门你就是一个"新人"了。心理教练技术不承诺会有这个效果，它只是提供方法，当事人必须自主持续训练才能提高并保持能力。

（六）超负荷原则

指在进行心理教练技术训练时给予练习者超出本身所能够承受的范围的负荷。在教练过程中，只有遵循超负荷原则，练习者的素质及能力才能在现有的基础上逐渐得到提高，练习者的心理负荷能力也只有在超越自身平时所能承受的心理负荷时才有价值。教练运用超负荷原则指导练习者进行训练最重要的因素是实事求是，教练首先必须了解练习者目前的状态，从练习者实际情况出发，慢慢调整负荷水平。例如，在某一个阶段上，练习者产生恐惧或者退缩心理，让他恐惧一次，因为只有这样练习者才能慢慢克服困难，训练才会有效果。

（七）特殊情境原则

心理素质的好坏只在一定的情境下才可以体现出来，训练情境与真实情境越接近越好。教练在教练过程中要营造出特殊的情景模式才能使练习者更好融入其中。就好像在健身房里练出的力量，在比赛场合上基本能发挥出来，但在教室里训练出的"自信心"，在实践场合可能无影无踪，人的心理活动需要与情境高度契合。

（八）体验原则

即主要通过练习者的实际体验来进行训练，心理教练技术的训练不是讲道理，而是让练习者去直接体验。这是心理教练技术和道德教育，以及心理咨询的区别之一。现今的道德教育基本上还是以理性的言语教育为主。心理咨询的基本内容也仍然是"话疗"：一对一进行谈话，只不过谈话方式和内容不断演进。但心理教练技术的基本活动是体验，而不是言语，它所依据的原则是：人类的非理性心理活动是独立于语言活动之外的，仅仅用语言工作最终会导致半途而废。只有真实的经验才能直接刺激感知，形成表象，激发情感，产生行动。

二、心理教练技术的一般原则（埃里克森五原则）

（一）人们原本的样子是 OK 的

人们原本的样子是 OK 的，很多人都不能相信这一点。因为习惯了打压式的教育，所以无论做得多好，取得多大的成绩，心里总有声音在说：有人比我做得更好，距离我想要达成的目标还远着呢。其实正是这种对于过去经历和生活的负面情绪，驱使我们继续往前走，把未来过得更好。过去的经历和生活是现在行动的起点，所有未来的成就都取决于现在的改变。生命的每一刻都会出现它应该有的样子。

世界需要平衡，所以会有正负阴阳。人们根据自己的喜恶判断哪些想要哪些丢弃，哪些好哪些坏，关键是要知道这些都是原本的样子，我们自己去选择关注点，设置自己想要的体验就可以了，过去的环境、经历、经验决定了现在所处的位置。殊不知，一个人在这世上唯一能做好的事情就是做好自己。所以接受现实，活在当下，这是值得一辈子去领悟的道理。

（二）人们内在已经拥有了成功

我们人类的意识是有限的，一次只能容纳不多的信息，它所起的作用更多的是聚焦。在人们意识无法直接感知的地方，存在着超意识，它会将我们过往的经历、关注的内容全部收集起来，当我们开始聚焦的时候，这些超意识里的东西就会发挥作用，帮助我们找到方向，明确目标，并且动手实践，不断调整和校正，实现我们的目标。

任何我们想要的成功都可以依靠超意识来帮我们达成。超意识很难被感知到，所以需要有技巧的提问和沟通，才能够和超意识建立链接，把它们放在人们能够看到的地方，帮助大家去思考和探索新的可能。不要以为感知不到，就不相信它的存在，要知道人们很大部分的行为都是自发的，除了那些刻意训练出来的习惯，剩下的都是自己在成长过程中被超意识引导，自发的行为，这些才是我们更值得去关注的地方。

（三）所有行为背后都有正面的意图

我们的选择和改变的能力都是由超意识控制的。我们的行为体现都是实际需求，当我们心中想着学习的时候，自己却在刷手机；明明躺在床上累得说话都费力，看视频却能看到凌晨一两点。我们常常说，身体是最正直的，因为它知道自己想要的是什么，会照顾内在需求。这时候不应该否定和排斥，而是要好好问问自己：我现在所做的事情对我有什么正面价值？如果刷手机是因为它操作简单，新鲜刺激，那就把我们的学习计划也设计得操作简单、容易获得成就感。如果是因为压力太大，想要放松一下，那就看看压力的来源是什么。对自己如此，面对他人时，也要遵循这样的原则。

人与人在交往过程中，无法避免各种摩擦和碰撞，从而导致沟通不愉快，或者达不到沟通想要的效果。如果能够信奉"所有行为背后都有正面的意图"来进行交流，这时候更能接收到对方的好意，即使对方表达方式不太让人接受，也依然能够让交流进程顺利向下推进。

（四）人们正在做出当下最好的选择

我们所做的选择和决策都是在经过爬行脑、情绪脑和视觉脑综合考虑和权衡之后的行为，是最符合自己需求的。有些时候，我们可能自己都不清楚自己为什么做这样的事，不知道怎么就成功了，那是因为我们的超意识在指挥和引导。绝大多数事和成功的事都是由超意识完成的，因为人们的意识局限性，人们无法靠意识来掌控全局。那些运筹帷幄的人，也许能够说出一套理论，但是拿着这些理论去做事，并不一定能够复制出同样的成功，因为还有一种超意识所给出的感觉，是那些人无法说出来的，即使说出来，也无法被人理解的东西。人们总是认为过去的自己应该更聪明、更明智地进行决策。事实上，生活在当下的人不可能知道未来做什么决定会更好。我们喜欢拿着结果去总结经验，失败的经验可能是明晰的，但是成功更多时候是靠运气来决定的。人们所有的行动都是基于当下所有的情况来做出的选择，是我们所能做出的最好的选择。

（五）改变不可避免

人类的皮肤每 28 天就会发生一次变化，体内的每个细胞只能活 30 分钟，身体里的骨骼 3 个月变化一次，人处于不断变化的状态。感官系统对外部刺激进行调整，外部世界对个人的调整进行反馈。人无时无刻不在改变中，所以我们不需要纠结是否要改变，而是该关注我们如何做出改变，是努力追求自己想要的人生，还是让生命被时间磨损耗尽呢？每个人都有自由选择的权利，如果想清楚了，确定自己想要过的人生，谁也没有资格去评论是非功过，最怕的是有些人想要却不敢追求，有目标却没有行动，让生命的盎然被内心的阻碍所困，无法去追求自己内心所想所要。

总结：

心理教练技术原则以及埃里克森五原则不仅仅是作为使用技术时应该遵守的原则，其实每个个体都应该把这些原则作为自己的行为准则。当真正把这些行为准则融入自己的生活时，人们会发现，原来我们可以自己设置生活体验，自由地选择和创造自己想要的生活。

思考题：

1. 通过本节的学习，你如何理解心理教练技术的原则？

2. 埃里克森五原则该如何运用在心理教练技术中？对此进行讨论。

3. 你如何观察本节中讨论的原则，从而在自己的生活中发挥作用？

4. 在训练中，原则在哪些方面很重要？在过程中是否反映了这些原则？

第二章

心理教练技术的功能价值

如今，心理教练技术已经成为世界上一种重要的、革新的、极具影响力的技术，可以帮助人们挖掘自身潜力。心理教练技术的价值在于它既是管理技术，又是教育技术，心理教练技术运用最先进的心理学知识，融合行为科学、战略管理、组织管理等科研成果，找到要攻克的盲点，一举攻击目标。

本章介绍心理教练技术的功能与价值。在功能上，主要从教育功能、健心功能、文化功能、娱乐功能以及经济功能五个方面来论述心理教练技术的功能；在价值上，主要从体育价值、社会价值、教育价值、应用价值四个方面论述心理教练技术的价值。

第一节　心理教练技术的功能

改革开放以后，社会生活水平在不断提高，人们业余时间也在慢慢增加，人们的自身意识也得到了很大提升，这使得心理教练技术的功能越来越重要。心理教练技术可以通过训练提高练习者的情感控制和管理能力，帮助练习者在训练过程中长期保持快乐情感，从而提高练习者训练的积极性。

因此，本节从教育功能、健心功能、娱乐功能、文化功能以及经济功能五个方面来论述心理教练技术的功能。

一、教育功能

人类的发展是以个体为单位的，既表现出是一个随着年龄的不断增长而身心完善的过程，又是个体逐渐进入社会、承担社会角色、提高个体意识与丰富个体人生的过程。在个体的发展过程中，心理教练技术的教育功能发挥着促进个体的社会化与个性化的教育功能。

每一个人都是生活在社会当中的，并参与社会活动，承担相应的社会角色是社会中的一员，没有人可以脱离它，成为一个所谓"纯粹"的个体。从心理教练技术的教育功能来看，个体社会化的推进主要包括以下四个方面：一是促进个体逐步获得生活技能，主要是结合日常生活的技能与社会时代所必需的专业技能。有些学生从小到大被宠溺着长大，对于基础生活技能一窍不通，从中练习者学习生活技能不仅是为了提升自身，还为了学生社会化的发展。二是增强个体内外社会文化，主要有价值观念体系和社会规范体系两方面，社会文化的增强有利于练习者丰富精神世界，提高精神能力。三是完善个体的自我观念，即正确理解自己的生理和心理方面，与他人和社会的相互联系。当自我观念不断提高时，练习者更容易达到目标。四是教导个人学会承担社会角色，即通过角色学习和角色实践，能够自觉地按照社会结构中为自己建立的规范行事。

教练对个体的教育不仅仅是一个慢慢融入社会的过程，也是一个个体自身不断发展、完善自我的过程。心理教练技术的教育功能对个体个性化的影响主要表现为以下几个方面：一、提出个体个性发展的目标，明确个性化发展的方向。如今，教练在教练过程中要提出个性化发展的要求，而个性化发展需要个性化要求提供强大的牵引力。二、充分激发个人潜能，为个性化发展创造条件。教练注重个体之间的差异，根据能力使用教学方法和手段，充分发掘练习者的潜能，使练习者的个性化发展不断完善。三、提高个体的整体素养，为个性化发展打下基础。练习者如果要有效发挥主观能动性，同时形成良好的个性，练习者必须拥有良好的基本素质。四、营造良好环境，为个性化发展提供保障。环境的好坏虽然不能充分影响到练习者个性化的发展，但是只有在良好的环境中练习者的个性化发展才能有充分的保障。

二、健身功能

健身是一种身体活动，一直伴随在人们的生活中，无论是以前还是现在，人们健身的目的不仅仅是为了锻炼身心、舒缓压力、延年益寿、满足于身体方面的需求，也是为了激发潜能、激励精神、愉悦身心、满足于心理方面的需要。在心理教练技术实施过程中，其健身功能主要体现在心理和中枢神经系统两方面。

心理具体指生物对客观物质世界的主观反映，心理的表现形式叫做心理现象，心理现象人们都会存在的，也一直被人们所关注。在心理方面，心理教练技术的健身功能在心理方面的体现为：一、增强信心。练习者的信心会直接影响训练的效果与目标的实现，信心的强大能使练习者更好应对困难。二、培养稳定的情绪。在训练中，练习者的情绪波动极其重要，因为心理教练技术重点之一是激发练习者的积极主动性，如果练习者情绪过低，实施起来也极其艰难。三、培养独立和果断的能力。如果凡事都需要教练的协助，那么练习者能力的培养将会大打折扣，所以教练要在必要的时候才协助练习者。四、提高心智模式。心智模式的提升不仅仅有利于练习者个人潜能的发展，更有利于练习者最终目标的实现。所以，教练除了制定心理教练技术方案之外，要时刻关注练习者的心理，注重练习者心理方面的培养。只有这样，练习者才能更好完善自身，才能更容易实现目标。

中枢神经系统是神经系统的主要部分，由大脑和脊髓形成。中枢神经系统接收来自全身的传入信息，经过整合和处理后，成为协调的运动传出或存储在中枢神经系统中，成为神经元学习和记忆的基础。人类思维的活动也是中枢神经系统的功能。心理教练技术的健心功能对中枢神经系统的作用为：一、促进练习者大脑皮层神经细胞兴奋度的增加以及抑制程度的加深，使练习者在训练中兴奋和抑制能够更加集中和容易控制；二、可以加强练习者神经系统的平衡性和灵活性，对外界做出更快、更准确地反应，提高大脑的综合分析能力，以及使整个中枢神经系统的工作能力得到改善和提高；三、可以改善及训练神经系统的调节功能，提高神经系统判断人类活动复杂变化的能力，并及时进行协调、准确、快速的反应。

三、文化功能

文化的本质是一种观念形式，属于精神领域，但文化的作用并不局限于此，人的经济活动、制度的设计、行为方式和日常生活都有特定的文化内涵，体现着文化的作用。文化功能有时也叫文化价值，就个人而言，文化功能起着塑造个体人格的作用；就心理教练技术的文化功能而言，表现在个体与组织两方面上。

在个体方面，文化功能具有规范人的行为与塑造个体人格的作用。一是用社会规范"改造"人，以便在人类行为中发挥理性的主导作用。心理教练技术的文化功能提供了约束力，通常是限制行为规范。在实施过程中，教练将社会规范加之于个人，利用家庭启蒙、学校教育、社会示范、舆论等文化手段，达到规范性和约束力的效果。二是可以使人们对自身有一个明确的认识，增强自我调节能力，以此塑造人格。想要塑造健康的人格，首先你要对于自己的情况有一个大致的了解，有了自我认识，对于自己健康的人格的塑造才有更好的帮助。同时，自我调整能力也很重要，因为在日常生活中难免会面临困难，有些问题会让大家怀疑自己，无助于健康人格的形成，那么此时的自我调节就很重要，自身的力量才是最重要的。但凡事都有例外，如果个体与他们所生活的文化环境明显不同，他们的生存将是困难的。

在组织方面，心理教练技术的文化功能具有凝聚团体的力量，推动组织发展的作用。当组织利益受到外部威胁时，而这种威胁对共同利益造成危机时，可以强化这种危机，增强组织凝聚力，以此推动组织的发展进步。例如，在教练对组织管理训练的过程中，教练应努力确保受教目标符合组织中大多数人或个体学习者的长远利益，使个人目标容易与组织的目标等同起来，实现个人与组织目标，要达到这种认识，就要使决策科学民主，使组织的目标真正符合组织成员的长远利益，体现组织成员的意愿和愿望，集中组织成员的智慧，纳入严格的科学程序。这样既增加了组织凝聚力，又慢慢完成了练习者的个人目标。

四、娱乐功能

娱乐是人们的天性，娱乐也是人们精神生活的重要内容，娱乐身心、培养情感是其重要功能的一大体现。根据调查研究，大多数人都处于"不够健康"的状态。但心理教练技术可以帮助打破这种现状，使练习者身心得到放松，其主要表现在生理及心理两方面。

心理教练技术的娱乐功能在生理上主要体现在：一、可以增进健康，加强生命力获得快乐。健康对于每个人来说都至关重要，如果生理上的健康状况出现问题，其心理亦会受到不小的影响。对于教练来说，心理教练技术不仅仅是帮助练习者完成目标的一种方法，也是帮助练习者调整生理状况、增进健康的一种手段。二、舒展身体，有助于改善各系统的机能状况。类似于体育锻炼一样，心理教练技术的合理运用同样也能给练习者带来各系统机能的提升与改善。练习者的各系统机能得到提高，练习者的潜能也会更加利于激发，目标的实现也就更加容易；三、增强体质，机体的适应能力提升。在技术实施时，练习者可能会因为环境、方法、手段等因素而出现不适应现象，所以增强体质，提高练习者的适应能力会有利于处理这些情况。

心理教练技术的娱乐功能在心理上有以下几个方面的用处：一、可以培养情绪并保持健康的心态。教授时应完全依靠练习者的积极性、创造性和主动性进行，提高自信心和价值观，使练习者的个性在和谐的氛围中实现健康和谐的发展。二、调节人体紧张情绪，使人获得美的享受。练习者一旦紧张就会出现慌乱、不安的心理氛围，对其练习有害无利。因此，教练在训练中重视练习者情绪的调节，使练习者逐渐心平气和，以此获得美的享受。三、丰富个体的业余文化生活。在训练中，娱乐功能其中之一的作用在于促进练习者的交流，增进与他人之间的友谊，使练习者的生活丰富多彩，生活充满乐趣。四、提高个体的潜能，激励精神。这也是心理教练技术的主要目的，在教练过程中，教练所做的一切就是为了提高练习者的潜能，激励精神，从而帮助练习者实现人生目标。

五、经济功能

心理教练技术的经济功能指的是心理教练技术对于经济发展的促进作用，具体表现在经济增长、生产力与生产率的提高、相关产业的升级换代、国民素质与生活质量的提升等方面。

其一，心理教练技术在经济功能上可以提高练习者的体质与智力水平，提高练习者的素质，从而提高生产力与生产率。在古代，生产力和生产率的提高主要依靠增加人数和延长生产时间，但现在主要是依靠科学技术在生产中的应用、推广和不断创新。教练在训练中提高练习者的素质，发挥练习者的创造性，提升练习者的能力，从而间接促进生产力和生产率的提高。其二，心理教练技术在经济功能上促进消费，扩展经济增长点，从而促进经济的增长。尽管在我国心理教练技术的运用并不广泛，其产生的消费也很少，但是随着人们对自身的关注度越来越高，人们的消费需求也越来越高，不同的人们开始逐渐接触并投资教练行业，其中不乏经济人与各高校教授。也因为这样，心理教练技术规模迅速扩大，开始发挥内需增长、促进经济增长的作用，显示出巨大的增长潜力。所以，对整个经济总量的扩张与增长都有一定的作用。其三，优化教练技术结构，拉动相关产业的发展。当今，心理教练技术的快速形成与发展，不仅扩宽了教练技术的领域，还在一定程度上提高了教练技术的增加值，起到了优化教练技术结构的作用。同时，心理教练技术是一个不断发展的技术，它既能够带动和促进一些有关技术的发展，也能带动与促进相关产业的发展。其四，心理教练技术在经济功能上可以提高国民素质，提高生活质量。在心理教练技术初现端倪，经济全球化进程加快的背景下，经济的增长越来越需要依靠人们整体素质与生活质量的提高。除此之外，心理教练技术在教练技术中地位的提升，除了表现在它对生产力与生产率、经济，产业与结构几个方面的独特作用上，还体现在它是提高国民素质与提高生活质量的重要技术。

总结：

心理教练技术的功能可具体分为教育功能、健心功能、文化功能、娱乐功能、经济功能等。在教育、健心和娱乐功能上，能进一步促进练习者的发展，以此推动练习者目标的实现。而在文化、经济功能上，还能推动组织或者社会的发展。所以，心理教练技术虽然是以心理为主导的技术，但其功能性是有益于国家与个人的。

思考题：

1. 心理教练技术的功能多样，它们是如何相互关联的？

2. 你如何理解心理教练技术的功能？它对你有什么启示？

3. 心理教练技术的功能应用到教练实践中，对练习者有什么影响？

4. 回顾本节的功能，假如你作为教练，你该如何展开各种工作？

第二节　心理教练技术的价值

心理教练技术是一种通过调整人的心理状态、激发精神能量和发展潜力，以帮助其实现人生目标的专业技术。这一技术适用于各种人群，无论你是什么身份背景，都可以从中得到帮助。心理教练技术的出现，体现了新时代中国以人为本的价值观，对于提升人们的自我意识、自尊自信心、道德感等多方面均具有积极作用。

因此，本节将依次阐述心理教练技术在体育价值、社会价值、教育价值和应用价值四个方面的作用。

一、体育价值

随着心理教练技术的推广与开展，特别是近年来心理教练技术逐渐引入社会与学校后，受到了人们的喜爱。首先，心理教练技术对体育价值开发的影响主要集中在以下三个方面：一、心理教练技术对于人们锻炼身心具有良好的作用。对心理教练技术体育价值认同最多的是其健心的功能。比如，有人认为人类肥胖的原因是营养过多、运动少或导致新陈代谢缓慢的内分泌疾病。心理教练技术实现健心效果并不是通过身体锻炼引起大量出汗的手段，而是运用心理激励、教练督促的手段来激发练习者自主进行身心锻炼，能够有效增强练习者的代谢作用，改善人的中枢神经系统功能，实现脂肪的消耗，以此达到健身的效果。二、心理教练技术对促进人们心理健康具有特别的意义。现在的快节奏生活，激烈的生活竞争，使很多人的压力在不断加大，由此产生的一些不良心理情绪，加重了人们的心理健康问题。根据研究表明，心理教练技术是改善心理健康积极有效的手段之一，利用教练技术减轻压力、焦虑、抑郁等不良问题，不仅可以提高人的心理自我调节能力，缓解紧张，减轻心理压力，还能提高人们的快乐感和幸福感。三、心理教练技术对人们具有休闲娱乐的重要功能。

2016 年，国务院公布了《健康中国 2030》规划纲要，强调要促进健康生活，提高全民健康素养和整体健康水平。在此背景下，合理使用心理教练技术将成为人们追求健康的选择之一，对人们具有很高的体育价值，可有效提高身心健康和生活质量。其次，伴随着人们休闲意识的提升，人们对休闲娱乐的需求也在日益增加。心理教练技术以激励精神、开发潜能为主要目的，其心理休闲特性，帮助人们放松身心。

二、社会价值

心理教练技术是一把"双刃剑"，心理教练技术在社会中的应用既有可能对社会的发展具有积极作用，又有可能产生消极作用。但是，无论是积极作用，还是消极的作用，无论这种作用力是大还是小，最终都不是取决于心理教练技术本身，而是取决于心理教练技术的发展以及心理教练技术在社会中如何应用。

所以，我们从以下几个积极方面理解心理教练技术的社会价值：一、心理教练技术推动人类社会物质文明的发展。文明是人类进步和发展的标志，近年来心理教练技术的发展，在一定程度上促进了生产力的发展，对人们社会生活的各个方面产生了影响。心理教练技术运用在公司组织管理上，加强劳动力，提升劳动效率。当心理教练技术发展越成熟，生成力与生产率的提升也会更加迅速，人们的物质财富也就越丰富，由此推进社会物质文明的发展。二、心理教练技术一定程度上提高了人类社会的精神文明。精神文明包括技术知识，它是精神文明的重要组成部分。首先，心理教练技术的发展在某方面促进了人们思维方式的转变；其次，心理教练技术促进了人们思想感情的变化，培养出人们科学的精神品德，科学的情操与毅力；再次，心理教练技术推动了人们道德的变化，促进人们道德观念的良性发展，实现精神解放和道德进步。其实任何一种技术都蕴含着道德意义，客观上有助于社会发展和人类进步，以此也提高人类社会的精神文明。三、心理教练技术促进人们掌握进入社会所要求的条件。"人类的文明进化可以表述为一个从人在一般物种意义上的存在，到人作为人的存在这样一个自我完善的进化过程。"人类是群居动物，这就意味着我们不能独自生活在人类社会外，而要在社会秩序和规范当中生存。那么，通过心理教练技术能够主动掌握社会所要求的良好品行习惯，并且培养积极向上的态度以及自身修养的忍耐性，以此进行身心的锻炼与坚韧的精神培养。除此之外，通过心理教练技术还可以树立拼搏向上的奋斗精神及团结协作等良好的意志品质。

三、教育价值

心理教练技术是以调整人的状态、陶冶情操、激励精神以及开发潜能为主要目的的，在教练过程中可以培养人们的耐心、自控力、勇气、宽容等美德，以及团结协作的精神，即正确运用心理教练技术不仅能进一步养成练习者良好的品性，还能促进练习者逐渐形成有创造性的人格魅力。

在通过心理教练技术获得教育的效果和价值方面我们可以从三个方面来反映：一、心理教练技术重视陶冶情操，有着完善人格以及自我能力提升的教育效果和价值。只有以精神修养为前提的心理教练技术才能为人们所使用，心理教练技术和教育的目标存在一定的相同性，都是为了激励人的精神，以此促进人的成长。在训练中，首先，教练要注重练习者精神上的鼓励与培养，采用协助性的方法帮助练习者逐渐完善人格，形成有创造性的人格魅力。其次，教练以练习者提升能力为最终目的，以此提高练习者有效完成目标的效果。二、心理教练技术给人们提供了解决心理问题的方法。在教练过程中，心理教练技术是一个科学、系统的教育训练教授过程。教练依据各种教练理论，采用各种方法，不仅能让练习者形成利于技术实施的良好心理过程与个性心理，而且能让练习者掌握在日常生活中各种心理问题的解决方法。和其他方法不同，心理教练技术是一种内在的教育，它要求练习者在训练过程中要充分发挥自身的主体能动性，深刻理解各种方法并做到灵活应用。三、心理教练技术有利于人们提高积极性，增强训练的有效性，以此最终实现目标。心理学家将"情感"定义为一种心理状态，心理教练技术也注重情感态度的培养。在教练过程中，不同的练习者有不同的心理成分和情绪倾向，练习者在过程中会自觉无意中携带某些情绪成分，如快乐、兴奋、恐惧、惊喜、失望等。感情成分的不同会对练习者的积极性产生不同的影响，通常，带着高兴感情成分的练习者积极性很高，带着害怕、忧虑感情成分的练习者积极性低。

四、应用价值

心理教练技术的应用价值最早起源于70年代的美国体育行业，当时美国网球教练在教授学生的过程中，编制了一套独特的管理方法，以开发学生的潜能，然后将教练技术应用于公司的管理中，以成为促进员工发展的有效管理模式。在此优势上，我们将它应用于日常生活中，能取得理想的效果。

使用心理教练技术与以前的管理模式是大不相同的，教练会强调练习者的自我发现、自我控制和自律，注重练习者发展的动力和潜力，通过不断提高心智水平，从而达到目标。心理教练技术应用价值的可行性表现为两个方面：一、使用心理教练技术拉近人们之间的距离有助于人们在日常生活中更好地互动。沟通交流是教练技术最重要的方式，训练时要进行合理提问和认真倾听，这是充分发挥心理教练技术的基本保证。首先，现在人最大的特点就是自我表达意识强，所以我们需要从提问入手，教练要了解"提问原则"来启发练习者的思维。其次，在沟通过程中，教练要认真聆听练习者的想法，以真诚的心态理解练习者，建立相互信任、相互依赖的关系。二、运用心理教练技术，强化日常生活的管理效果。日常工作管理涉及面广、内容多、责任重，教练的方法要贯穿人们的日常工作管理、心理教育、职业规划等，发挥其应有的作用。对于不同的群体，要针对性采用方法手段。比如在学生的教育工作中，采用询问的方式引导练习者对自身有一个正确的认知，从而调整积极的态度和行为以促进学生心理成熟。

总结：

总而言之，心理教练技术具有多种多样的价值观。这些价值观深受各种主体因素的影响，亦随着社会的演进不断演变。随着时代的发展，针对心理教练技术核心价值的深入研究已受到广泛关注。新的时代将孕育出新的价值取向，从而为心理教练技术注入新的内涵。从发展的视角持续审视心理教练技术的价值观，是符合新世纪社会发展和心理教练技术发展的要求的。

思考题：

1. 心理教练技术的价值除了这四方面，你觉得还有哪些？对此展开讨论。

2. 你如何理解心理教练技术的价值？其价值对你有什么帮助？

3. 你认为在教练进程中，哪方面的价值更加重要？它对处理问题有什么作用？

第三章

心理教练技术的历史

心理教练技术最早来源于体育，它是运动员夺冠军、拿金牌的重要支持者。

远古时代就已经有"教练活动"的存在，而与教练相关的职业，可以追溯到数千年前。在那时，教练活动已是一种常见的人类活动，其作用主要是帮助个体实现自己的目标，那时的教练或与今天的"教练"职能是非常相似的。心理教练成为一种职业之前，教练们通常有着稳定的工作。他们或有其他称呼，教练、老师、大师、先生、教头、师傅……古代中国武术很流行，是人们身体锻炼的主要方式，那时候就有大师出现指导；在西方，古希腊陶器上的图案表明，运动教练已存在了近 3000 年；著于公元 3 世纪的《一个体育教练的手册》直到 19 世纪被发现，主要关注古代教练理论。

"教练学"好比一颗种子在吸收多学科养分、以多学科为根基汇聚出"教练"这个果实后，又衍生出多个分支，朝不同的领域继续发展。这个过程就像物种结合一样开枝又散叶，最后结出新的果实。了解心理教练的发展历史，有助于对教练职业的理解，对教练技术的掌握。在本章，我们将学习到国内外教练技术的简史。

第一节　国外心理教练技术的简史

国外教练技术的发展涉及多个学科和领域，如心理学、商学、体育学等。"教练技术"的专有名词正式起源于 20 世纪 70 年代的美国体育界，这是一项从日常生活和对话、运动心理学和教学中发展而来的新的有效管理技术，它可以让教练洞察自我，充分发挥自己的个人潜力，有效激励团队并充分发挥整体力量，从而提高团队的生产力。在管理和教育领域，教练使用一系列方向和系统流程来观察练习者的心理，以便练习者能够更好发掘内部潜力，并找到外部机会，从而有效实现目标。

这些技术不断被心理学家用心理学知识丰富起来，成为正式的心理教练技术。后来，它被广泛应用于个人成长、商业管理、学生管理等多个领域，并用它来发掘学生的潜力。心理教练技术现在已成为教练和练习者之间合作的有针对性的技术工具，通过发展对话来了解人们的心理模式并充分发挥他们的潜力。教练技术也是知识的载体，是"专注于发展人的潜能"的一种技术和形式，是教练与练习者共同发展的互动过程。

在本章中，将对国外教练技术的教练职业发展历程以及教练技术的发展进行简要的学习，并学习国外心理教练技术的产生、传播和现代化。

一、教练技术的产生

古代教练技术的起源，可以追溯到教练这一职业，当时他们并不被称为教练，而是以大师、先生等称呼为主，教练职业的出现是多方面因素共同作用的结果。在教练一词最初的含义中，它并不完全等同于现代我们所指的教练，而是更多指向私人教师、重要助手等含义。直至大卫·麦金森（David Megginson）正式将"教练"界定为我们现代所理解的含义——管理者应用的一种技能，从而开启了教练的现代意义，并成为一种重要的领导和管理方式。

关于现代教练技术的起源，普遍认为是在 20 世纪 70 年代，由一位名叫添·高威（Timothy Gallwey）的人从体育界引入的。然而，实际上，除了添·高威，还有其他更早时期和来自不同领域的人员也对教练技术的发展做出了贡献，只是在当时教练技术尚未形成正式的体系。需要强调的是，教练技术在早期的贡献并非局限于体育界，还包括心理学、哲学、商业、艺术学等领域的学者们。

维吉·布洛克（Vikki G. Brock）在《教练技术：教练学演变全鉴》中对教练技术的产生发展进行了研究，提道：

> 对教练或者其前身的提及甚至在第二次世界大战（1931 年）以前就开始了，商业行业最早提到教练职业，1937—1959 有九次对教练或者类似的活动提及；20 世纪 40 年代出现了第一个经历担任教练的训练项目；专注于人际沟通技能教练技术学者 Grant 发现第一例相关教练技术的研究在 1951 年，到 1958 年后续又有几篇相关文献。20 世纪 60 年代教练活动开始丰富，伊莎兰研究生开始探索人类潜能，芬霍恩社区探索灵性；还有第一篇针对教练的博士研究文献。①

---

① 维吉·布洛克. 教练技术：教练学演变全鉴 [M]. 梁立邦，译. 北京：北京联合出版社，2016：197-226.

在最初阶段，教练角色的定义较为模糊，其身份背景亦各不相同。在当时，教练可能来自不同的职业背景，然而在练习者的眼中，他们是人生道路上的引导者、激励者以及陪伴者等。最初，教练的学术背景源自各个不同的学科领域，然而对于现代的教练而言，他们的学术研究奠定了教练行业的理论和工具基础。

在开始阶段，教练行业的学术研究面临着重重困难，主要的研究力量来自金融、健康、心理学和体育等领域的专家。这些专家学者对教练技术的贡献不可忽视。其中，心理学对教练专业发展的贡献尤为突出，尤其是针对非临床人群的理论和方法。这一点在今日看来十分合理，因为心理学家已经创建了一套完整的互动模式。因此，那些在教练行业中贡献心理学知识的人，能够将心理学的工具和理论应用于过去无法适应的领域。

二、教练技术的传播

自 20 世纪 70 年代起，教练技术开始得到正式的丰富和发展，教练职业也逐渐成为一个正式的职业，并逐步进入公众视野。根据文献资料，开始传播教练学的学者大多来自 20 世纪 70 年代，而且他们来自不同的国家，具有多种行业背景，包括商业、心理学、体育和哲学等。这些多元化的背景对他们为教练技术的贡献起到了重要的作用。大部分学者是心理学家或商业管理者，他们将心理学和管理学的内容与教练技术相结合，创新性发展出新型的教练技术。

最为人所知的是 70 年代体育界的教练添·高威他的《网球的内在诀窍》，他的研究方向是思想、发展，以及个人成长。

关于他的故事，像一个骗局，又好像一个传奇。他发现了属于自己的"教练技术"后，宣称自己找到一个不用手把手"教"的办法就可以让任何人很快学会打网球的方法。他举办了一个万众瞩目的实验，并大肆宣扬，当时各大媒体都认为这是一场骗局。他告诉实验者他们能在 20 分钟内学会打网球，实验人员中有一位"胖女人"，她穿着长裙来球场，目的是想打脸添·高威，证明他是不可能的。结果因为她身穿裙子，被添·高威选中，成为第一个实验对象。

添·高威轻松地挥着球拍，告诉她，不要担心不会，整个过程其实很简单，当球飞过来，用拍去接。接中了就说"Hit（击中）!"如果球落到了地上，就说"Bounce（飞弹）"。她就照着他的话去做，每一个动作都做得很随便，一副无所谓的样子。添·高威接着告诉她，留意球飞来的弧线，留意聆听球的声音。渐渐人们发现女人明显"Hit"多了，"Bounce"少了，她学会了! 这个女人从不会到会，她只用了很短的时间。添·高威说，"我并没有教她打网球的技巧，我只是帮助她克服了自己不会打球的固有意识，她的心态经历了不会到会的转变。"①

后面，有公司看中他的能力，邀请他为公司的销售人员上一堂网球课。他说自己对企业管理一窍不通，但承诺会像对待运动员一样对待销售人员，像对待网球一样对待练习者。当他完成课程时，他发现销售人员的笔记本与网球无关，而是充满了商业管理，从此发现可以将运动场上的教练方式转移到企业管理上。于是，起源于体育的"教练技术"诞生了。

从这以后，他从一个体育教练转型为企业教练。他的书《网球的内在诀窍》被认为是教练行业的经典，在世界范围内引起了广泛关注，且在运动心理学和商业培训管理方面发挥了重要作用。而他后来的作品《工作的内在诀窍》也很受欢迎，这本书关注的是如何提高人们实现商业目标的能力，他的主要工作是帮助员工学习如何在团队中更有效地发挥作用。

总而言之，添·高威发现运动场上的体育比赛（外在比赛）和每位运动员自己思想中的比赛（内在比赛）之间存在重大区别。每种"比赛"都是整体运动不可或缺的组成部分，但两者不能割裂开来。外在比赛需要日复一日的训练，需要在比赛过程中逐渐提高，很大程度上依赖运动员自身固有的体育技能；而内在比赛则完全属于精神范畴，从某种意义上说，后者是一场与自我的比赛。年复一年的训练无法提高内在比赛，特别是在运动员不愿接受其作为变革促成者的角色的情况下。但从这个角度来看，内在比赛应该是运动员力量的源泉。

添·高威所编写的《网球的内在诀窍》是基于心理学内容，提出了一种近似于教练技术的体育思想，他认为内在的对手比外在对手更强大。体育领域先驱者添·高威，他将体育心理学推广到商业领域中，他的思想与理念为商业领域做出了巨大贡献。

同一时间，有许多专家为教练技术发展也贡献了力量。

理查·班德勒（Richard Bandler）等人在这一年代开创了神经语言程式学NLP 教练技术；美国的心理学家沃纳·埃哈德（Werner Erhard）于 1970 年创办的潜能训练机构 EST（Erhard Seminars Trainin），在相关学术界可以被视为全球第一家大型群体意识训练（Large Group Awareness Training，LGAT）的训练机构，EST 算得上是教练技术和生命动力课程的开山鼻祖；生命动力（Lifes pring）是罗伯特·怀特（Robert White）等人在 1974 年创办的另一家潜能训练机构，后来他们将这些技术理念传播到亚洲，并改名生命动力，这也就是亚洲"生命

---

① 张海峰，韩云洁．企业教练技术［M］．成都：西南交通大学出版社，2015：1-2.

动力"课程的起源，也是中国汇才教练技术的灵感来源。生命动力与 EST 的核心宗旨非常相似，即打破受害者心态，觉醒和激发潜能。

　　EST 算是对教练技术发展影响较大的一个机构，伦敦《金融时报》曾经在 2012 年的一篇文章中指出，EST 的影响力远远超出了两百万人的课程，几乎没有一本自助书或一个管理培训程序，没有借用 EST 的一些原则；《财富》杂志则在第 40 周年纪念日的特刊中，肯定了 EST 训练过去 20 年对管理思想的主要贡献，以及在 20 世纪 70 年代对美国重大的文化贡献。很多人认为是 EST 衍生出生命动力，而生命动力衍生出生命动力+汇才教练技术，先有 EST，再有生命动力，而后才有汇才教练技术。

　　运动心理学的分支之一伊莎兰开始研究基于思想的运动"心理调整"。在教练行业中，先驱约翰·惠特默（John Whitmore）指出，近年来体育运动发生了巨大变化，大多数高级球队聘请运动心理学专家来训练运动员的态度。然而，如果传统的训练方法保持不变，教练从业者往往会在无意间否定心理学家的努力。为了建立并保持理想的心理状态以达到最佳表现，教练应在日常实践和技能习得过程中不断建立意识和责任。因此，教练方法必须从指导转变为真正的教练活动。运动心理学的一个重要研究领域影响了高管和商业教练活动，特别是与行为教练联系最深的知识体系，包括目标设定、关注、跟从、动机和承诺等方面的研究成果。

　　20 世纪 80 年代，教练技术逐渐进入商业管理行业，在对参与人员的培训中，逐步建立了各种工具和理论，主要可分为关注个人发展和组织的教练从业者：前者帮助提供一些就业建议，重点关注影响企业整体发展的个人问题。这一年代相关的科研文章书籍多是关注于管理人员激励员工、保持领导力，教练技术被当成一种业绩提升技巧。教练工作包括向公司办事处最高管理层提供服务，后者后来成为中级领导人，为早期教练发展提供了最重要的机会。

　　20 世纪 90 年代以来，教练活动开始兴起，教练领域的活跃者背景各异，专业各不相同。这些早期的教练和后来的教练技术学科推广者来自不同的领域，包括哲学、心理学、商业、体育、教育、人力资源、大群体意识培养、个人成长、激励和表演艺术等。有了 70 年代的活跃与 80 年代的近现代化，教练行业的发展成为行业发展的重要动力，文献也非常丰富。

　　根据维吉·布洛克在《教练技术：教练学演变全鉴》中的总结，20 世纪 90 年代的教练技术行业呈现出与协会发展相互促进的多元化态势。

　　1990 年—1999 年之间，有 129 篇关于教练的文章发表，几乎是上个 10

年的三倍。尤其是约翰·惠特默《高绩效教练》这一教练学文献出现；其中，有35篇发表于管理学期刊；27篇发表于培训行业期刊；24篇发表于心理学期刊（心理学领域的增长大部分是因为1996年的特刊 *Comumn Psychology Journal：Pratice and Research*，完全专注于管理教练的刊）；还有10篇发表于商业期刊；剩下的33篇文章分布于各个学科，包括科学、组织发展、金融和绩效学。其他杂志和报纸上发表的关于教练的普及性文章也在90年代显著增多，包括从商业类到其他类的出版物。文献的增长体现了教练途径的多样化。截止到1995年，教练培训机构增加到8家，90年代首个行业协会代表全国专业教练协会（National Association of Professional Coaches）出现，后续还有国际协会IAPPC、PPCA、ICF、PCM等机构，还有欧洲教练研究所、北欧教练联合会、澳大利亚分会等各种协会。①

在20世纪90年代的最后10年，教练职业逐渐脱离了对其他行业的依赖，开始真正走向独立发展。

三、教练技术的现代化

在21世纪，教练行业持续发展，科研文献的发展趋势开始呈现出多元化的特点。与教练相关的文献数量已经不再是个位数，而是成百上千计。教练机构和协会开始着重技术建设，开设各种论坛和活动，教练培训活动显著增加，许多机构和协会也获得了颁发相关证书的资质。在现代化阶段，出现了后现代教练这一新兴概念。大多数后现代教练是在20世纪90年代之后才开始进入教练领域的，他们与早期的学者相同，大部分来自商业、心理、体育等领域。然而，他们很少是自发加入这个领域的，大多数由前辈们带入教练领域。其中，心理学领域对后现代教练人才的输出贡献最大，他们正是看中了教练领域在全球影响力日益提升的前景，转行来到教练领域。在这一阶段，越来越多的企业开始聘请教练。

教练被称为21世纪最具革命性的管理技术，也是人力资源管理方面的重要技术。越来越多的公司对其进行评估和应用。目前，时间财富500强企业里，教练技术是管理业务变革和创新，提高管理水平、培养高潜力人才、提高和管理凝聚力团队的有力工具，越来越多的当地企业开始了解和使用。在21世纪，教练技术已成为欧美企业家提高生产力的最新高效管理技术，许多公司都支持

---

① 维吉·布洛克. 教练技术教练学演变全鉴［M］. 梁立邦，译. 北京：北京联合出版社，2016：197-226.

这项技术。美孚（Mobil）、IBM、宝洁（Procter & Gamble）、国泰航空（Cathay Pacific）和爱立信（Ericsson）等国际知名公司在内部管理中推广教练技术。

企业教练在欧美已经开始普及，教练形式已从面对面拓展到通过电话、邮件、网络等模式；许多著名企业公开推出建立教练文化的口号；《美国新闻与世界》进行的教练行业调查显示，教练是美国咨询业最受欢迎和发展最快的领域，从事教练技术的人群不断增加，一些高校已经开设了管理学科的教练课程。美国第 39 任总统吉米·卡特（Jimmy Carter）曾说过：作为一个教练，会为"所服务的个人和组织带来巨大的价值和无比的智慧"。不少企业管理专家已把教练技术应用于商界中。领导层作为教练技术的一个模块，激发员工发挥潜力的要求也在新经济形势下越来越迫切。

维吉·布洛克在《教练技术：教练学演变全鉴》中对教练技术的 21 世纪激进发展总结道：

> 教练行业已经发展很成熟，2003 年开始教练相关研讨会开始举行，各种培训鉴定项目开始成熟；2000 年—2004 年，新出版 123 本教练书籍，2010 年以前，不完全统计有 425 篇相关教练论文发表，是以前论文发表的 4 倍，且每年至少有 20 场教练行业协会举办的大型教练研讨会。①

21 世纪阶段展现了各种教练行业蓬勃发展的例子，足以显示出教练行业的爆发绝非偶然。这一时期从事教练的人员，或在心理学的研究中发现教练领域的巨大潜力和商机，或经已在领域中的前辈们介绍，将自己原有的心理学、商学等理论知识才能运用至教练领域中，或有教练领域的前辈看中他们的才能找到他们合作共事。

四、教练行业的后续发展

教练行业现在已经渗透到生活和商业的各个方面，这种多样性有强有弱。一方面，它表明，教练行业现在可以使用广泛的方法，新的从业人员不再只是特定心理学学科的人员。另一方面，因为从事教练行业的人数现在已非常庞大，并且背景各异。大量参与教练行业的人在不同的情况下，更难就实用的工作理念和技术与成为有用的、成功的教练需要哪些必要素质达成一致。这种多样化还在规范的职业道德和职业实践，以及教练工作，特别是不同专业的教练工作

---

① 维吉·布洛克. 教练技术：教练学演变全鉴［M］. 梁立邦，译. 北京：北京联合出版社，2016：197-226.

的重点方面引起了困惑。

现代已经有成熟的、构架完整的教练协会：国际教练联合会（International Coach Federation，ICF）。ICF 是一个全球性的、领先的教练组织。此组织致力于促进教练技术的职业化发展，其方法包括树立高等级的道德标准，提供独立的证书，以及建立全球认证教练的网络。ICF 是目前世界上唯一一家可以颁发全球承认的教练资质的机构。教练分三个等级：acc；pcc；mcc。目前，ICF 成员在全球已达 16000 人，覆盖 100 多个国家。目前，全球 ICF 认证教练超过 6800 多人。据 ICF 统计，70%以上的世界 500 强企业都在使用教练。越来越多的人开始关注并开始思考是否要系统地学习教练。而教练流派花样百出，市场上的教练课程也五花八门，鱼龙混杂，每个声称自己为"某某教练"的人，其实他们的教练能力参差不齐。如何寻找最佳的教练课程对于每一个人而言都是一个很慎重的决定。

第二节　国内心理教练技术的简史

在中国，广为人知的教练技术起源于香港的黄荣华和梁立邦，这两位先驱者在 1996 年于香港地区成立了汇才人力技术有限公司，并撰写了《人本教练》一书，创造性地结合西方经验，形成了具有中国特色的人本教练技术。自此以后，来自不同行业的人员和公司开始涉足教练技术的领域，为这一行业注入了新的活力。

一、梁立邦引入教练技术的过程

中学毕业之后，梁立邦考上了香港浸会大学，从商务官到企业教练。毕业后，梁立邦在就业时曾面临是从事金融业还是中国贸易的选择，最终他选择了中国贸易的工作。并且，从此以后的工作都没有离开中国。他在一家日本公司工作，主要从事汽车及机械、电子、电器生产线的对华贸易。那时中国刚刚改革开放不久，很多人都想跟中国做生意。日本公司的管理经营思想对梁立邦颇有启发，除此之外，工作中很多事情对他产生了影响，他一直在想为什么要跟中国人合作，为何不制造一个属于中国的名牌？

于是，1988 年他成为加拿大驻华使馆的商务官，负责外贸交流。正是 1996 年他的学习改变了中国教练技术的发展。他去美国学习教练课程，1997 年成为训导师。这个时候他对国外的新型教练技术颇感兴趣，他认为学习这个技术不仅能让自己成功，还能让很多人像他一样成功。梁立邦发现教练技术包含了许多中国传统的佛教、儒家和道教文化思想。他想："我们熟悉西方文化和中国，因此我们需要在这方面比外国人做得更好，教练技术非常新，世界上没有统一的标准。"① 因此，梁立邦和他的妻子黄荣华以及俄罗斯教师专家开始讨论和开发教练技术和相关培训。他们采用了国际教练技术的基本原则，加入了部分中国文化的内容创新。至此，融合国内传统文化的教练技术被引进中国。

1999 年，梁立邦夫妇参加欧洲教练会议，其间，和一些教练同行分享了自己的教练案例，并当场演示教练技术。他们的水平得到了同行们的认可，英国教练学院当即邀请梁立邦加入。不过梁立邦有自己的理想，他要在中国传播、推广这套技术。他们成立的公司有一个专门的知识管理部，这个部门的工作就是负责引进、研究、开发最新管理技术的，目的是使这套教练技术不断完善。高水平的教练技术，能在短时间内帮助企业和个人达到成功的目标，他们将教练技术引入，无疑推动了教练技术在中国的发展。

二、梁立邦的思想

梁立邦的工作兼有教练与培训，他不仅是许多名人的私人教练，同时也为香港、广州、深圳及珠江三角洲其他城市的高层管理者提供教练服务。接受过他指导的人士不计其数，其中有企业总裁、总经理、注册会计师、工程师等。因此他从工作中悟出许多道理，并与人们分享。梁立邦教练的风格，是幽默、开放，他具有独到的见解，在中国创业和贸易方面有丰富的经验，他的演讲风格复杂而柔和，友好而直接。他能充分意识到，并能够根据对方的思维机制引发练习者的心中动力。在训练上，他一方面通过素质与技能两方面的系统训练，去为不同的企业培养企业教练；另一方面，也为不同的企业量身定做不同主题的训练内容。在训练中，他采用了新颖的体验式学习方式，使训练者得到传统教室学习不到的东西，因为这些东西不是别人塞给你的，而是你自己得出的。

梁立邦对教练技术有着自己的看法：

"我是一个没什么故事的人。诚如他所说，他的成功，不是按照传统的套路，好像一个人成功前必定饱受折磨，然后天降大任于斯人，接着苦尽甘来，然后顺理成章获得成功。事实上，成功的路不止一条。不同的人对成功有不同的定义，成功也不是一种固定的模式。

"教练就像一面镜子，用教练的技巧反映出对方的心态，让他理解并直接回

---

① 中国企业教练第一人［EB/OL］."首席知识官"豆丁网，2010-03-28.

应，这样就可以及时调整自己的心态，以识别目标并在最佳位置产生结果。例如，我们的工作就是让练习者实现目标并获胜。"

"过去，当中国想要在许多方面接触世界时，它必须适应和满足国外标准。作为一个新的行业和职业，学习技术也可能有所不同。至少在未来，我们可以共同制定游戏规则。"①

三、教练技术在中国其他地方的发展

教练技术在中国才刚刚起步，还是一个崭新的理念，最早在香港得到推广，其中最实际的案例是润迅公司。1999年香港通信市场很不景气，香港润迅的高层决定调整职员薪资，但又担心会造成职员大量流失。在这种情况下，润迅公司接受了为期三个月的专业教练服务。在此过程中，它帮助公司的管理者确定了他们的目标并发现了新的机会，从而提高了业务绩效和服务质量。结果，公司销售业绩翻倍，润迅也奖给了员工一大笔奖金。此次培训课程为教练技术在中国内地的成功推广奠定了良好的基础。当教练技术首次引入中国内地（大陆）时，一些欧美公司在中国香港、澳门和台湾投资的中国分公司最先接受并采用了培训技术。此后，私营公司开始采用这个技术并融合一些中国文化。

比较成功的案例还有：第一家接受教练技术训练的大型企业乐百氏集团，公司通过教练文化的导入取得良好效果。还有广州物资集团，它是广州市十大主要"特困户"之一，已连续七年亏损，后在集团内部实施了教练技术，一年内就实现了盈利，成为一个成功的纳税"公司"。1999年，经中华人民共和国教育部批准的中国电信和中国电信在线培训中心启动了在线培训，让更多的企业家了解互联网上的教练技术，即改进通信工具。

在中国内地，首先运用企业教练的都是一些大型外资企业，吴士宏女士便是其一。她曾被称为"中国打工皇后"，她曾服务于IBM，后加入微软，并担任中国区总经理。经济的快速发展和管理体制的不断变化也加速了企业教练的发展，这项技术很快被许多国际公司采用，如波音、麦当劳、BP石油等。

许多企业家都敬仰的通用电气集团前CEO杰克·韦尔奇（Jack Welch），在接受阳光电视台专访时透露，他计划在退休后成为一名企业教练。近期，他一直在中国各地积极推动企业学习文化并引进适当的技术，以提升企业生产力和竞争力，并取得了显著的成果。

---

① 中国企业教练第一人［EB/OL］."首席知识官"豆丁网，2010-03-28.

总结：

中国心理教练技术的发展历程具有丰富的人物背景，其中最为著名的是梁立邦和黄荣华的贡献及其思想。梁立邦先生率先将教练技术引入中国，并扮演了中国教练技术发展的先驱角色。在推动过程中，这对夫妇共同创立了极具中国特色的人本教练模式。此外，还有其他众多中国人士也为教练技术的发展做出了贡献，他们的故事仍有待于人们去发掘。预计未来，心理教练将如同律师和会计师一样成为一个独立的专业和行业。在企业组织中，教练技术将作为一种重要的管理技术，与传统的管理方式形成相辅相成的关系，进一步促进企业的发展。有朝一日，办公大楼中将不再只有总经理办公室，而是同样设有教练室；学校里，教练室将与心理咨询室合二为一；同时，个人教练以及教练技术的公司课程也将得到蓬勃发展。

思考题：

1. 梁立邦如何把心理教练技术引入中国的？

2. 还有哪个中国人推动了教练技术的发展？

3. 为何梁立邦不直接引入教练技术，而是将技术融入中国文化再引入？

第四章

心理教练技术的发展

心理教练技术的发展是一个逐步演进的过程，已从最初在特定领域的实践应用逐渐扩展至众多领域。除在商业、管理、体育等领域的广泛应用外，近年来心理教练技术在教育范畴也呈现出迅速发展的态势，特别是在学校教育中备受瞩目。这种技术有别于传统的教育方式，如激励和惩罚等手段，而是更加倾向于引导学生自主学习及自我转变。通过心理教练技术，学生能更好地了解自我、探索内在驱动力及目标，并习得积极应对挑战与困难的方法。

第一节　心理教练技术的应用范围扩张

原本教练技术主要用于企业管理、人员激励中，现在教练技术的应用发展到创业、教育和医学领域。例如教练研究小组已在哈佛大学相关医学院成立，与医生合作治疗药物，并确保患者的心理适应；哥伦比亚大学的商学院和教育学院合作项目之一是设立教练技术硕士文凭课程；马丁·塞利格曼（Martin E. P. Seligman）是积极心理学之父，他在宾夕法尼亚大学的军队和警察培训中应用了教练技术。教练技术发展至今，逐渐应用于教育领域，各教练将技术使用在对学生的管理、辅导工作中。

一、心理教练技术用于大学生

原先的教练技术主要应用于商业管理以及心理治疗等领域，其中在商业管理方面的应用占据了主导地位。而现今，教练技术的主要应用领域已经转向了学校教育，实现了教练技术与教育的有机结合，从而帮助学生实现自主学习并更好地控制情绪等多方面的目标。

（一）心理教练技术在大学生中的教育作用

1. 协助大学生发掘自身的潜力，提高自信水平

目前，在一些大学生中存在自我否定和排斥现象，导致他们失去参与各种活动的意愿和信心。另外，有些学生因考试失败或情感受挫而产生轻生念头或自我毁灭行为。为了解决这些问题，各种教练技术被用来训练大学生发现并挖掘自身原有的潜力与能力，使其得到最大化的发挥，进而提高他们的自信水平。通过这样的方式，可以帮助大学生克服心理障碍，增强自信心，实现自我价值。

2. 协助大学生更好选择自己的目标，最终有效达成目标

在初入大学阶段，学生可能会因面临大学较为自由的管理方式而感到无所适从，缺乏明确的学习与生活目标。教练技术可协助他们明确目标，根据目标选择适当的方式、手段、途径并实现目标。

3. 协助大学生，更加快速地调整心态

通过教练技术可以更好帮助大学生洞察事情的真相，改变固有的心智模式。由于大学生未在社会生存过，面对生活、学业的压力与困难时，总是不知所措，无法适应。通过教练技术，可以使大学生们在面对问题时，透过表面了解事物深沉的含义，帮助他们调整心态与看法。

4. 帮助大学生在逻辑层面制订实现目标的计划

为大学生提供支持，帮助他们将计划转化为实际行动，充分挖掘自身潜能，并实现目标。

5. 心理教练的角色定位可以在心理上给予大学生更好的支持

应用心理教练技术来维护大学生的心理健康，可以提高他们的潜力，改善他们的心理状态，提高他们的自信水平，保持心理健康。

（二）教练技术在提升大学生创新创业心理素质方面的应用价值

1. 符合当代大学生的个性化特征和心理

随着我国的发展，经济和文化的多样化使社会环境变得更加多样化。现代大学生的个性化思维和行为越来越明显，个性化和差异化的趋势越来越明显。他们想尊重、更多地关注和寻求实现自己的价值观，关注自己人格的发展，有强烈的时间和空间感，他们想表达自己。与此同时，一批大学生面临着越来越明显的现实问题。大学学习和生活中产生的心理素质、理想信念、价值判断、道德化、自我中心主义等挑战不断给大学的社会宽容和文化准则教育带来困难。为了准确理解学生成长的内部规律和现实需求，应关注学生发展基础上个人特征和个人因素的发展和变化。教练技术专注于"以人为本"，基于对练习者现状

的深入和动态理解，在练习者个性化需求的基础上，运用科学技能理论，帮助他解决思维、学习、生活等问题，结合符合现代大学生个性和心理需求的特点。

2. 能更好地契合提升大学生创新创业心理素质

教练技术可以提高大学生创新创业的心理素质。关注关于创新和创业的规律以及教育目标，根据学生的成长经历、兴趣和培训动机，提高他们应对独立思想、自我培训和挑战的能力，通过发挥他们的特定行为潜力，提高他们在创新和创业中的主观能动性。同时，它帮助大学生提高创业和个人发展能力，帮助他们探索个人发展道路，最终发挥最大能力。教练技术激发自身的发展潜力和成长动力，让他们学会如何发现和解决自己的问题。这也是大学生创新创业的一个重要概念，他们必须具备心理素质。教练技术认为每个人都会不断克服和实现自己，最终实现全面发展。大学生的创新和商业实践也强调挑战和打断自己现状的勇气，在合理的指导下，每个人都有足够的资源和能力来实现创新和业务发展的目标。通过应用教练技术来提高大学生的创业创新能力和心理素质，帮助他们提高创新和创业目标，帮助学生找到创新创业的方法，激发他们采取行动的动力。

（三）心理教练技术应用于大学生的可行性方向

1. 使用教练技术能使他们自我成长与纠正。他们在努力实现自我成长的同时，提升独立思考、纠正自身错误的能力，提高整体素质。因此，在教练技术的指导下，他们可以客观识别并及时纠正自己的问题。

2. 教练技术可以应用于大学生的管理。这些学生具备强烈的沟通、交流和表达的欲望，他们的认知、知识水平也能够充分支持教练技术实施的有效性。因此，运用教练技术进行大学生管理是可行的，并且能够确保技术管理的有效性得到严格保证。

3. 帮助大学生清晰认知自我。当今大学生面临着严峻的发展压力，在许多期望和压力中，不同的心理问题相互产生，他们容易明确自己的方向。教练技术在学生工作中的应用，不仅体现了学校对学生的管理和帮助，也有助于大学生形成清晰的认识，保持良好的心态，培养适当的个性。

二、心理教练技术用于中、小学生

"教练技术"起源于70年代的美国体育，美国网球教练添·高威在教学生打网球时，发现并编制成一套独特的管理方案，用于挖掘学生的潜能。随后"教练技术"被应用到企业的管理中，成为促进员工发展的有效管理模式。在教练技术优势的基础上，引入教育理念与之结合可以取得非常理想的效果。

教练技术在学生管理中的应用与以往的管理模式有很大不同，老师不会告诉学生该做什么，也不会为问题提供解决方案。相反，他们强调学生的自我发现、自我控制和自我约束，关注他们训练的动机和发展潜力，并期望通过继续提高他们的心理水平来实现他们的基础教育目标。心理建议对学生来说非常重要，它们对小学生的影响往往比简单的学习更深，甚至可以改变孩子的生活；同时，心理教练技术也不是专属心理学老师的秘密武器。每一位有责任心、有爱心的教师都可以完全胜任，他们可以花一些时间和精力认真掌握心理知识和教练方法，然后接受教练系统程序的培训。教练技术在学生工作中的更多应用是强调"学生的自我责任感"，鼓励学生解决自己的问题，提高自我治理能力和信心水平，探索动机和发展潜力。运用心理教练方法，并将其与学生的实际情况相结合，以便实施。

高中生生涯规划咨询可以利用心理教练技术提供帮助，它旨在提高学生对自身情况的认识，揭示他们的兴趣和优势，以及找出自我发展的方向。帮助学生积极进行为期三年的高中学习，为下一个学习、生活和工作阶段做好准备，帮助他们实现自我发展的理想。高中是学生塑造世界观、人生期望和价值观的关键时期。高中生涯规划和教育指导方针对学生发展有着重要影响。

心理教练技术在维持中小学生心理健康方面发挥着重要作用。心理教练的信念是练习者已经具备必要的能力，包括发现和使用这些能力的能力。心理教练通过积极的开放式提问和恰当的回答，让练习者跳出原有的固定思维模式，拓宽练习者的思维，让他们发现自己的盲点，挖掘自身潜能，充分利用一切资源，提高自身的素质和能力。在这个过程中，心理教练的角色与普通教师或顾问的角色不同，因为它可以与学生建立更可靠、更亲密的关系。练习者可以通过发掘他们的潜力和利用他们的优势来解决他们在学习或生活中出现的问题，从而改善心理健康。

总结：

从历史演进的角度来看，心理教练的发展呈现出一种逐步扩展的趋势。最初，心理教练的起源可以追溯到教练哲学、商业学和体育学等领域，随着时间的推移，这一技术逐渐扩展到教育的领域。在教育领域中，心理教练技术开始关注并解决一系列心理、生活、学习和工作问题。此后，心理教练技术的关注范围进一步扩大，特别是在解决学生问题方面发挥了更加重要的作用，旨在促进学生的学业成功和生活幸福。

思考题：

1. 心理教练技术还能用于哪个领域？对此你有哪些思考？
2. 假如你作为教练，会将心理教练技术用于学生的哪些问题？
3. 对于学生心理教练技术的应用，有何想法？

第二节 中西方心理教练技术的融合

教练技术起源于西方，经过多代人的不断改进、调整和完善，才逐步发展为现今的教练技术形态。在中国，大多数教练技术并非借鉴自西方，而是在其基础上尝试将中国传统文化元素与之相结合，从而形成一种新的教练技术。这种新的教练技术将西方教练技术的精髓与中国传统文化的核心价值相互融合，更加适应了中国的国情和发展需要。

一、中国融合西方教练技术的进程

（一）教练技术与中国传统知识互补

当中国传统智慧与西方教练技术知识有效融合时，就会产生积极的反应和力量。为了提高个人和团队的能力，基于"以人为本"价值观的教练技术出现了，这是一套适用于任何情况的管理和沟通工具，更是中西理念融合的成果。目前，许多世界 500 强公司采用管理方向的教练技术，其基本理念和框架与中国传统的治理文化非常相似。教练技术能提高管理者的能力，但是有三个使用的基本问题，即：如何让理论或概念进入练习者的内心并成为一种实践形式；如何让管理直接指向效用；如何让管理变得简单易行。

引入国内后的教练技术吸收了以孔孟为代表的儒家思想，呈现了五个解决方案：第一，孟子提出了"人与人共荣"的理念，即我们既不能关注管理对象的弱点，也不能张扬管理者的权威，每个管理对象都有不同的自身愿景，我们应该根据管理对象的特性来发现其积极的一面。第二，以朱熹为代表的宋明新儒家强调管理者和被管理者都需要"格物致知"。我们的心理不能停留在思辨阶段，我们必须透过事物表面并从实践中揭示规律。第三，以王阳明为代表的"心学"，它以意识的形式支持知识和行动的统一，不仅是为了实现事物，而且是为了整合事物。第四，"学"，以阎锡斋为代表。建议我们养成习惯，建立我们所理解和实践的心理规范，所有这些都必须以实践为基础。第五，以王夫之为代表的"日学日成"的方式。他认为，实践随时都在改变，应该从内部创造和改变自己，并在实践中积累自己的力量，这实际上是前人思想的综合。

管理方向教练技术有很多部分强调如何拉近管理层和被管理者（练习者）之间的差距。在管理导向有效性方面，教练技术的核心是将问题思维转变为目标指导。这在中国道家与法家、兵家中有着大量的资源。《韩非子》里所说的难点在于如何说服春秋战国时期的君主。他提供了许多以目标为导向的手段，以"法、术、势"为核心。例如，佛教的"六和敬"是让人们了解如何快速团结一个群体的基本方法。如果你阅读这些经典古籍文本，你会发现从实践中衍生出来的中国传统治理理念不仅包括对思维和针对问题的指导，还包括对目标价值衡量的详细考虑。如何衡量一个目标的合理性，关系到我们尽力实现目标后，它是否会成为负值。这是中国传统思想对教练技术思维层面延伸的贡献。

不断的发展与改进就是为了让管理变得简单易行。随着中国的引入，教练技术的主要特点是使管理技术化，即取消主体和对象的特殊性，并努力确保规模化的管理方案，试图提供一种可推广的管理程序。这是一种基于大量心理学实验和管理实践的管理范式。这方面的资源只有通过对中国传统管理思想的深入分析和清晰有序的安排才能厘定。

（二）教练技术继承西方知识

教练技术中的人本主义技术起源于西方哲学心理学的人本模式，被中国引入后改写为适合中国国情的人本主义教练模式。引入中国改编过的汇才人本教练技术实际上是两门课程的结合，可以称为：最初的汇才教练技术＝生命动力+教练技术。生命动力源于美国的生命动力潜能开发心理学课程，是罗伯特·怀特引入亚洲的。汇才把阶段课程引进国内并取名"教练技术"的同时，生命动力训练体系也在国内培训行业生根发芽。

人本教练模式继承了西方知识并吸收了中国传统文化的精髓，将人视为一个三维完整的整体，并将人分为内部和外部，以及"为什么""如何"和"用何"。它以中国传统文化和人文理念为基础，融合了儒、道、佛的深刻思想智慧。

经过改编后，汇才公司成功将生命动力课程引入中国。引入者具备深厚的心理学和哲学背景，意识到若要真正将该课程服务于中国民众，需对其进行适应性改造。因此，汇才公司结合同样源于西方的教练技术，将其融合并命名为"汇才教练技术"。在过去数年中，该机构在中国市场上取得了显著的成功，已在北京等北方主要城市稳步发展，主要业务为开展"教练技术"培训并培养社会精英。然而，在2007年11月，由于特殊原因，正值巅峰期的汇才公司突然崩塌。

二、中国教练模式

中西结合的教练技术，正是梁立邦与夫人研究出的技术。他出国学习了教练技术，把它带回国内并结合中国国情加以改造。且通过学习研究编著了《人本教练模式》，该模式以中国传统文化中的人文主义理念为基础，融合了传统文化的深邃思想智慧。它对实际的教练过程非常有帮助，这样更多的人可以通过本书了解和学习更多关于教练行业的信息。第一个将"教练技术"带到中国的机构是汇才公司，它让"教练技术"一词深入人心。目前，国内的各种教练技术大多来自这一脉络，而真正的教练技术与汇才的教练技术之间存在一些差异。

（一）人本教练技术的简介

人本教练模式以中国传统文化中的人本理念为基础，融汇了儒、释、道的深厚智慧，还设计了一些宝贵的独特的教练技巧，将他们对中国文化的理解和多年来在其他国家的教练实践经验都融入"人本教练模式"中。由于这种非常有创意的组合，以人为本的教练模式对实际的教练过程非常有帮助。

《人本教练模式》更深入地影响着人们的内心，让人了解优秀的起点，继续提高教练过程的深度和有效性，探索更多发展教练技能的机会，提高所有教练的视角和影响力。人本主义指导模式包括九点领导力、四步教练技巧、四种教练能力和九种领导技巧等方法，关注于深入挖掘人的内在本质，让人更好地理解追求卓越的出发点。

（二）人本教练模式部分观点

1. 正如清俞正燮《癸巳类稿·诵佛经论上》所说："人者，五行之秀，万物之灵。"人是万物的尺度，思想行为的背后潜藏着中国人的情感、习惯甚至本能。人有两面三端，两面需内修固本，外练强身，三端需道术统一，统一于因，方能无往不利。

2. 正如老子在《道德经·第七章》所说的："天地之所以长且久者，以其不自生，故能长生。"做好自己或别人的方向，"无我"是第一性原理。多聆听——听自己内心真实需求、听对方容易被忽略但言语和神态中已经表现的内容，保持中立，成为一面"无我"的镜子，清晰自己或他人，改变想法，以现实感回应。

3. 领导力是团队战斗力的内核，领导者的心态决定团队心态，有"心"还要有"力"。企业打胜仗不难，难在不断打胜仗从而规模化，营销领军人才最应加强以下能力：业务能力、九点领导力、战略思维能力。

4. 怎样实现双赢甚至多赢？格局大小、是否建立战略思维的核心点也在于此，从更高位置去把握事物之间的复杂关系。站位高了，就能删去细枝末节，真正聚焦当前状态为目标状态，通过将结果与目标相比较，确定改善方式，走向共赢。正如老子在《道德经·第七章》所说的："是故圣人后其身而身先，外其身而身存。非以其无私邪？故能成其私。"

总结：

在这一部分中，我们明确了中西结合化是一种必然的发展趋势。可以预见，在中国，将有越来越多的个体认识并学习教练技术，进而运用这种技术。同样，也有越来越多的人将逐渐成为专业教练或领导型教练。这些个体在掌握教练技术后，将其与中华文化进行有机结合，创造出富含文化内涵的教练技术。

思考题：

1. 还有哪些中国传统文化可以与心理教练技术相结合？请思考。

2. 回顾本节与中国心理教练技术的简史，假如你作为教练，你该如何宣传中国传统文化？

3. 适合于中国的教练模式的特征是什么？请思考。

第三节　心理教练技术与心理咨询的差异

许多人对于心理教练这个职业并不熟悉，然而心理咨询师则广为人知，其应用领域包括学校、医院以及企业等，现在这些领域都有心理咨询师的身影。本书主要关注的是学校心理教练，当学生遇到心理问题时，是不是学校里的心理课程老师就能为其提供帮助呢？因此，了解心理教练的技术与普通心理咨询的关系是非常必要的。

一、心理教练技术与心理咨询的区别

以下表格针对教练技术和心理咨询的使用内容做简单的区别（见表1）。

表1　心理教练技术与心理咨询的区别

	教练技术	心理咨询
针对人群	正常、健康（简单心理问题）人群	心理问题、精神问题人群
目的	达到成长、唤醒潜能	治疗、处理问题
时间线	面向未来	面向过去
面对关系	平等、友好的关系	上下级、支持与被支持关系
使用方法	教会自己寻找	建议、辅导
结果	达成行动、目标	改善问题（情绪、感觉）
起源背景	商业、心理、体育多交叉背景等	单一心理学背景、临床心理学
从业者条件	门槛低、经过教练培训获得认证	门槛高、心理学专业、有执照

（一）心理咨询

心理咨询针对过去发生的，更关注练习者的过去，基本前提是练习者（顾客）遇到了心理问题或心理危机，需要疗愈和修复。咨询师着重分析问题，以及开展对问题的假设，专注于缓解和应对心理痛苦。处理更加形而上的议题，生命的意义与价值感，存在的虚无性，过往的创伤等，面对的可能是更聚焦于解决生命问题的练习者。从事心理咨询的人员大多数是来自综合医院心理科室、精神科的医生，有从医执照，并且有资质可开处方药。患者需在医院接受正规检测、问卷填写等明确病因。这种方式对病理上有效，但医生会诊时间有限，出于患者精神层面的疗愈需要，很多患者在服药的同时，还要借助心理咨询服务。心理咨询师工作的主要内容一般包括：个人成长、婚姻情感、亲子教育、生涯规划，以及一些创伤、情绪方面的问题。

（二）教练技术

教练技术更多是与练习者一起面向未来变得更好。教练，陪伴人生走向清晰、从容，在工作和生活中成就自己。心理教练围绕练习者的需求，通过对练习者的好奇，采用倾听、提问、回应、反馈等流程，与练习者一起觉察、领悟，发掘资源，寻找方法，激活潜能，陪伴练习者达成人格完善、自我提升的需求。它可以适用于孩子教育、自我成长、企业管理等综合领域。教练的前提是关注练习者未来的发展，基本的假设是练习者有能力应对所面临的挑战。激发练习者的自我探索，正向特质和优势，信奉每个人都有能力创造自我，采用专业资源为练习者赋能，激发他一步步朝向理想预期。使心智等级更加成熟和完善，应答发挥能力，加强自我突破能力，聚焦于解决现实层面的议题，突破内心卡点。心理教练依托于工具，模型。教练的工作内容可能会有一些相关心理咨询，但更侧重挖掘练习者的潜能，帮助练习者设定目标，明确行动步骤，最终达成练习者想要达成的目标。

二、教练技术跟心理咨询的结合

实际上，教练技术与心理咨询是密不可分的关系。心理咨询是心理学的一个子集，是以心理学为基础的一门学科，而教练在发展过程中也融入了很多心理学理论（积极心理学、运动心理学、行为心理学等）及心理咨询的理论和技术（见图2）。心理咨询与教练相辅相成，尤其对于想更进一步提升自己能力的教练，若没有心理学的专业背景，通过阅读心理学专业书籍、参加专业心理学/心理咨询培训等方式学习一下相关知识，将对后来教练能力的提升有极大益处。

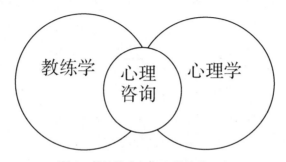

图2 教练技术与心理学的共通点

在工作中，教练一般都有一定的心理基础，有的教练甚至从事心理咨询工作或者是有这方面的经历。而有一部分心理咨询师还学习过教练的技能和方法。根据练习者的情况和需要，有能力的教练或心理咨询师会做出灵活和妥善的工作方案。

教练式心理咨询师是一种将心理咨询技巧和教练技术相结合的职业。在心理咨询个案中，他们会运用教练技巧，而练习者的反馈通常也很积极。为了更好地服务练习者，每个教练都需要不断地拓展自己的知识和技能，学习心理学知识是其中的重要一环。因此，教练式心理咨询师应该不断提升自己的专业能力，以便更好地帮助练习者解决心理问题。

总结：

心理教练与心理咨询师有相似点也有不同点，心理咨询是用咨询师的专业经验，帮助来访者改变当下的认知，关注的不是行为的改变，是认知。教练是凭借教练信念和状态去帮助练习者改变。心理咨询重在原因的分析，教练重在行为的改进，相信在以后的学习中，更能体会到心理教练技术独特的想法。

思考题：

1. 什么问题更适用于心理教练技术？请思考。

2. 心理教练和心理咨询师哪个职业发展前景更大，如何认为？

3. 教练式心理咨询师是否会成为主流职业，取代心理教练？请从多方面思考。

第二篇 **02**

| 心理教练三种技术 |

第一章

GROW 模型

GROW 模型不仅在教练行业得到广泛应用，也被应用于企业管理、人际关系、心理辅导、职业生涯规划、学业指导、素质技能提升、亲子教育等人们学习工作生活的领域。本章主要从 GROW 模型的起源、建立、应用技术以及反馈等几个方面进行阐述，并详细分析 GROW 模型的提出、定义、内容、模型建立的步骤、运用原则和领域、运用技术、反馈以及实际案例。通过本章的学习，读者可以更全面、深入地了解 GROW 模型，获取实用的指导和启示，以提升自身的教练能力、管理技能。

第一节 GROW 模型的简述

一、GROW 模型的提出

行为主义教练的流行最早源于 20 世纪 20 年代的心理学家巴甫洛夫（Ivan. P. Pavlov）的研究，他提出了条件反射的概念——只要有适当的刺激，就可以改变行为。然而，当时绝大部分著作未承认其所蕴含的行为学基础。在 20 世纪六七十年代，伯尔赫斯·弗雷德里克·斯金纳（Burrhus Frederic Skinner）通过进一步的研究，区分了两种行为类型：反应行为和操作性行为。斯金纳认为强化奖励或惩罚都可以用来鼓励练习者。之后，阿尔伯特·班杜拉（Albert Bandura）将社会学习加入其中，并提出了自我效能感的概念，使得行为理论扩展到了一个新的领域。行为主义教练的发展与巴甫洛夫、斯金纳和班杜拉的研究密切相关。正因为有他们的前期理论研究成果，约翰·惠特默提出了一套四阶段行为主义教练模型——GROW 模型，这种模型与行为主义的循证研究相结合。

GROW 模型是由企业教练约翰·惠特默①开发的增长模型，被格雷厄姆·亚历山大（Graham Alexander）进一步完善和推广。虽然该模型发展时间不长，却迅速成为提高生产力的有力手段，并被誉为 21 世纪具有创新和效能的管理技术。GROW 模型在西方企业的应用热潮下，也成为学者们关注的焦点。该模型演化成多种形式，如 T-GROW、I-GROW、SO-I-GROW、CLEAR 和 OSKAR 等②。在我国，GROW 模型主要应用于企业管理和培训，并迅速被广泛应用于心理辅导、职业生涯规划、素质技能提升以及高等院校教育改革等领域。该模型提供了四个关键方面：目标、现状、方案和意愿，可帮助人们创造专注、减少干扰并提升表现。

二、GROW 模型的定义

英国的约翰·惠特默在《高绩效教练》一书中提出：GROW 模型是一种辅导过程中的沟通工具，也是一种思维方式。该模型通过教练的方向性、策略性指导，促使练习者自我觉察、自我改变和自我成长。③

GROW 代表了四个关键方面：目标设置、现状检查、寻找解决方案和制订行动计划。该模型可以帮助人们在生活的各个方面创造专注、减少干扰并提升表现。它广泛应用于教练技术、咨询、员工辅导、绩效约谈和问题解决等领域。作为一个促进练习者成长的工具，GROW 模型是团队领导或教练的理想选择。

三、GROW 模型的内容

高效而优秀的教练会有意识地训练自己，将 GROW 模型或者其他相似的模型内化成自己教练技术的一部分，以确保自己能够无意识地、自然而然地使用这些技术。在这个模型中，教练技术的应用是流动的、自然的、艺术的。练习者不受机械的、直线方法的影响。在教练与练习者互动的早期阶段，教练需要应用 GROW 模型帮助练习者明白教练项目的意义，看到自己在项目中的进步。

教练与练习者进行一对一或一对多的沟通交流，旨在解决练习者的思想困

---

① WHITMORE S J. Coaching for performance：growing human potential and purpose the principles and practice of coaching and leadership. People skills for professionals（4th ed.）[M]. Boston：Nicholas Brealey，2017.

② 白舸. 基于 GROW 教练模型构建内蒙古某三甲医院护士分层培训体系的研究 [D]. 呼和浩特：内蒙古医科大学，2019.

③ WHITMORE S J. Coaching for performance：growing human potential and purpose the principles and practice of coaching and leadership. People skills for professionals（4th ed.）[M]. Boston：Nicholas Brealey，2017.

惑并帮助其正确认识、分析和解决问题。在现代社会中，教练与练习者的有效沟通显得尤为重要。如果教练在谈话中忽视技巧、不了解现实情况、缺乏引导性，可能导致谈话效果不佳，甚至影响教练形象并遭受质疑。因此，理解和掌握 GROW 模型的精髓，并运用该模型与练习者进行交谈教育，能够有效提升谈心谈话的效果，帮助练习者健康成长。

GROW 模型（见图 3）主要内容囊括目标、现状、方案和意愿，它们分别代表的含义如下：

图 3　GROW 模型

目标（Goal）可以衡量成果或结果的一致性。探索目标的关键点可以帮助练习者明确自己想要实现的目标，而非教练的目标。长期目标和短期目标的结合通常能揭示浮于表面的问题，使练习者更好地理解真正的问题所在。SMART化的目标可以最大程度地提高练习者实现目标的可能性，要让目标具体、可度量、可实现、相关性高、有时限。正向描述目标，通过提问让练习者思考，而不是直接给出答案。

现状（Reality）是描述当前情况、探索深层原因、发现事实真相、挖掘真相、澄清和理解的阶段。在此阶段，教练和练习者一起了解现实情况，尽可能多地了解现状，并识别所有妨碍因素。教练不会做出任何假设，而是了解促使练习者思考的原因，并帮助其看到全部情况。同时，教练也鼓励练习者描述现状，提供具体事例，而不是做出判断。

方案（Options）是选择行动所需的心态、找出所有可能的方案、选择最有效的方案,并征询建议的阶段。在此阶段,教练应该帮助练习者发现可选择的行动方案,提出尽可能多的可选方案,并鼓励练习者分析各方案的利弊。最重要的是启发练习者自己思考解决问题的方法,并控制自己的告知欲望,避免进行负面假设。

意愿(Will)是阐明行动计划、设立衡量标准、规定分工角色、建立自我责任的阶段。确保练习者自愿承诺去执行自己的行动计划,该行动才最有可能成功。教练在这个过程中起协调作用,帮助练习者获得采取行动的承诺,而不是将自己的意志强加于人。同时,教练应规划具体行动的时间安排,探讨可提供的支持,并确保练习者对行动计划的承诺是他们自己做出的选择。

总结:

本节主要围绕 GROW 模型的起源和内涵展开,旨在了解该模型的概念和内涵。在与不同背景的练习者沟通时,教练总是对如何高效运用 GROW 模型感到好奇。有效的沟通可以事半功倍,因此清晰地理解 GROW 模型的内涵尤为重要。在与练习者交谈时,我们需要了解他们的目标、现状、方案以及意愿。如果我们希望成为更优秀的教练,那就需要付诸行动。

思考题:

1. GROW 模型是何时提出的?

2. GROW 模型的定义是?

3. GROW 模型的内容主要是? 它们分别代表?

第二节　GROW 模型的步骤

GROW 模型不仅是一种沟通工具,更是一种思维方式。当遇到困难时,它可以帮助教练和练习者理清思绪,以便有效解决问题,提高工作效率。因此,GROW 模型对教练和练习者都有积极的意义和作用。在使用模型时,必须按照目标设定、现状分析、方案选择以及强化意愿的顺序进行,每个阶段都必须认真执行。只有这样,GROW 模型才能循环使用。人们在全面细致地分析现状后,需要更清晰地定义目标,以进一步提高自我认知和觉察能力,甚至更清楚地看清问题的本质。练习者描述自己的现状后,教练会帮助他们探寻问题的解决方案,最终练习者通过与教练的交谈更明确自己的意愿。

一、聚焦目标 Goal

GROW 流程的第一步是聚焦目标，这有助于教练和练习者进行高效对话。教练应以终为始，确定目标对明确任何讨论的价值和方向都是最重要的。虽然教练对话通常是从练习者谈论现状开始的，但教练不应顺着练习者的思路延续对现状的探讨，而应迅速从练习者的讲述中听出背后的需求和目标，并通过提问来确定目标。基于现状探讨容易让练习者陷入负面情绪中，对话会变成对问题的抱怨，降低达成长期目标的信心。教练需要帮助练习者找到自己真正期望的目标，这样可以展开高效的对话，避免浪费时间和精力。

聚焦目标通常包括三个步骤：首先，发出邀请、明确目标和目标确认。教练可以通过发出邀请来引导对话，了解练习者遇到的问题。其次，教练需要和练习者明确本次对话的目标，并帮助练习者将目标转化为符合 SMART 原则的目标。最后，教练需要和练习者确认目标，以确保理解的目标和练习者想要达到的目标一致。确认目标时，教练需要尽可能详细地描述目标，以便练习者能够按照目标来开展后续的工作。

二、了解现状 Reality

GROW 模型中的 Reality 阶段是了解现状的阶段，它有助于教练和练习者了解当前的情况和困难，以及搜索围绕目标的相关事实。在这一过程中，教练需要帮助练习者拓展思路，寻找超出目前认知范围的内容和维度，发现更多的可能性。为了保持练习者的情绪稳定，教练需要使用积极的倾听技巧，而不是像审讯一样让练习者自己考虑问题并思考答案。在了解现状的过程中，教练不需要提出解决方案或分享自己的意见。如果发现情况与当初设想的不同，可以回到第一步重新调整目标。

为了达到这个目的，教练通常从开放式的问题开始，如"什么、何时、何地"，这些问题可以引出关于事实的描述，有助于下一步的分析判断。教练应尽量避免问"为什么"的问题，因为这容易引起练习者的防御反应。当需要了解原因时，可以用"是什么"的问题代替"为什么"的问题，这样可以帮助练习者在平和的心态下分析原因。

总之，了解现状的目的是提升练习者的觉察力，为下一步探索行动方案奠定基础。在这个阶段，教练的任务是帮助练习者了解影响目标达成的要素和资源。

教练可以通过提问引导练习者分析现状，例如询问关于目标的情况、完成度和练习者满意度。了解现状后，教练可以帮助练习者探索影响目标的因素，包括可控和不可控因素，以及从不同角度思考问题。最后，教练可以帮助练习者寻找可以帮助达成目标的资源，例如询问关于资源、优势和机会的问题。这些问题旨在帮助练习者看到所有因素和资源，从而树立信心解决问题。

三、探索行动方案 Options

当练习者看到更大的现实可能性、目标清晰、现状明确时，可以进入探索阶段，并扩大思考领域。在探索行动方案时，重要的是想出尽可能多的选择，而不是马上找到正确答案。激发大脑搜集所有可供选择的方案的过程同样具有价值，因为它能够激发创造力，只有从广泛的各种富有创造性的可能中，才能挑选出最佳的行动计划。

探索行动方案可以分为三个步骤：首先，启发引导、方案探索和确认选择。在启发引导时，教练可以直接提问如何解决问题，或者使用假设类问题引导对话。其次，教练需要引导练习者对行动方案进行探索，追问可能性，尽可能多地丰富选择方案。最后，教练可以与练习者进行方案确认，询问哪些方案可以立即实施，为什么选择这个方案，以及可能会遇到的问题。教练要支持练习者自主解决问题。

四、强化意愿 Will

在整个流程完成后，教练可以让练习者总结对话的全过程，并开始行动。另外，教练可以帮助练习者找到自我激励的方法，以此激发练习者的动力。因此，让练习者认识到教练会强有力地支持他的行动也是非常重要的。

强化意愿可以分为三个步骤：首先，总结成果、聚焦行动、赋能反馈。成果包括让练习者回顾对话内容、分享收获和启发；聚焦行动包括确认具体行动、行动的影响和时间安排等；赋能反馈包括让练习者自我激励、制定奖励方案和提供积极反馈。其次，在给予积极反馈时，教练可以肯定练习者的想法和方案，并表达对其的认可和支持。最后，约定下一步跟进的时间和方式，以确保方案的执行。

GROW 模型需要根据练习者的情况提出问题，可以使用的问题（见表 2）。

表 2　GROW 模型问题栏

问题栏	
你真正想要的结果是什么？ 你想要实现的目标是什么？	聚集目标 Goal
针对你提到的目标，目前的情况是怎样的？ 为了达成目标，还需要关注哪些因素？ 如果是定量目标，那现在完成了多少？ 针对你的目标，你有哪些资源？ 在某些影响因素中，哪些是可控的？	了解现状 Reality 对目标的实现树立信心
要解决这个问题，你有什么好的策略？ 为实现目标，你是如何行动的？ 如果你有更多时间，你会做什么？ 针对目标和现实，这项方案的可行性？ 什么原因让你选择这个方案？	探索行动方案 Options 找到切实可行的方案
达成目标后，你会如何奖励自己？ 确认行动方案后，你的具体行动是什么？ 你打算什么时候开始实施？ 这个行动为解决这个问题带来什么？ 遇到困难时你该如何调整自己的行动计划？	强化意愿 Will 开始行动

总结：

本节详细介绍如何正确使用 GROW 模型，当教练教授练习者时，他因某些问题感到不清晰并受到阻碍时，教练可以尝试 GROW 模型。首先，你需要聚集目标，这可以通过发出邀请、明确目标和目标确认这三个步骤来实现；其次，你需要了解现状，以增强实现目标的信心，这可以通过分析事实、探索因素和寻找资源这三个步骤来实现；再次，你需要探索行动方案，并找到切实可行的方案，这一步可以分为启发引导、方案探索和确认选择三个步骤；最后，你需要强化意愿并开始行动起来，这一过程需要从总结成果、聚焦行动、赋能反馈这三个方面进行。

思考题：

1. 如何建立 GROW 模型？

2. 建立 GROW 模型主要包括哪些步骤？分别是？

3. GROW 模型中的聚焦目标 Goal 需要注重哪方面？

第三节 GROW 模型技术的运用

一、GROW 模型的运用原则

运用 GROW 模型时的关键原则包括：

第一：提高自我认知。个体需要对自己进行深入的自我观察和评价，以了解自己的优点、劣势和潜力，从而更好地制定目标和行动计划。

第二：建立自我责任。个体需要认识到并愿意承担应该承担的责任，通过学会对自己负责，激发内在动力，积极主动地学习、实践和成长。

第三：确定具体、可衡量、可实现的目标。目标应该具体明确，能够被衡量，并且在实现上是可行的，以激发个体的动力和目标实现的可行性。

第四：了解现状。个体需要对自身和周围环境进行深入的了解和分析，以便制订适当的行动计划和解决方案。

第五：探索可行的选项。个体需要发掘多种可行的解决方案，并通过评估和优先排序来确定最终的行动计划。

第六：制订具体、可行的行动计划。行动计划应该是具体、可衡量的，并且能够在实践中得到有效实施和落实。

第七：实施和反馈。个体需要将行动计划付诸实施，并持续反馈和评估结果，以便对未来的行动进行调整和改进。

总之，运用 GROW 模型进行交谈，可以帮助个体深入了解自我和周围环境，制订具体可行的行动计划，并持续反馈和评估结果，从而实现个人和组织的成长和发展。

二、GROW 模型运用技术

GROW 模型是一种有效的教练式沟通技巧，它的核心技术包括提问、倾听、反馈、总结、建议等这些技术，也可以使用到其他技术。通过这些核心技术，教练能够有效地引导练习者，帮助他们明确谈话的目标，找到问题的核心点，并进行创造性和发散性的思考。同时，教练还可以与练习者一起商讨出解决方案，达成一致。

具体来说，GROW 模型中的提问技术可以帮助教练引导练习者深入思考问题，明确问题的本质和关键点。倾听技术则能够让练习者感受到被尊重和理解，从而更加主动地参与到谈话中来。反馈技术可以帮助练习者了解自己的表现和行为，从而更好地调整自己的行动方向。总结技术则可以帮助教练梳理出练习者的主要问题和需求，为下一步的教学计划提供参考。建议技术则可以帮助教练和练习者一起制定出可行的解决方案，从而实现共赢。

总之，通过 GROW 模型的核心技术，教练可以更好地引导练习者，提高谈话的效率和质量，从而实现双方的共同发展和进步。

（一）第一阶段：提问

提问是沟通练习者的重要手段，它不仅可以检查练习者的训练情况，还可以引发练习者的兴趣，培养语言表达能力及思维能力。提问是一种语言艺术，需要科学设计问题、合理结构、巧妙设问、紧密衔接、严格逻辑、突出重点，以彻底解决问题并提高效率。

教练询问的关键在于提问，GROW 模型提供一整套方案，通过提升对话质量和发掘潜能，避免随意性。该模型还可以应用至学业问诊，可以避免传统的询问模式，围绕练习者兴趣开放式提问，直接聚焦问题解决方案，同时避免引导性问题和批评，让练习者自主探索才能。

教练通过提问激发练习者创造性活力。为充分挖掘潜力，教练应尽量少发表观点，并在发表前设置请求许可的环节，摆正角色，成为朋友、亲人平等关系中的支持者。这样，教练才能最大限度地激发练习者责任感。著名的古希腊哲学家苏格拉底说："最有效的教育方法，不是告诉他们答案，而是向他们提问。"通过这种方式，教练能够引导练习者思考，例如"你今天最大的收获是什么？"即使一个练习者想退学，问他"你认为在学校中最有趣的事情是什么？"也能让他从正面思考。

（二）第二阶段：倾听

教练在与练习者沟通时，需要学会积极倾听。这意味着教练应该全神贯注地聆听练习者的回答，并保持开放的心态，不要急于评判。教练应该关注练习者表达的内容和传递的感受，包括措辞、语气和身体语言。积极倾听需要教练具备听、观察和理解的能力，同时还需要有足够的自我觉察，以清晰认识自己的每一刻行为。

有效倾听不仅仅是听到对方表达的信息，还能感受对方的情绪、状态和背后的意图。倾听模型可以帮助教练实现全面有效的倾听，即事实回放、感受情绪和道明意图。例如，当练习者向教练抱怨"我的英语四级又没过！"时，教练需要听到练习者表达的事实是四级没过，情绪是沮丧，意图是想要通过四级。

这是 GROW 模型运用的好时机，教练可以与练习者讨论具体目标是什么（比如提高到多少分）、他准备付出怎样的努力，以及分析哪种选择和方法更有助于他达成目标。

倾听需要将自己视为一个多面体，对于倾听有核心的一致理解，同时也需要在不同的情境下具备不同的角色感，这意味着"本色做人，角色做事"。特别是在其他重要场合，需要非常清晰地划分角色边界和倾听的层次边界，不能简单地将心理咨询中的所谓专业倾听模式照搬到 GROW 模型运用中。

1. 生活中的倾听

生活中的倾听是非常重要的。首先，我们不能总是把自己当作教练高高在上，要像普通人一样，平常心地听取他人的意见和想法。我们需要学会听懂而不是轻易地反应，看破而不是轻易揭破，不要自以为是听得最深刻，分析别人的思想和情感。其次，当我们和家人在一起时，特别是夫妻、亲子之间，要多听他们的感受、心情和情感，少谈对错是非，让和谐的关系成为第一位，从家庭生活出发，在运用时也能让练习者在生活中使用。最后，我们需要多听身边人的正能量，发掘他们的正面资源，用发现者的眼光去倾听生活中的闪光点。

2. 工作中的倾听

在工作中的倾听也是非常重要的。首先，在职场管理中的应用，我们需要先听练习者的工作目标、目的和利益关系，因为工作中的本质是利益关系，我们需要把倾听的重点找到并理解清楚。其次，在上下级之间的沟通中，特别是听领导工作布置时，我们需要重点理解关键点，化繁为简，找到组织内最关注的焦点。最后，在多人的讨论、会议或博弈中，我们需要聆听平衡点，提炼出相互妥协的最大公约数，找到建设性的方向并采取行动。这样，我们才能够更好地在职场管理中帮助练习者倾听他人，建立更深入、更有意义的沟通，以帮助团队获得更好的业绩和成果。

3. 朋友间的倾听

练习者在训练中要明白朋友间的倾听也是非常重要的。首先，我们需要多听朋友的状态，包括心态、心情和计划，这样才能更好地交朋友并深受欢迎。其次，我们需要多听朋友的梦想，让朋友缓解孤独，获得被欣赏的温暖和自我价值感认同。最后，我们需要多听朋友的烦恼，帮助朋友宣泄负向情绪，找回状态。在不同场合的角色倾听转换中，我们需要保持高度的自我觉察，并学会"忘记"，出了门，就自动更换角色。让倾听的自然切换成为习惯，这样，我们才能更好地倾听朋友，建立更深入、更有意义的友谊关系。

（三）第三阶段：反馈

反馈很重要，例如对于 GROW 模型干预指导的薪酬管理团队实训学习效果，通过柯氏四级模式进行评估（见表3）。案例及数据来源于向雪，她的研究提道：

在反应层上，采用问卷调查法和访谈法对某学校人力资源管理专业46名练习者进行调查，结果显示91.76%的练习者认为 GROW 模型用于线上+线下融合教育效果明显，教练角色的转变让80.91%的练习者感受到教练的指导作用，增强了自身的管理胜任力。在学习层面，采用学习通抢答、抽查等形式，结合客观题机试进行评估，发现大部分同学对薪酬管理的策略与方法掌握度较好，卷面成绩80分以上的同学占76%以上。在行为层和结果层评估方面，通过练习者顶岗实习反馈和工作就业单位的连续追踪来衡量。发现运用 GROW 模型干预后，练习者能够更善于进行目标管理、思考协作，积极寻找问题解决方案，并从容应对竞争和压力。[①]

表3　GROW 模型用于线上+线下融合教育效果调研情况（%）

题目/选项	1	2	3	4	5
是否能调动练习者的积极性	65.31	26.45	3.63	2.26	2.35
是否能更好感受到教练指导作用	40.98	39.93	14.29	2.73	2.07
是否能增强小组的团队意识	62.58	28.35	5.99	1.01	2.07
是否能提升练习者运用所学知识能力	47.31	42.90	7.31	1.69	0.79
是否能增强练习者对薪酬管理方法的理解和认知	52.49	36.25	8.21	2.17	0.88
是否能提高练习者对薪酬管理与技术的掌握程度	50.79	40.02	5.42	1.79	1.98
是否能对个人管理决策培养上有所帮助	42.57	38.89	16.22	2.08	0.24

注：1表示非常同意；2表示同意；3表示中立；4表示不同意；5表示非常不同意。

（四）第四阶段：总结

在 GROW 模型中，通过提问、倾听和反馈，可以总结出关键问题，总结是

---

① 向雪. 基于 GROW 模型的线上线下教育融合培养案例应用分析［J］. 长江工程职业技术学院学报，2021，38（01）：38-40.

对一定时期内工作或学习进行分析和研究，肯定成绩，找出问题，得出经验教训，并用于指导下一阶段的工作。通过总结，可以全面、系统地了解以往的工作或学习情况，正确认识优缺点，并明确下一步训练的方向，以提高效率。总结还是认识世界的重要手段，可以将感性认识上升到理性认识，寻找出工作和事物发展的规律，从而掌握并运用这些规律。总结的关键点是"精、准、核、重、复、思"。

精：总结要精炼，言简意赅。总结内容应该精准地表达出要点，避免使用模糊的词语或语句。例如：一篇管理训练总结中，可以用使团队"提高销售额"来概括教练训练工作，而不是使用笼统的词语，如"加强销售工作"；在发邮件或写报告时，避免冗长的句子和重复的内容，要用简洁的语言表达清楚意思；在开会时，要注意控制发言时间，避免过度冗长，让会议效率更高。

准：总结要准确，数据要具体。总结应该基于实际数据和情况，给出准确的结论和建议。例如：在一份学习总结中，可以详细说明所学课程的具体内容和收获，而不是泛泛而谈；在销售工作中，用具体的数字来描述销售成果，比如年销售额达到了 3000 万元，这样更能够说明工作的实际效果；在市场调研中，要用数据来支持自己的分析和判断，比如市场占有率达到了 30%，这样更能够说明市场情况。

核：总结要抓住核心问题，重点突出。总结应该明确核心问题，突出重点，不要在次要问题上花费太多篇幅。例如：在一份项目总结中，可以重点描述项目的关键节点和难点，并提出解决方案；在财务工作中，突出自己在公司经营管理方面的贡献，比如优化了财务流程，提高了财务效率，帮助公司更好地控制成本；在技术工作中，突出自己在产品研发方面的贡献，比如开发了新产品，提高了产品质量，帮助公司更好地满足练习者需求。

重：总结要着重强调重点，避免重复。总结应该强调重点，避免重复，不要在结论上反复论述。例如：在一份会议总结中，可以着重强调会议讨论的重点问题，并给出解决方案，而不是重复会议内容；在人力资源工作中，突出自己在员工招聘和培训方面的重要性，这些工作直接影响到公司的人力资源储备和培养，对公司的长期发展具有重要意义；在生产管理工作中，突出自己在质量管理方面的重要性，这关系到公司产品的质量和声誉，对公司的发展至关重要。

复：总结要反复推敲，不断完善。总结应该反复推敲，不断完善，确保内容充分、完整。例如：在一份年度总结中，可以反复检查各方面的数据和材料，确保总结的完整性和准确性；在团队合作中，分享自己的工作经验和技巧，帮助团队成员更好地完成工作任务，并提高整个团队的工作效率；在个人成长中，分享学习心得和经验，帮助更多人获得学习和成长的机会，提高自己和他人的综合素质。

思：总结要深入思考，形成思考深度。总结不是简单记录和归纳，更重要的是深入思考，形成思考深度。例如：在一份个人成长总结中，可以深入思考自己的成长和不足之处，并提出改进方案；在工作中，反思自己的工作表现和不足，寻找改进的方法和途径，不断提升自己的工作能力和水平；在个人成长中，反思自己的学习和成长过程，寻找自己的优势和不足，制订合理的学习计划和目标，不断提高自己的综合素质。

总之，"精、准、核、重、复、思"是总结的关键点，通过这些点的把握，可以让总结内容更加丰富、准确、有条理、有深度，从而更好地指导下一步的工作。

（五）第五阶段：建议

针对某人或事情的客观存在，提出自己的见解或意见，向更积极的方向发展和改善。GROW 模型提供了一种简单易行的方法来帮助人们在生活的各个方面创造专注，减少干扰并最终提升表现。其中 GROW 模型包括四个关键方面：目标（G）、现状（R）、方案（O）、意愿（W）。

如何应用 GROW 模型进行建议呢？以下是四个阶段的问题，有助于帮助他人澄清思路和想法：

1. 目标（G）

你想要实现什么目标？

你希望在什么时间内实现这个目标？

对于这个目标，你最看重的是什么？

你认为如果实现了这个目标，会带来什么好处？

2. 现状（R）

目前你所做的事情有哪些？

你认为目前的状态和你的目标相符吗？

你在目前的状态下感到满意吗？

你认为目前的状态有哪些问题或挑战？

3. 方案（O）

你认为有哪些途径可以帮助你实现你的目标？

你认为你可以采取哪些行动来实现你的目标？

你认为实现这个目标需要哪些资源或支持？

你需要克服哪些障碍才能实现你的目标？

4. 意愿（W）

你计划在什么时间内采取哪些行动？

你如何跟踪和评估你所做的行动是否达到你的目标？

你需要哪些技能或知识才能实现你的目标？

你需要哪些人或团队来支持你实现你的目标？

以上问题可以帮助他人更清晰地了解自己的目标、现状、方案和意愿，使他们更加专注、有序地向着实现目标的方向前进。同时，建议者可以适当地根据具体情况和对方需求进行调整和补充。

5. 最后一步给出建议

针对你的目标，应该采用哪种方法比较适合？考虑你目前所处的环境，你现在应该做些什么？根据你对未来的设想，你应该如何行动，以达到最佳效果？例如，在你即将进入大学之前，作为一名高中生，如果你的成绩不理想，你应该如何提高成绩？你的总分目前是多少，总成绩的潜力有多大？各科成绩现在处于什么状态？是否存在偏科现象？你对老师的授课方式有何不适应之处？你的方案是什么？在上课之前做好预习，认真听讲，课后复习并巩固所学知识。那么，你期望达到什么样的状态？老师会根据你的现状给出适合你的建议。

表 4　GROW 模型运用技术问题栏

	问题栏
提问	你认为什么样的提问方式能够更好地引导对话？ 你如何提出开放性问题来获得更多信息或启发灵感？ 你认为提问技巧对于领导力和沟通技能的发展有何帮助？ 你在工作中遇到过需要用提问来澄清事实或理解对方需求的情况吗？
倾听	你如何表现出对他人的关注和尊重？ 你如何通过倾听来建立信任和共鸣？ 你如何避免在倾听中出现偏见和刻板印象？ 你如何通过倾听来理解他人的观点、想法和感受？
反馈	你如何在反馈中提供具体的例子和建议？ 你如何避免在反馈中出现攻击性和负面情绪？ 你如何通过反馈来促进个人和团队的进步和发展？ 你如何给出有建设性的反馈，以帮助他人改进和成长？

问题栏	
总结	你如何在反馈中提供具体的例子和建议？ 你如何避免在反馈中出现攻击性和负面情绪？ 你如何通过反馈来促进个人和团队的进步和发展？ 你如何给出有建设性的反馈，以帮助他人改进和成长？
建议	你如何在建议中考虑对方的需求？ 你如何避免在建议中出现指责和批评？ 你如何通过建议来鼓励和支持他人的努力和成长？ 你如何给出具体和实用的建议，以帮助他人解决问题和实现目标？

三、GROW 模型的运用领域

GROW 模型不仅适用于教练行业，而且在企业管理、人际关系、心理辅导、职业生涯规划、学业指导、素质技能提升、亲子教育等各个领域被广泛应用，为人们在学习、工作和生活的方方面面提供了有益的指导和帮助。为了帮助大家更清晰理解 GROW 模型在解决问题方面的多重方向，我们来看几个案例。

（一）案例一：招聘

A 公司目前的公司规模较小，人才引进不足，产品升级与转型因此也受到了极大的影响，为了解决这些问题，公司总监召开了紧急会议。在会议上，总监将目前公司的处境告诉了员工，并将自己的真实想法告诉了员工。然而，一些员工对此表示担忧。于是，总监使用了 GROW 模型与他们进行了沟通：

第一步：Goal 目标确定

A 公司是一家快速扩张的科技企业，他们计划在未来一年内扩大团队规模，招聘并吸引高素质的技术人才。他们的目标是建立一支强大的团队，推动公司的创新和发展。

第二步：Reality 现状分析

A 公司目前面临技术人才短缺的挑战，招聘过程中遇到了一些问题，如招聘渠道有限、竞争激烈、招聘流程冗长等。他们意识到需要改进招聘策略和流程，以更好地吸引和留住优秀的技术人才。

第三步：Options 方案选择

为了实现招聘目标，A 公司可以考虑以下几个方案：

扩大招聘渠道：探索更多的招聘渠道，如社交媒体、职业网站、校园招聘等，扩大招聘的覆盖范围，吸引更多的候选人。

建立专业团队：设立专门的招聘团队，由经验丰富的招聘专员组成，负责招聘流程的管理和执行，以提高招聘效率和质量。

优化招聘流程：简化招聘流程，减少冗余环节和时间，提高候选人的体验，以吸引更多优秀的候选人并加快招聘进程。

提升品牌形象：加强企业品牌宣传和市场推广，展示公司的优势和吸引力，提高企业在候选人心目中的认知度和吸引力。

第四步：Will 总结意愿与具体行动

A 公司可以制订以下具体行动计划：

在接下来的三个月内，与多家职业网站和社交媒体平台合作，发布招聘信息并积极推广公司的品牌形象。

成立招聘团队，指定一位招聘经理负责招聘流程的管理和执行，确保招聘工作的顺利进行。

重新评估和简化招聘流程，减少环节和时间，提高招聘效率。

定期组织企业宣讲会、参加职业招聘展览等活动，提升企业品牌形象和知名度。

通过这些明确的行动计划，A 公司可以改进招聘策略和流程，吸引和留住高素质的技术人才，推动公司的创新和发展。同时，他们可以定期回顾和评估招聘工作的进展，根据需要进行调整和改进，以确保招聘工作的持续优化。

（二）案例二：职业规划

GROW 模型适用于职业规划，例如，小明想成为一名资深的市场营销经理。尽管这看起来有难度，但通过应用 GROW 模型，也能够实现这一目标。

第一步：Goal 目标确定

小明初入职场，他希望在未来五年内成为一名资深的市场营销经理。他的目标是在市场营销领域取得成功，并拥有更高的职位和更广阔的发展空间。

第二步：Reality 现状分析

在使用 GROW 模型时的第二步——现状分析中，小明目前是一家中型企业的市场营销助理，他拥有一定的市场营销知识和经验，但还需要提升自己的技能和能力。他意识到自己在市场营销策划、数字营销和团队管理方面还有待加强。

第三步：Options 方案选择

在 GROW 模型的第三步中，为了实现职业目标，小明可以考虑以下几个方案：

学习和提升知识技能：参加市场营销相关的培训课程、研讨会，学习最新的市场趋势和策略，提升自己的专业知识和技能。

寻求导师指导：寻找一位经验丰富的市场营销经理作为导师，从他那里学习实战经验和职业发展建议，获取指导和支持。

拓展人际网络：参加行业相关的活动、职业社交场合，与其他市场营销专业人士建立联系，扩大人际关系网，获得更多的职业机会和合作伙伴。

寻找挑战性的项目：主动争取参与公司内部的重要市场营销项目，接触更多的工作机会，提升自己的经验和能力。

第四步：Will 意愿确定

小明可以制订以下具体行动计划：在接下来的三个月内，报名参加一门市场营销的在线课程，提升自己的专业知识和技能。寻找一位有经验的市场营销经理，并邀请他成为自己的导师，每月与导师进行一次面对面或线上的交流和学习。每个月参加至少一次行业相关的活动或研讨会，与其他市场营销专业人士建立联系，并积极参与交流和分享经验。主动与团队合作，争取参与公司重要的市场营销项目，努力展示自己的能力和贡献。

通过这些明确的行动计划，小明可以逐步实现他的职业目标，提升自己在市场营销领域的能力和地位。同时，他可以定期回顾和评估自己的进展，根据需要进行调整和改进，以确保自己在职业规划中保持持续发展。

（三）案例三：学习计划

第一步：Goal 目标确定

小玲是一位大学生，她希望在下学期中期考试中取得更好的成绩。她的目标是提高自己的学习能力和成绩，以实现更好的学术表现。

第二步：Reality 现状分析

小玲目前在学习上遇到一些困难，她发现自己在时间管理、记忆力和理解能力方面有待提升。她意识到需要改进学习方法和技巧，以克服这些困难并提高学习效果。

第三步：Options 方案选择

为了实现学习目标，小玲可以考虑以下几个方案：

学习时间管理：制订详细的学习计划，合理规划每天的学习时间，确保充分利用时间进行学习，并避免拖延和浪费时间。

提高记忆力：尝试不同的记忆技巧，如制作复习卡片、使用关联法和图像联想等，以提高记忆效果，并定期进行复习和巩固。

加强理解能力：采用主动学习方法，如提问、讲解给他人听、参加学习小组等，加深对知识的理解和应用能力，并寻求辅导或教师的帮助。

寻找学习资源：利用图书馆、网络和学校提供的学习资源，如教材、参考书、在线学习平台等，扩大学习资料来源，提供多样化的学习材料。

第四步：Will 意愿确定

小玲可以制订以下具体行动计划：

在每周一开始，制订每日学习计划，包括具体的学习任务和时间安排。

尝试使用不同的记忆技巧，如制作记忆卡片、使用关联法和图像联想法等，并将其应用于每个学科的复习中。

积极参与学习小组，与同学讨论和解答问题，互相学习和理解知识。

利用图书馆和在线学习平台，获取额外的学习资料和练习题，并结合课程内容进行学习和复习。

通过这些明确的行动计划，小玲可以改进学习方法和技巧，提高学习效果，从而在下学期中期考试中取得更好的成绩。同时，她可以定期回顾和评估自己的学习进展，根据需要进行调整和改进，以确保学习的持续改善。

总结：

本节的主要内容是详细介绍 GROW 模型的运用原则、应用领域和运用技术。在使用 GROW 模型进行交谈时，提高自我认知和建立责任感是非常重要的。自我认知包括自我观察和自我评价，而建立责任感则是促使人成长的内在动力，通过承担应当承担的责任来学习、实践和乐观地生活。

GROW 模型不仅适用于教练行业，也可以广泛应用于各个领域。GROW 核心技术包括提问、倾听、反馈、总结、建议等，通过这些核心技术，能够清晰地明确谈话的目标，帮助找到问题的核心关键点，从而进行思考。在运用 GROW 模型时，需要根据不同场景和领域的需求，灵活地运用各项技术，以达到预期效果。

思考题：

1. GROW 模型的应用原则是？

2. GROW 模型可以应用在哪些领域？列举一个例子。

3. GROW 模型的应用技术包括哪些？

4. 你如何将 GROW 模型的应用技术应用到实际生活中去？

第四节　模型反馈与案例分析

一、模型反馈

（一）管理者辅导部属执行目标

一般 GROW 模型可以用于管理者担任"教练"教授部署执行目标，这是一种帮助部署管理者和员工实现目标的方法，通过指导和支持，辅导者可以帮助员工充分发挥自己的潜力，提升工作表现，最终实现部署的目标。由管理者担任教练辅导，是一种非常有效的方法，可以帮助员工积极学习和改进工作表现。辅导者可以通过问问题的方式，引导员工思考和解决问题，从而让员工更好地理解工作目标和如何实现这些目标。

确定目标和期望：在开始辅导之前，辅导者需要明确目标和期望。目标应该是具体明确的，可以量化和跟踪，同时期望也应该清晰明确，以便员工知道自己需要做什么和如何做。

了解员工的能力和需求：辅导者需要了解员工的能力和需求，以便更好地为他们提供帮助和支持。了解员工的能力和需求可以帮助辅导者更好地制订辅导计划，同时也可以帮助员工更好地理解自己的工作和目标。

提供反馈和支持：辅导者需要及时提供反馈和支持，以便员工知道自己的工作表现和如何改进。反馈应该具体和明确，同时也应该鼓励员工继续努力。

跟踪和评估：辅导者需要跟踪员工的工作表现，并进行评估。跟踪可以帮助辅导者及时发现员工的问题和挑战，同时评估也可以帮助辅导者和员工了解工作表现是否达到预期目标。

总之，管理者辅导部署执行目标是一种帮助员工实现目标和提升工作表现的方法，通过教练式辅导、提供反馈和支持、跟踪和评估等方式，辅导者可以帮助员工更好地理解工作目标和如何实现这些目标。同时，辅导者也可以通过辅导过程中的反馈和评估，不断改进和提升自己的辅导能力。

假设某公司的销售部门近期的销售业绩一直未达到预期目标，经过一番调查后，发现该部门的销售人员在客户拜访时表现不够积极主动，缺乏对客户需求的深入了解和挖掘。为解决这一问题，公司的销售经理决定采用 GROW 模型来辅导销售人员。

首先，销售经理向销售人员提出了明确的期望，即希望他们在客户拜访中表现更为积极主动，深入了解他们的需求，为客户提供更好的服务。

其次，销售经理告知了销售人员需要遵循的工作原则和方向，即了解客户的需求和痛点，提供合适的产品和解决方案。

接着，销售经理开始进行教练式辅导，与销售人员进行了一对一的会议，询问他们在拜访中遇到的问题，并通过问问题的方式，帮助他们更深入地了解需求。

在辅导过程中，销售经理也鼓励销售人员提出改善建议，以及制定具体的跟踪日期和行动计划，以确保问题得到解决。例如，他们可以制定一个每日记录客户需求的表格，并在每周会议上进行汇报和讨论。

最后，销售经理及时跟进销售人员的工作表现，提供必要的支持和协调，同时鼓励他们不断克服困难和挑战，保持积极的工作热情。通过这些措施，销售部门的业绩逐渐得到提升，达到了预期目标。

（二）提供反馈方法

1. 反馈的类型

对于管理者来说，辅导部署执行目标时的反馈类型可以分为三种，分别是积极型、消极型和建设性型。

（1）积极型反馈

积极型反馈是管理者在员工表现出色时所采用的反馈方式。该类型的反馈主要是表彰员工的优秀表现，并注重结果。积极型反馈的特点是具体、及时且肯定。例如，当员工完成任务并取得良好的成果时，管理者可以及时给予肯定和表扬，这有助于提高员工的自信心和工作动力。

（2）消极型反馈

消极型反馈是主要针对员工存在不足或问题时所采用的反馈方式。该类型的反馈主要是指出问题，但缺乏建设性，容易引起员工的不安、困惑、愤怒或情绪低落。消极型反馈的特点是不具体、不及时且负面。例如，当员工做错事或犯错时，管理者可能会采用批评或责备的方式来指出问题，但这种反馈方式容易让员工感到沮丧和挫败。

（3）建设性型反馈

建设性型反馈是管理者在员工存在不足或问题时所采用的反馈方式。该类型的反馈主要是以建设性的方式提供信息或评估，帮助员工改进工作表现。建设性型反馈的特点是具体、及时且注重结果。例如，当员工存在工作上的不足时，管理者可以采用开放性的提问方式，帮助员工找到问题的根源，并提供针对性的建议和指导，以便员工不断改进和提高工作表现。

2. 反馈的方法

（1）具体的行为描述

反馈时应具体描述员工的行为，避免使用抽象、模糊的词语。例如，如果员工有时间管理问题，管理者可以指出具体的迟到或未按时完成任务的情况，而不是仅仅告诉员工"你的时间管理有问题"。

（2）具体的实例

为了让员工更好地理解管理者的反馈，管理者可以引用具体的实例来说明问题。例如，如果员工在与练习者沟通时表现不佳，管理者可以引用具体的练习者反馈或案例，让员工更好地了解问题所在。

（3）行为产生的结果

反馈时应着重强调员工的行为所产生的结果，这有助于员工更好地理解问题的严重性和影响。例如，如果员工在工作中存在沟通问题，管理者可以告诉员工这会导致练习者不满意或项目延误等后果。

（4）构建双向对话

在反馈过程中，管理者应尽可能构建双向对话，让员工有机会发表自己的观点和想法。这有助于建立良好的沟通和信任关系，并更好地理解员工的想法和需求。

（5）提供具体的建议和行动计划

为了帮助员工改进表现，管理者应提供具体的建议和行动计划。例如，如果员工在时间管理方面存在问题，管理者可以提供具体的时间管理建议和工具，以帮助员工更好地管理自己的时间。同时，管理者还应制订具体的行动计划，帮助员工逐步实现目标。

3. 描述行为的结果

（1）积极型反馈

积极型反馈主要强调员工的优秀表现和成果，能够增强员工的自信心和工作动力，激励员工不断提高工作表现。具体的行为结果包括：员工的自我肯定和信心提升，工作积极性和动力增强，工作品质和效率提高，团队合作和决策能力增强，员工的工作满意度和忠诚度提高等。

（2）消极型反馈

消极型反馈主要指出员工存在的不足和问题，容易引起员工的不安、困惑、愤怒或情绪低落，会对员工的工作表现和工作态度产生负面影响。具体的行为结果包括：员工的自信心和动力下降，工作效率和品质下降，员工的工作满意度和忠诚度下降，员工可能会产生消极情绪和行为等。

（3）建设性型反馈

建设性型反馈主要帮助员工找到问题的根源，并提出具体的建议和行动计划，以帮助员工改进工作表现。具体的行为结果包括：员工对自己的工作表现有更深入的认识和理解，员工能够及时纠正和改进自己的问题，员工的工作效率和品质得到提高，员工的工作满意度和忠诚度提高，员工对管理者的信任和尊重度提高等。

（三）避免常见错误

不管是复杂还是简单的问题，GROW 模型都能够提供一种简单易行的方式，来加快你的决策速度，从而帮你避免一些常见错误的关键点：

1. 未明确目标

在 GROW 模型中，目标是整个过程的核心。如果目标不清晰，整个过程就会失去方向性。因此，在使用 GROW 模型时，首先要确保目标明确、具体、可度量和可行。错误案例：一名员工的目标是"提高销售业绩"，但该目标缺乏具体性和可度量性，难以实现。避免错误措施：将目标具体化和量化，例如"每月实现 10% 的销售增长"。

2. 未考虑现实

在制订行动计划时，很容易陷入理想化的状态，忽略了现实中的限制和挑战。因此，在制订行动计划时，要考虑到现实中的限制和挑战，制订切实可行的计划。错误案例：一名员工计划在一个月内完成一个需要三个月时间的项目，但忽略了现实中的时间限制和挑战。避免错误措施：了解现实中的限制和挑战，制订切实可行的行动计划，例如将项目分阶段完成，以确保按时完成。

3. 未充分探讨选项

在制订行动计划时，很容易陷入一种思维定式，只关注一种方案。因此，在制订行动计划时，要充分探讨不同的选项，并权衡其优劣，以选择最适合的方案。充分探讨不同的选项，并权衡其优劣，选择最适合的方案。错误案例：一名员工只考虑了一种解决问题的方案，而未探讨其他可能的方案。避免错误措施：充分了解不同的选项，并权衡其优劣，选择最适合的方案。例如，采用 SWOT 分析法探讨不同的解决方案。

4. 未考虑时间因素

在制订行动计划时，很容易忽略时间因素，导致计划无法有效执行。因此，在制订行动计划时，要考虑到时间因素，制定切实可行的时间表和进度安排。

错误案例：一名员工计划在一周内完成一个需要两个月时间的项目，未考虑时间因素。避免错误措施：考虑时间因素，制定切实可行的时间表和进度安排，例如将项目分解成多个阶段，每个阶段都有明确的时间表和进度安排。

为避免上述错误，可以采取以下措施：确保目标明确、具体、可度量和可行；充分了解现实中的限制和挑战，并制订切实可行的行动计划；充分探讨不同的选项，并权衡其优劣，选择最适合的方案；考虑时间因素，制定切实可行的时间表和进度安排；持续跟踪和调整计划，确保目标的实现。

二、案例分析

（一）GROW 模型问题栏

表 5　GROW 模型案例分析问题栏

步骤	你可以选择的问题
确定辅导主题	今天你想谈些什么？ 你想讨论什么主题/问题？ 你觉得工作/学习上遇到了什么问题需要解决？
Goal 目标	从长远看，你要达到什么目标？ 你会如何来衡量它的达成？ 你想具体什么时候达成这个目标？ 对于这些结果，你有多大把握？ 在达到这个目标的过程中，有什么可以作为里程碑？ 这个目标是积极的还是有挑战性的，可以达成吗？ 你看到什么、听到什么、感觉到什么才能让你知道你取得了进展？
Reality 现状	现在的情况怎么样？现在的现实情况是什么：什么事，什么时候，在哪里，有多少，频率等。 说说你对现状的看法。/你怎么看你现在的情况？ 说说你对现状的感受。/对当前情况有什么感觉？ 你已经采取了什么行动？效果如何？ 什么阻止了你采取更多的行动？ 当前问题会产生什么影响？还会涉及谁？ 你觉得是什么导致现在这个情况？ 你掌握着什么资源？比如：支持、时间、金钱、知识、技能等。你还需要什么资源？ 你希望当前形势出现什么变化？ 你遇到的障碍包括什么？ 维持现状从哪些方面对你有利？ 维持现状的后果是什么？ 你发现了什么？

续表

步骤	你可以选择的问题
Options 方案	你能做什么？ 你还可以有怎样的选择？ 你现在有可能的解决办法吗？ 解决这个问题有几种不同的方法？ 如果在这个问题上，你有更多的时间的话，你会做什么努力？ 如果你只有更少的时间呢？你会被迫做什么尝试？ 想象一下，你比现在更有信心和精力，你会做什么不同的尝试？ 如果有人说"钱不是问题"，你会怎么做？如果你有足够的资源和时间，你会怎么做？ 如果对于你是非常重要的事，必须在未来的 24 小时内完成，你会做些什么？ 如果你无所畏惧，你会做些什么？你的上级/伴侣/同事/会让你做什么？ 你的直觉是什么？你内心的感觉告诉你要做什么？
Will 意愿	你对哪个（哪些）方案感兴趣？/你选择了哪些方法？ 这些方案吸引你的地方是什么？ 你所选的方案之间有何联系？ 你认为这些方案会有什么潜在的影响？ 如果你要放弃这些方案，那么原因是什么？ 准确地讲，你会在什么时候开始并结束每项行动或步骤？ 什么会阻碍你采取这些行动？ 采取这些行动，你个人方面有什么阻力？ 你怎么消除这些外部或内部的阻碍因素？ 采取这些行动最坏的影响是什么？ 谁应该要知道你的行动计划？ 你需要什么支持？谁来提供这些支持？ 这可以在多大程度上达成你的目标？如果不能达到，那还缺少什么？ 为了使你向前一步，你在接下来的 5—7 个小时里，你可以采取的行动是什么？

（二）GROW 模型的运用

管理者担任教练对员工进行思想辅导是一种重要的管理方式。例如：员工小李最近情绪不高，表现不积极。为了帮助小李改善状况，教练将采用 GROW 模型来进行思想辅导。在这个过程中，教练将使用一系列提问，分别针对不同的方面：

目标的提问：我还记得你年初定下的目标，当时你的状态非常好。那些目标对你来说有什么特别的意义吗？

现状的提问：前段时间你的销售业绩很好，但最近的数据表明出现了下降。你是否有调整策略？按照这样的进展，你认为目标是否还能实现？

方案的提问：你是否有后续方案？需要做哪些调整？你需要哪些外部资源或支持？你认为完成工作的优先顺序是什么？

有意愿的行动：你是否有具体的行动计划？你是否打算每天检查计划的执行结果？在这个过程中，你是否遇到了什么意外的挑战？你打算如何克服它们？

从以上的对话中，我们可以发现，肯定目标是对话的起点，也是改善动力的源泉。在追问的过程中，如何克服挑战是卓越型管理者与普通管理者之间的一个重要分水岭。大多数管理者让员工做出承诺，但往往在兑现承诺的过程中屡战屡败。因此，教练管理者必须非常熟悉 GROW 模型，以便在员工辅导过程中激励他人并提高工作绩效。熟练掌握 GROW 模型后，我们可以进一步了解其他辅导模型，它们实际上都是在 GROW 模型的基础上进行增加或缩减，后文将对此进行详细解释。

例如，在以下两个对话场景中，我们可以看到不同的对话方式。第一个场景是传统老师的工作方式，老师根据自己的经验给学生提供指导和建议，但这种建议常常遇到学生的抵触情绪。同时，老师也可能缺乏经验，无法提供有效的解决方案。相比之下，第二个场景中老师采用了教练技术的方法，通过提问适当的问题来帮助学生澄清目标，并激发学生自身的潜能找到解决问题的资源和途径。这种方法更加有效，因为它让学生自主思考和解决问题，而不是仅仅接受老师的建议。

场景一：

学生："老师，我是否应该参加考研培训班呢？"

老师："去参加吧！参加考研培训班会对你有好处。"

学生："可是，考研班挺贵的，我担心花钱不值得。"

老师："如果你认为太贵了，那就不去吧。"

学生："但是，如果我不去，我担心别人都参加了，我不参加会影响我的考研成绩。"

老师："那你觉得该怎么决定呢？"

学生："我其实不知道该怎么办才好，所以才来问你的。"

对话场景二：

学生："老师，我是否应该参加考研培训班呢？"

老师："你在担心什么？"

学生："我想去参加，但是觉得考研班挺贵的，不去又担心影响考研成绩。"

老师："那你认为对你来说最理想的结果是什么？"

学生："我希望既能参加考研培训班，又不用花那么多钱。"

老师："那你有什么方法可以实现这个目标吗？"

学生："我想可以跟同学共享账号，或者去考研机构做兼职减免学费。"

老师："我们来评估一下，哪个方法对你来说更加现实呢？"

学生："我认为跟同学共享账号是更现实的方法。"

老师："那你打算什么时候去问问班里的同学呢？"

学生："我打算今天就去问问班里的同学，看看有没有人也在准备考研报了哪些辅导班。"

总结：

使用 GROW 模型的关键在于需要花费足够的时间来探索"G"——目标。设定一个既能够激励又能帮助其发展的目标。

具体而言，使用 GROW 模型的步骤可以分为以下几个：

首先，明确目标。理解不同类型的目标，如：终极目标、绩效目标和过程目标，并明确此次教练对话想要达到的效果。

其次，了解现状。评估当前状况，明确采取行动之前的结果和影响，分析阻碍当前进展的因素。

再次，寻找选择。确定可能性和备选的方案，列出一个详细的提纲，以便采取可能的方案策略。

最后，制订行动计划。梳理学习收获并探讨如何实现目标。需要针对已确定步骤的实施情况进行总结，并创建相应的行动计划。明确未来可能遇到的障碍，并考虑后续目标实现过程中所需的支持和发展。评估约定行动的准确执行情况，并强调如何保证责任担当以及目标的实现。

通过遵循以上步骤，使用 GROW 模型可以帮助练习者确定并实现他们的目标，同时提高他们的自我意识和自我反思能力。

思考题：

1. 模型反馈的类型有哪些？具体方法包括哪些？

2. 如何避免常见的使用错误？

3. GROW 模型可以在什么场景运用？

第二章

认知行为教练技术

认知行为教练技术可以应用于个人成长、职业发展、情绪管理、目标实现等各个领域。它注重个体的主动参与和自我责任，通过提供支持和指导，帮助个人克服困难，实现个人和职业目标。认知行为教练技术的核心理念是，我们的思维方式和信念会直接影响我们的情绪和行为。通过改变负面的思维模式和行为习惯，个人可以改善自己的生活质量和实现更高的成就。

在认知行为教练技术中，教练与被教练者建立合作关系，共同探索个人目标和需求，并制订可行的行动计划。教练通过提问、倾听和反馈等技巧，帮助被教练者识别和挑战消极的思维模式，发现潜在的自我限制，并提供支持和指导，鼓励被教练者采取积极的行动来实现目标。本篇主要从认知行为教练技术的简述、认知行为教练技术的内涵、认知行为教练必学技术的九种技术和常见的问题及解决方案四个方面带大家了解认知行为教练技术以及如何运用认知行为教练技术解决问题。

第一节　认知行为教练技术的简述

一、认知行为教练技术的提出

认知行为教练技术由著名的认知行为理论家、研究者和心理咨询师——亚伦·贝克（Arron Beck）和阿尔伯特·艾丽斯（Albert Ellis）提出，这一技术是基于心理学认知行为的理论基础出现的。亚伦·贝克的模型被称为"认知行为疗法"，而阿尔伯特·艾丽斯的模型被称为"理性情绪行为疗法"。认知行为疗法（Cognitive Behavior Therapy，CBT）可追溯到斯多葛学派哲学家艾比克泰德（Epictetus）和马可·奥勒留（Marcus Aurelius）的时代。艾比克泰德揭示了一个深刻的真理，他认为CBT的核心在于："人们不是被事物困扰，而是被他们所接受的观点困扰。"① 即我们的观点决定了我们对 "事物" 的反应。当练习者接受或选择了一个观点，便会生出一系列想法，也就决定了练习者的一系列反应，包括启发、接变、抵抗等。一般而言，一部分练习者急于寻找解决问题的方法，而另一部分练习者则期待通过 CBT 技术获得一个成果的结果，剩下的练习者可能会坚持自己的观点，不做出任何选择，因为过去的和经验根深蒂固，他们不愿意做出改变，在这种情况下，针对练习者采取 CBT 方式，可能会受到他们的质疑。亚伦·贝克和阿尔伯特·艾丽斯希望 CBT 能够被更多人了解、接纳和应用，以帮助更多人解决问题。基于这一目标，CBT 模型被转化为 CBC 模型后在个人和组织中得到了广泛的应用和发展。

二、认知行为教练技术的定义

（一）认知行为理论

1. 认知行为理论的定义

认知行为理论通过改变思维（或信念）和行为的方法来转变不良认知，它是认知和行为理论的整合，是对该理论所存在缺陷的一种批评和发展，这并不是简单的相加或拼凑。具有代表性的有合理情绪行为疗法（Rational Emotional Behavior Therapy，REBT）、认知行为矫正法（Cognitive Behavior Modification，CBM）等。认知行为强调认知活动在心理或行为问题中的发生作用，在社会工作的实务中有各种 "认知矫正技术与行为治疗技术"，从这种意义上理解，认知理论只是对认知行为理论的狭义理解。

2. 认知行为理论的主要观点

认知行为理论认为，在认知、情绪和行为三者中，认知扮演着中介与协调的作用。认知会对个人的行为进行解读，这种解读将直接影响着个体最终是否采取行动。认知的形成受到 "自动化思考"（automatic thinking）的影响。所谓自动化思考是经过长时间的积累形成了某种相对固定的思考和行为模式，行动的发出已经不需要经过大脑的思考，而是按照既有的模式发出；或者说，在某种意义上思考与行动已经自动结合在一起，而不假思索地行动。正因为这种不假思索的行动，个人许多错误的想法、非理性的思考、荒谬的信念、零散或错置的认知等，可能存在于个人的意识或察觉之外。因此，想要改变这种状况，就必须将这些已经可以不假思索发出的行动重新带回到个人的思考范围之中，

---

① 乔纳森·帕斯莫 . 卓越教练技术指南 ［M］. 3 版 . 龙红明，译 . 北京：人民邮电出版社，2018：4，126-127.

帮助个人在理性层面改变那些不想要的行为。

阿尔伯特·艾丽斯提出了认知的"ABC 情绪理论框架"，即：真实发生的事件，人们如何思考、信念、自我告知和评估其所遭遇的事件及该事件的情绪结果。阿尔伯特·艾丽斯用这个框架来说明：当人们的思考、信念、自我告知和评估是理性的，则情绪是正常的；反之，则会展示不正常的情绪和行为。

认知行为理论将认知用于行为修正上，强调认知在解决问题过程中的重要性，强调内在认知与外在环境之间的互动。认为外在的行为改变与内在的认知改变最终都会影响个人行为的改变。其主要包括问题解决、归因和认知治疗原则三个方面：

（1）问题解决是增强个体界定问题、目标、规划及评估不同行动策略的认知能力，达到能够在不同情况下不断调整自己的认知，从他人的角度看待问题和行动的目标。

（2）归因是指个人对事件发生原因的解释。

（3）认知疗法原则，指的是修正一些认知上错误的假定，包括过度概括、选择性认知或归因、过度责任或个人肇因假定、自我认错或预罪、灾难化思考、两极化思考等。

（二）认知行为教练技术基础理论——认知疗法

贝克认知疗法的视角与策略和其他的 CBT 相比，贝克认知疗法的理论视角和操作策略可以从这几个方面概略说明：

1. 信念系统

所有 CBT 疗法都基于一个理论模型，即情景/刺激—认知—反应（行为、情绪、生理）。这个模型表示，认知观念是造成个体行为反应、情绪反应和生理反应的基础。不同 CBT 疗法的重要差异就在如何看待"认知"。

阿尔伯特·艾丽斯的理性情绪疗法把认知看成是"信念"，并把它分成理性与非理性信念。而贝克认为：认知是一个由自动思维、中间信念和核心信念组成的信念系统。

亚伦·贝克将认知分为了自动思维、中间信念和核心信念三个层次，并阐释了这三者之间的关系：自动思维是在具体情境中所产生的观念或想法，这个观念或想法与具体情境有关；核心信念是个体关于自我、他人和世界的根本性的、概括性的观念（之所以叫核心信念，是因为它是所有认知观念的核心，其他的信念都是围绕它组织起来的；为此，贝克还特别引用了心理学中的"图式"来加以说明）；核心信念通过中间信念来决定自动思维。

举例说：你面前有半杯牛奶，你也许会说："怎么只有半杯牛奶？"这种反应并不随意，而是由核心信念决定的。当你的核心信念是"无能的"或者"不可爱"的时候（核心信念），你也许采取"追求最好"的补偿策略（即努力策略）来遮盖"无能"或"不可爱"的观念，让自己获取最大的成功，如果能够成功，你就觉得自己是好的；但在这样的核心信念和补偿策略指引下，便会产生出"如果事情不能做到最好，我就是失败的"观念（中间信念）。

在这种信念的指导下，当你看到半杯牛奶的时候，你就会感到失望，因为它没有达到你所希望的最好（满杯），因而你产生"怎么只有半杯牛奶"的反应。这种追求最好的补偿策略，也会体现在其他事情上，你会要求自己在其他事情上也要表现最好。在此，你便会发现完美主义者对于完美要求，使用的就是这种心理机制。

贝克的三重信念系统说明了信念之间的关系（见图4），也揭示了只有纠正患者的核心信念，患者才能获得真正的健康。

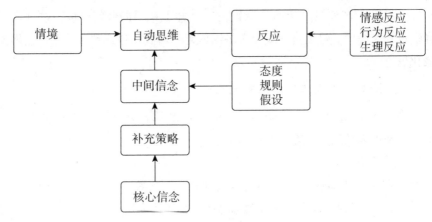

图4　贝克三重信念系统

2. 认知概念化

认知疗法认为心理问题的根本原因是认知观念。当咨询师碰到一个具体的案例时，需要对其进行概念化，而贝克认知疗法的概念化可以分为横向认知概念化（围绕自动思维）和纵向认知概念化（围绕核心信念）。

（1）横向认知概念化

亚伦·贝克认为某个具体情景中所发生的事情，会激活个体的自动思维，随后个体产生反应，这些反应有可能是情绪反应、行为反应或生理反应。认知行为疗法认为，认知是导致心理问题的原因。因此，认知概念化过程中需要确定"情景—反应"之间的认知观念。在贝克认知疗法中提出"自动思维"一词用于描述当时的认知。贝克之所以把当时的认知观念称为"自动思维"，是因为这个想法是自动产生的，并且十分迅速，有时患者自己也不曾意识到。

横向认知概念化是指在"情景—反应"中间通过提问的方式，找到具体自动思维的内容，即心理问题原因。如此，这个模式就变成"情景—自动思维—反应"了。

比如，同学 A 经过走廊的时候，看到班上两个同学在窃窃私语，这两人发现 A 以后，就停止了讲话，用眼睛看着 A，A 就感到非常气愤，想过去揍他们。这个过程可以描述为"走廊上，两人停止说话，并用眼睛看着 A（情景）—愤怒，想揍人（反应）"。

咨询师提问 A 说："你当时在想什么呢?" A 回答说："他们肯定是在说我坏话，说我这次考试作弊被抓住，嘲笑我丢人现眼，被我撞上了。"提问后，我们知道 A 的自动思维，就可以把模式补充完整了。

"走廊上，两人停止说话，并用眼睛看着我（情景）—说我坏话，并嘲笑我作弊被抓（自动思维）—愤怒，想揍人（反应）"。

在明确 A 的自动思维之后，咨询师便可以针对 A 的自动思维（说我坏话并嘲笑我）开展工作，咨询师可以和患者一起来验证这个想法是否正确、有效。然后在讨论的基础上提出更为有效和有用的替代思维，以及相应的行为策略。

（2）纵向认知概念化

人的思想并不随机，而是受到更深层观念的影响，这个观念就是中间信念和核心信念，特别是核心信念。因此，在认知疗法中，我们除了要弄清楚患者在各个具体情境中的自动思维以外，还要明白他的核心信念及其机制。

①核心信念是什么：亚伦·贝克认为患者的负性核心信念可以分为两类：无能的或不可爱的。美国贝克认知治疗与研究中心（Beck Institute for Cognitive Therapy and Research）主任朱迪·贝克（Judith Beck）补充了"坏的"一类，因此，负性核心信念有三类：无能的，不可爱的和坏的。咨询师需要通过分析有关资料判断患者的负性核心信念是哪一类。

②核心信念的产生：患者的负性核心信念在童年时期就产生了，在患者与周围人（特别是重要他人）的互动中，在经历一系列重要生活事件中产生的。这个过程中，他人的负面评价或贬低，以及患者对这些事情的消极归因是促使患者形成"无能的"或"不可爱"的核心信念的重要机制。

③补偿策略机制：患者产生了"无能的"或"不可爱"的核心信念后，为了对抗或掩盖这种消极信念，患者会发展出一种心理机制，让自己觉得是"能

的"或"可爱的",这被称为"补偿策略"（类似精神分析中的防御机制）；常见的补偿策略有努力策略、回避策略、控制策略、警惕策略、攻击策略等。

我们前面提到的这个案例，同学A的核心信念是"不可爱的"，小时候经常被父母否定，说他不乖，常常被用来和妹妹比较（妹妹在父母眼里非常乖），致使他形成了"不可爱"的负性核心信念。于是，他发展了多种补偿策略，如努力策略、攻击策略等。上述情景中觉得其他同学在议论自己，自己感到愤怒，这是他的攻击策略的具体表现，"他人议论别人是不道德的，不对的"。这是患者对他人的指责，通过攻击他人是"不可爱的"来维护自己是"可爱的"观念。

3. 结构化

贝克认知疗法及其结构化的治疗流程让心理咨询过程得以规范进行，也使得心理咨询效果得到相应的保障。贝克认知疗法的结构化表现在如下四个方面：

（1）咨询进程

整个心理咨询过程被划分为评估性会谈、咨询性会谈和巩固性会谈三个阶段。评估性会谈，是首次接触患者，搜集患者的相关资料，评估患者心理问题的性质和严重程度的过程，通常为第一次咨询；咨询性会谈是着手患者问题并解决问题的过程，是心理咨询过程的主体时期；巩固性会谈是心理咨询完成后安排1—3次复诊性质的会谈，目的是巩固心理咨询效果，以及帮助患者将咨询中学到的方法技术应用于生活中的新问题。

（2）咨询阶段

咨询性会谈的过程中，心理咨询按照信念系统的层次从上到下分阶段处理，首先处理患者当下生活各种情景中的自动思维及情绪、行为或生理反应，它是矫正自动思维阶段；其次处理中间信念，修正患者不合理的补偿策略；最后处理核心信念，把负性的核心信念修正为正性的核心信念。三个阶段的信念依次纠正后，整个咨询性会谈也就完成了。需要指出的是，由于心理问题的严重程度不同，心理咨询需要达到的阶段也是不一样的，一些程度较轻的、持续时间较短的心理问题，完成自动思维阶段后就结束了，有的则需要到中间信念后才能结束，只有那些时间较长、社会功能影响较大的问题才需要走到核心信念阶段，如神经症和人格障碍类患者，通常做到核心信念阶段才能结束。

（3）咨询环节

尽管心理咨询分为三个阶段，但每个阶段的处理程序都是相同的，它们都经历相同的流程：识别—评估—评价。无论哪个阶段，首先都是对信念的识别：

在自动思维阶段，首先要识别其自动思维，在中间信念阶段和核心信念阶段都需要识别中间信念和核心信念的内容。只有明确这些，咨询师才有可能针对它开展工作；评估是要求患者用0—100%的分数来描述自己对旧信念和新信念的相信程度，用来衡量或描述心理咨询效果与进展；评价是应用认知行为教练技术帮助患者放弃原来歪曲的、功能障碍的旧信念，然后用更加适应现实的新信念来取代它，并对新信念进行巩固。在新信念得到巩固以后，咨询师才能结束本阶段的治疗转入下阶段干预。

（4）会谈结构

每次与患者的会谈，贝克认知疗法都有相当规范的会谈结构。每次会谈都分为三个环节：开始环节—中间环节—结束环节。开始环节主要是询问患者最新情况，评估患者的情绪状态和回顾任务情况；中间环节是会谈的主体部分，包括确定会谈议程和就选择的议程实施心理咨询；结束环节是对心理咨询的回顾，包括总结心理咨询要点、布置并确认任务，以及询问咨询反馈的环节。

（三）认知行为教练技术

1. 认知行为教练技术的定义

认知行为教练技术是一种综合性的方法，通过在认知行为框架内综合运用认知、行为和解决问题的技巧和策略，帮助练习者实现他们的现实目标。通过这项技术，教练可以帮助练习者提高绩效、增强心理弹性、增进幸福感、防止压力，有助于克服改变的障碍。

CBC是一种双系统方法，它运用寻求解决方案、问题解决和认知行为方法来帮助练习者克服实际问题，处理情绪、心理及行为障碍，以实现绩效和目标。简约原则是认知行为教练的一个重要原则，即通过最小的努力获得最大的收益（又称"奥卡姆剃刀定律"）。

认知行为教练技术有两个前提：（1）一个人解决问题和寻求解决方案的能力不足或在压力下不能很好地发挥自己的能力；（2）一个人的感觉或行为，在很大程度上取决于他们所持有的信念和对某一特定情况或问题的评价。此外，由此产生的焦虑等负面情绪会影响他们的表现，减少成就感。该方法旨在帮助个体提高解决问题的能力，意识到自己的想法，并帮助他们改变易受干扰的表现，产生压力和目标受阻的观念。CBC鼓励练习者为未来制订行动计划，以达到帮助他们成为自己的教练的最终目标。

2. 认知行为教练技术的目标

（1）实现其现实目标

（2）改善、解决问题或困难

（3）掌握新技能以及建设性的应对策略

（4）转变思维误区、压力思维（SIT）、表现干扰思维（PITS）、自动化消极器（NATS），以及中间信念和核心信念

（5）培养思维技巧、缓解压力思维（SAT）、提高绩效思维（PETS），以及现实中有帮助的中间信念与核心信念

（6）成为他们自己的"自我教练"

教练技术是一种关于帮助个人充分发挥潜能、实现目标的技术。这虽然听起来很鼓舞人心，但是仅仅希望通过遵循目标导向的原则来安排行动计划，就顺利到达成功的彼岸也是不够现实的。通常来说，阻碍他们做出改变的障碍来自练习者的自我设限或者一些挫败的想法和信念（如：我不够好），还可能来自一些不良的习惯和行为（如：拖延），以及令人烦恼的情绪（如：长时间的焦虑）等。认知行为教练技术可以帮助练习者检查、识别和转变这些想法和信念，从而培养很多新的、有效的行为和观念，使练习者变得更能够控制自己的情绪，在解决当前及未来所面临的任何问题时，都能表现出更强的适应力。CBC 的最终目标是使练习者个人成为自己的教练。

认知行为教练技术是通过帮助练习者认识到他们看待问题的特殊风格和思维方式，并利用理性、现实的测量技术和方法来改变他们，让他们学会使用更有效的、平衡的、可适应的方式来解决问题的技术。

CBC 技术的目的在于通过帮助练习者认识到他们看待问题的特殊风格和思维方式，并利用理性、现实的测量技术和方法等来改变他们，让他们学会用更有帮助的、平衡的、可适应的方式来解决问题。

3. 教练的结构和教练中的任务

结构化方法可能很有用，因为它允许练习者与教练协商教练的日程规划，以便最大化利用时间。认知行为教练专注于问题解决方案的特点，结构如下：

（1）简要了解练习者的当前状态，如：最近过得如何？

（2）协商教练日程，如：你今天想把什么列入教练的日程？

（3）回顾教练中的任务，如：上周你的任务进展如何？

（4）专注于一个问题，如：让我们现在处理今天的日程项目。

（5）练之前进行协商。

（6）教练反馈，如：对今天的教练有什么反馈吗？

在教练过程中要避免"家庭作业"这个词，因为对许多练习者来说，家庭作业往往具有不好的回忆，采用术语"任务"或"教练中的任务"更可取。回顾上一次教练中商定的任务是教练的一个重要方面，如果忽略了这一点，那么练习者可能会获得这样的信息——任务并不重要，何必费心去做。认知行为教练需提醒练习者，在教练时间之外的 167 小时对于将计划、技巧和策略付诸行动是多么重要。重要的信息往往是关注如何完成任务，解决问题与完成任务的方法都是"磨炼"出来的，是在教、练中的学习点。

4. 掌握问题与维持

认知行为理论认为问题的形成涉及多种因素，包括：（1）生活事件，如婚姻问题、裁员、欺凌、丧亲、疾病等；（2）社会因素，如孤独、住房条件差、工作与生活失衡；（3）对策略的欠缺或无效性，如饮酒、攻击性行为、认知和行为回避；（4）工作问题，如与工作有关的压力：管理工作负荷、工作时间增加、表现不佳、环境压力以及嘈杂的工作场所；（5）生理缺陷、幼时经历可能导致或加剧问题。在个人层面上，尽管这些问题中的一部分可以通过教练的方式解决，但由于上述一些问题带来的痛苦程度，专业治疗将会是更合适的干预措施。

在处理担忧的问题时，问题通常会因为回避、技能欠缺、压力诱导而表现为干扰思维（STS 和 PITS）、思维误区、阻碍人实现目标的中间信念和核心信念而持续存在。这些可能是认知行为教练的重点，对于具有临床症状非常痛苦的个体，建议进行专业治疗。

总结：

认知行为教练技术是一种基于认知行为疗法的辅导方法，旨在帮助个人改变他们的思维和行为模式，以达到心理健康和个人成长的目标。认知行为教练技术包括帮助个人识别负面思维模式，培养积极的自我评价和解决问题的能力，以及建立健康的生活方式和行为习惯。教练通常与个人合作，制订个人化的目标和计划，并提供支持和反馈，以帮助他们实现这些目标。认知行为教练技术已被广泛用于个人和团体辅导、职业发展和管理、健康和健身等领域。

思考题：

1. 你对认知行为教练技术有何认识？请思考。

2. 你认为认知行为教练技术可以运用到哪些领域？

3. 认知行为教练技术的基础理论认知疗法提供了什么？

第二节 认知行为教练技术的内涵

一般而言，阻碍人们做出改变的障碍来自练习者的自我设限或者一些挫败的想法和信念（如：我不够好），还可能来自一些不良的习惯和行为（如：拖延），以及令人烦恼的情绪（如：长时间的焦虑）等。认知行为教练技术可以帮助练习者检查、识别和转变这些想法和信念，从而培养很多新的、有效的行为和观念，使练习者变得更能够控制自己的情绪，在解决当前及未来所面临的任何问题时，都能表现出更强的适应力。CBC 的最终目标是使练习者个人成为自己的教练。

一、实务认知行为教练技术原则

（一）界定服务对象的原则

1. 服务对象的问题不是固有的

服务对象的问题及其行为都是学习得来的，所以可以由学习改变。

2. 问题的外在性与内在性

在认知行为教练技术看来，服务对象的问题不仅是外在行为层面的问题，更是内在认知的结果。个人能力不足、习惯性思维都可能造成个人认知错误，以致无法发出正确的行为。在社会工作实务中，不仅要通过行为训练修正行为，还要通过调整个人的认知来促进行为的改变。

3. 服务对象及其处境的差异性

强调每个人都是独特的，注意服务对象问题及其处境的独特性是正确界定和评估其问题的前提。

（二）在学校工作实务中运用认知理论的原则

1. 尊重个人的自主决定和信念。

2. 认知行为学派主张，个人知识经验的形成是积极主动的，个人的认知和生活形态是通过正确解读外在环境事件的意义、有效的自我调适来建构和调节的。

3. 帮助服务对象改变错误的认知、建立正确的认知。

4. 认知行为学派认为，帮助服务对象的关键是协助他自助、自立，使其能够在正确认知的基础上成为自己的咨询者和帮助者，以达到调节和控制自己的情绪和行为的效果。

5. 在正确认知的基础上建立良好的专业关系，并鼓励服务对象形成积极的态度，以实现助人和自助的目标。

（三）关于助人目标的原则

1. 改变错误的认知或不切实际的期待以及其他偏颇和不理性的想法。

2. 修正非理性的自我对话。

3. 加强解决问题和决策的能力。

4. 加强自我控制和管理的能力。

二、ABCDE 模型

阿尔伯特·艾丽斯是一位著名的美国心理学家和认知行为疗法的创始人之一，他提出了 ABCDE 模型来帮助人们了解和改变自己的负面情绪和行为。

ABCDE 模型的五个步骤如下：

A——激发事件（Activating Event）：指引发负面情绪和行为的具体事件或情境。这可能是一个具体的经历、一件事情、一句话，或者一种想法。

B——信念（Belief）：指个体对这个事件或情境的解释和评价，包括他们的期望、态度和信仰。这些信念可能是有益的，也可能是有害的。

C——情感（Consequences）：指这些信念引发的情绪和行为后果。这可能是情绪上的反应，例如焦虑、愤怒、沮丧等，也可能是具体的行为表现。

D——争论（Dispute）：指个体通过挑战并反驳他们的负面信念来改变他们的情绪和行为后果。这包括寻找证据来支持或反驳这些信念，探索其他可能的解释和评价，以及评估这些信念的合理性。

E——新的效果（Effective new thinking, feeling and behavior）：指通过争论之后，个体能够形成新的、更有益的信念，并对自己的情绪和行为做出积极的改变。

ABCDE 模型强调了个体的信念和思想对情绪和行为的影响，并提供了一种方法来挑战和改变不利的信念和思想，从而促进个体的健康和幸福。

它的核心在于：人们不是被事物困扰，而是被他们所接受的观点困扰；我们的情绪、感受、内心障碍，并不是来源于某件事，而是源自于我们对这件事的解释。我们 90% 的烦恼、痛苦、心理障碍，都来自对现实事件的不当解释。如果我们能够更换针对某件事的解释，结果就会发生改变，我们就能获得新的信念，采取恰当的行动。

三、ABCDE 模型的应用

(一) ABCDE 模型在终结负面情绪上的作用

例：

A【困境】：今天上班遇到老板，他充满敌意地看了我一眼。

B【想法】：老板难道对我的工作不满意，去年的奖金恐怕要泡汤。

C【结果】：然后我心情恶劣，无法关注于工作，对所有人大吼大叫。

D【争辩】：我重新考虑 B 这个过程，昨天老板可能被他孩子的成绩搞得很焦虑，今天对谁都不好。上周与老板开会时，老板还表扬了我，说我的工作做得不错，符合他的期望。即使昨天我的一个报告做得不太满意，但这只是一个报告而已，这与奖金多少没有什么关系。即使老板对我的工作不满意，我的关注点也应该是考虑如何改进自己的工作，把工作做得更好，什么都不用担心。

E【更积极的新结果】：经过 D 的干预，我立刻全身心投入工作中，关注于如何改进自己的工作，心情变得良好。

情绪反应的本身是没有问题的，但往往问题出现在对事情的判断与解析上。而 ABCDE 理论就是找出误导自己的惯性思维，找到新方法来避免负面极端情绪和困扰对我们的生产的影响。

(二) ABCDE 模型在摆脱拖延症上的作用

例：

A【事件】：下周四我就要开始答辩。

B【信念】：我准备下周三再开始做 PPT。

C【结果】：我仅用一天时间完成，非常着急和焦虑，呈现的效果也不是很好。

D【争辩】：这时候，我重新考虑 B 这个过程，问自己，如果下周三再做这个报告对我来说有什么好处呢？我要是这周就开始做，那么我是不是可以有更多的时间去准备？做完 PPT 之后，我下周岂不是可以愉快地玩耍了？

E【新的有效的信念】：经过 D 的干预，我这周就开始做这个 PPT，提前完成，然后轻松愉快地玩耍去了。

做自己的观察者，从认知层面察觉拖延行为，为摆脱拖延症创造机会。

因此，要想消除负面情绪，摆脱拖延症要深刻认识到改变固有观念的重要性。

使用 ABCDE 模型时，教练要强调，A（事件——过去、现在或将来）并不会导致 C，但是会影响 C。B（信念）在很大程度上决定了 C（结果）。这是一种关于变化的控制的观点，这种观点允许我们针对 A 有不同的看法，从而转变我们对 C 的反应。如果 A 真的是导致 C 形成的原因，那么就有必要利用其他教练技术来解决此问题。

四、达克效应

（一）达克效应

达克效应，又称邓宁-克鲁格效应（见图 5）。简单地说，就是知道得越少，反而认为自己知道得越多。这是一种认知偏差，越是缺乏知识和能力的人，往往越容易盲目夸大自己，更容易成为对某件事本身一无所知却最能表达观点，而且坚信没有人比自己更懂、更正确的人。达克效应的受害者不仅是发表观点和意见，还会尝试强加观点于他人，仿佛自己掌握着绝对真理，其他人都是无能或蒙昧之辈①。

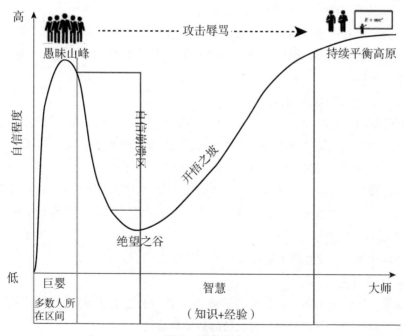

图 5　达克效应

这些能力欠缺者们沉浸在自我营造的虚幻的优势之中，常常高估自己的能

---

① 雷炳新. 达克效应 ［J］. 现代班组，2021（06）：56.

力水平，却无法客观评价他人的能力。在生活中，我们是否有遇到过这样一类人：他们很自信，往往对自己有很高的评价，一味觉得自己是对的，无法听进去别人的意见；认为自己比他人更优秀，热爱指点江山，好为人师，并且相信阴谋论，凡是做成的事，都是因为自己能力强；凡是失败的事情都是因为运气差，或者是别人使坏。一个愚蠢的人，往往不知道自己愚蠢，因为他愚蠢到无法意识到这一点。同理，缺乏幽默感的人并不觉得自己缺乏幽默感，情商低的人也不会知道自己情商低。无知的人、愚蠢的人、缺乏幽默感的人或者情商低的人，不仅意识不到自己的欠缺，还认为自己在这些方面的能力高于平均水平。

面对这种现象，可以采用认知行为教练技术来解决此类问题。认知行为教练技术是一种有结构的短程心理治疗方法，通过转变练习者对自己、他人或事件的看法与态度来消除不良的情绪和行为，主要针对抑郁症、焦虑症、强迫症等心理疾患，以及不合理认知所致的心理问题。

（二）利用认知行为教练技术解决达克效应现象

1. 保持开放心态，承认自己的无知

我们必须有正确认识自己的意识，承认自己无知或能力低下。不先入为主地封闭各路信息来源，保持一种开放的心态接受新事物。增加知识容量，提高知识水平和能力。

2. 尝试多看到他人的优点

有时候出于自然界竞争的本能，我们更倾向于希望看到别人的缺点和短处。但这样长期形成的思维和眼界，就会让我们无法正视他人，也无法正视自己。也就缺乏继续努力提升的源动力，陷入井底之蛙的状圈。

通过理解达克效应，让自己有更大的格局观，这样才会不断成长。愈谦卑，收获他人的尊重才越多，越意识到自己的不足，才能在知识的道路上长足进步。

3. 减慢决策的速度

快速决策通常会做出有偏见非理性的决定。

4. 向更厉害的人学习

如果你暂时能力不足，缺乏经验或者对事物的了解还不完全，不要欺骗自己，认为自己做得很好，要正视自己的缺失和薄弱。

5. 不过分自信，也不妄自菲薄

请记住罗素的话：在现代世界里，愚蠢的人总是自信满满，而聪明的人却充满疑问。

总结：

认知行为教练技术可以帮助练习者检查、识别和改变这些想法和信念，从而培养很多新的有效的行为和观念，使练习者变得更能够控制自己的情绪，在解决当前和未来所面临的问题时，都能表现出更强的适应力。只有务实认知行为教练技术的原则，才能充分地使用该技术。

思考题：

1. 认知行为教练技术还有哪些原则？

2. 如果你存在达克效应，如何利用认知行为教练技术解决？

3. 你认为 ABCDE 模型更适用于什么情况？请思考。

第三节　认知行为教练必学的八种技术及两种工具

一、控辩方技术

人的观念和想法都基于一定的客观事实和情况，但也会忽略其他事实，产生歪曲的观念和想法，这些歪曲的观念和想法便会产生消极情绪，此技术就是让当事人同时注意到支持和否定观念的事实，让当事人意识到更为合理的观念。通过同时关注正反两个类别来矫正观念，是指从相互对立的两个思维触发，分别寻找支持各自思维的证据，并综合双方的结果得出替代思维的技术。

有四个典型问题：

（一）支持自动思维的证据是什么？

（二）还有呢？

（三）支持双方想法的证据是什么？

（四）还有呢？

控辩双方列表格分析证据，最后得出结论。

二、发散性思维技术

发散性思维技术的关键在于要认识到：从不同角度去看待事情，会得到不同的看法和结论。目的在于面对某个客观存在，引导当事人从多个角度去思考各种可能性，得到一个比较全面客观的角度，消除消极情绪，得到一个在客观的基础上偏向乐观的态度，也就是要谨慎的乐观，因为对人来说我们不仅要看得对，还要有一定的积极乐观性，只有这样的思维才对人有益有用。

发散性思维的三个问题：

（一）其他可能的不同解释有哪些？

（二）支持每个解释的证据是什么呢？

（三）对于每个解释，你的相信程度是多少？

发散性思维的五个步骤：

（一）确定客观事实或现象；

（二）寻找更多可能原因解释；

（三）为每个解释寻找支持证据；

（四）评估各种可能性发生的概率；

（五）采取行为来验证可能性。

三、可能性区域技术

可能性区域技术主要用于调控缓和负面情绪，主要是抑郁和焦虑。焦虑是对不确定的担忧，这个结果是失控的。抑郁是对自我、世界和未来的否定或绝望。

可能性讨论：

可能性：最糟糕的情况、最理想的情况、最可能的情况分别是什么？

证据：支持糟糕或理想可能的证据是什么？

面对：如果最糟糕的事情发生了，你怎么办？

争取：有没有可能做些什么，争取到更好的结果？

四、行为实验技术

日常生活中，人们也会做出尝试性行为，如果行为有效或得到部分肯定和鼓励的时候，人们可能会继续这种行为，而持续的行动会改变认知。行为实验是针对具体想法专门设计，直接改变认知，具有针对性。

当认知改变的证据或信心不足时，可以通过行为实验进行尝试。

行为实验一般程序：

（一）设计方案检验旧想法；

（二）根据实验结果提出新想法；

（三）继续实验同时检验新旧想法；

（四）实验结果巩固或修正新想法。

五、评估零点技术

评估零点技术是对社会比较理论的应用。普通人的比较对象相对固定，是无意识的、习惯性的。而在训练中，我们要随着自己和环境的动态变化来调整比较对象和方式，而这就是评估零点技术。技术应用的关键在于理解"经验需要比较才有意义"这一点，我们可以用"最高标准"来要求自己，因为我们希望做到最好，只是这个"最高标准"是一个努力方向和远景目标，用在努力过程中随时对比并不一定妥当，这时就需要使用评估零点技术给自己定一个能够产生正面经验和积极情绪体验的日常参考点，并且随着努力进程逐步提升这个日常参考点。

评估零点技术的典型问题：

（一）对于 XXX 表现，你感觉怎么样？

（二）你对这次表现评价不好，你是将它和什么标准来比较的？

（三）如果你改变评价标准，与零点相比（如自己的过去、表现欠佳的他人），你会怎么评价自己的表现？

（四）如果你改变评价标准，你会有什么样的体验呢？

六、认知连续体技术

认知连续体技术涉及思维的简化模式二分法，也称为黑白思维。黑白思维只是表现形式，本质在于关注喜欢和厌恶这对情感反应造成的对人和事的态度差别，就是来化解黑白思维造成的危害。在生活中，我们的情感反应是两分的，接纳这种情感，认识到正反两种看法是对立的两端，中间是从零到一百的灰度空间非常重要；当两个人看法相反的时候，首先是要接纳对方的情感反应，然后是思维层面的处理，选择一个中间标准，有了这个中间标准，就有了商量讨论相互妥协的空间，就不再是谁对谁错的对立问题，这就是认知连续体技术的生活应用。

认知连续体技术就是把有无、是否变成多少的程度问题的认知方式，通过考虑更多形式和事实，产生合乎客观实际的、积极肯定的认知。

认知连续体技术的步骤：

（一）绘制刻度范围 0—100% 的坐标轴（从无到极端）。

（二）要求求助者把自己放在坐标轴某个位置，对自己的表现评分。

（三）逐步（或一次性）引入多个案例或情形，把它们放在坐标轴上并给出合适的分数。

（四）将自己的情况与其他案例相比，调整对自己的评分。

七、饼图技术

饼图技术用于解决归因问题。日常工作生活里我们经常寻找事情或关系处理得不好的原因，这就是归因。饼图技术可以引导我们按照自身原因、他人原因和客观原因这三个主要方面进行全面归因，从而得到相对客观合理的结果。

饼图技术的应用步骤：

（一）确定需要分析的事件。

（二）讨论事件发生的各个方面因素：自身原因、他人原因、客观原因。

（三）确定各方面因素的权重（即百分比）。

八、多重环节技术

人们常说"万事开头难""好的开始是成功的一半"，这些话当然有其道理，但也并非总是如此，可能还会出现很多弊端，比如关于重视开始环节好坏带来的焦虑和压力，过于重视开始、要求完美而带来的开始拖延或反复重新开始的"强迫"倾向等。

多重环节技术是指把事情发展过程划分为若干环节，讨论各环节发展的可能的方向和需要的条件，当事人可以通过努力让事情向期望的方向发展，或扭转上一个环节带来的不利局面。这种技术也可以归于居高思维模式，把人从局中（即事情的一个发展阶段）拉出了，站在能看清整个客观事实及过程的角度来重新审视整件事情，是一种居高临下，全局把握的思维模式。

多重环节技术的步骤：

（一）把事情发展过程区分为若干环节或阶段。

（二）讨论每个阶段可能的发展方向和需要具备的条件。

（三）讨论如何把握每个阶段机会导向自己所期望的结果。

九、认知行为教练技术的工具

（一）教学认知模型

这个模型试图证明我们的思想和行为是如何保持一致的。比如，练习者在项目过程中感到烦躁不安，而引起他这种情绪的观念可能是"教练真是一个冷血的魔鬼，而事实上，我们只需要知道如何能够更好地工作罢了"。在这种情况下，教练如果正视练习者关于改善绩效的诉求，则有可能改善练习者的看法，甚至激发练习者的某些个人需求。通过专注于个人和组织目标，练习者可以在项目过程中变得放松（也许有些东西适合我，我要准备好接受它）。此时，教练可以帮助练习者评估这两种观点以及不同观点下的行为表现，帮助他们认清情绪和行为之间的关系，让练习者清楚地意识到此技术模型正在发挥作用。教练还可以激励练习者谈谈这一技术模型的不足之处，并一起讨论。

（二）逻辑推理

这个过程包括练习者提出一系列假设，帮助他们梳理他们不安的深层次因素，这些因素是关键 A。比如，一个学校领导总是在意下属对他的评价，那么教练可以按照以下逻辑思路与练习者进行沟通。

教练："有什么让你感到焦虑的事情吗?"

练习者："他并不喜欢我的表现。"

教练："他不喜欢你的表现时会怎么样?"

练习者："他会生气。"

教练："如果他真的生气了，接着呢?"

练习者："然后我就会觉得很尴尬。"

教练："那又会怎样呢?"（这是一个逻辑推理的解释性问题）

练习者："我不喜欢和愤怒的人打交道，所以会尽力回避他。"

教练："如果不回避，直接面对呢?"

练习者："那我就会舌头打结、面红耳赤、头脑一片空白，处于崩溃状态。"

教练："如果你真的崩溃了会怎样呢?"

练习者："这样我就没法树立校长的威信。这个办公室会让我觉得充满嘲弄，就好像我输了一样，到处都是对我的嘲笑声。"

教练："因此，丢失校长的威信其实是你最担心的方面，对吗?"

练习者："丢了威信，是的，就是这样。"（这时候，便找到了练习者的关键 A）

关键 A 触发了练习者固有的关键信念："面对这个人时，我不能丢了校长的威信，否则，他就有可能认为我是软弱的、可怜的。"通过讨论和认知重构（观念改变），练习者能够意识到他自己扮演的这个角色在处理人际冲突时，更多地在意的是自己作为校长的存在感，而大多数情况下忘记了或者忽略了对管理能力的关注（其实他的大多数下属是很尊敬他的）。一旦认识到旧观念的不合理性，就可能出现新的观念："证据表明，我是一个称职的校长，但我需要学会在与人打交道的过程中变得更加坚强。虽然我不喜欢对抗，但是我还是要学着去尝试这么做，因为类似的人际冲突很有可能再次发生。"一个重要的因素是：教练不应该强迫练习者对他的观念进行彻底重建（需要学会拥抱对抗）；因为，当练习者感受到被强迫时，很有可能会产生阻抗。只有基于练习者原有的价值观系统，引导他们做出逐步的、潜移默化的改变，受训效果才会更好。

十、教练提问的4项原则及4类常用问题

教练的过程通过提问完成，好问题引出好答案。好的问题，如同一盏盏指路的明灯，陪伴我们在困难、挑战或未知的黑暗中前行，并且一次次勇敢迈出小心翼翼但坚定的步伐，培养全新的视角、对问题的系统思考和深度洞察，同时可以和内心深处进行深度对话，回答好人生最本质的问题：

（一）我是谁？

（二）我想要去哪里？

（三）我最渴望得到的是什么？

（四）我准备和谁，如何到达那里？

在提问的过程中，教练要始终保持好奇、关爱、共情的状态，让练习者在安全的氛围下，进入到最佳的自我探索和学习的状态。

教练实际工作时要遵循如下指导原则：

（一）聚焦到关键问题，并集中最优势的资源解决这些关键问题，而不是面面俱到，不分轻重缓急，无法从根本上解决问题。

（二）教练是导向未来的，通过探索帮助练习者澄清他最渴望得到的成果，并通过视觉、听觉、触觉等方式让他对这样的最终成果及成功后的影像有身临其境的感知，以促进他对行动的决心和承诺，所以教练不会花太多的时间对问题的过去做长时间讨论。

（三）教练是导向行动的，教练的目的是产生改变，而所有的改变都需要行动来验证，并且通过行动的成果激发信心，产生更坚定的行动。所以教练的最后环节通常是和练习者讨论下一步具体的行动及跟进行动结果而收尾的。

（四）教练的目的是培养练习者自我认知、自信、独立分析问题解决问题的能力，帮助练习者释放潜能解决好他所面临的问题，所以教练不能因为自己"专业"，而"替"练习者去不断寻找解决方案。教练更多是通过提问引导、激发学员自己探索全新的解决方案，实现蜕变。

四类问题引导学生探索新问题：

（一）聚焦关键法：复杂问题中，通过不断澄清现状，梳理出问题中的关键环节。

问题：通过前面的梳理，你觉得当下最需要解决的是什么问题？

（二）以终为始法：当问题主人觉得被问题困住时，我们可以通过提问帮他聚集最需要突破的环节。

问题：如果你成功解决了哪几个问题，你的目标就一定能够达成？

（三）月球俯视法：问题主人觉得自己已经竭尽全力，没有办法解决当下的难题；此时，我们首先和问题主人共同畅想成功画面，然后用站在月球的视角，俯视成功路径，往往会有不一样的效果。

问题：

（1）如果你成功实现了自己的目标，会是什么样的美好的景象？

（2）当你成功实现这一美好景象时，回过头来看，你一定成功渡过了哪几个关键里程碑？

（3）具备了哪些新的能力之后，就可以成功渡过这几个关键里程碑？

（四）榜样视角法：问题主人觉得有些环节没有想法，不确定如何突破时教练可以通过引导他感知他最崇拜的偶像（榜样）会如何处理，然后办法也就油然而生了。

问题：

（1）你觉得你最崇拜的榜样在这样的场景下会有哪些不一样的做法？

（2）是什么信念支撑他会有如此不同的想法、勇气，面对这样的挑战？

提问的方式是千变万化的，教练要根据自己的风格、教练对象（coachee）当时的状态和讨论问题时的场景做出恰当的调整，才能有更好的效果。

总结：

将八种技术、两种工具应用于认知行为教练技术，为后面的解决方案提供思路。在给练习者进行治疗时，教练要注意提问的原则和方式，为练习者提供更好的治疗方法。

思考题：

1. 你认为哪种技术最有用？为什么？

2. 如何将这些技术与实际问题相结合？

3. 多重环节技术是什么？

第四节　常见的问题及解决方案

一、常见的问题

美国的著名心理学家戴维·伯恩斯（David Burns）在《伯恩斯新情绪疗法》中，总结了十大认知扭曲（常见问题），并提到了认知决定情绪，但很多时候我们认识到的是扭曲的事实，而导致我们痛苦和抑郁。[①]

当你的认知扭曲形成惯性思维，抑郁情绪就会不请自来，你的感受和行为将相互作用，形成一个循环的恶性怪圈。当你相信抑郁情绪带来的感受，不久后你将会发现，你几乎对任何事情都感到消极。这种反应产生的速度不到千分之一秒，快得让你没法察觉。消极情绪感觉起来真是无比真实，反过来又会让你认为它营造的扭曲思维绝对可靠。这种循环不断地重复，最后你将陷入精神牢狱。虽然，它只不过是你不经意之间营造的错觉或骗局，但它感觉很真实，让你觉得它千真万确。

（一）非此即彼思维（All-or-nothing Thinking）

非此即彼思维（All-or-nothing Thinking）是指你在评价自己的个人品质时，习惯于非黑即白的极端模式。也就是习惯于使用非黑即白的极端模式来评价自己的个人品质。

例：一位著名的政治家曾说："我连州长竞选都输了，我算什么玩意儿?"一位一直得 A 的学生不小心在一次考试中得了一个 B，他说："现在我就是个废物。"非此即彼的思维是完美主义的根源，它会让你害怕任何错误或不完美之处。如果那样的话，你就会认定自己是个彻头彻尾的失败者、一无是处的废物。

（二）以偏概全（Overgeneralization）

你认为一件负面事件的发展，代表着失败会接踵而来，无休无止。也就是基于单个负面事件，便对全局做出了总的评价。

例：一个班里面有一两个调皮的学生，有的老师认为这个班的学生都调皮。

（三）心理过滤（Mental Filters）

当事情有好有坏时，只注意到坏的细节，最后整个世界都显得黑暗无光，

[①]　戴维·伯恩斯. 伯恩斯新情绪疗法［M］. 李亚萍，译. 天津：天津科学技术出版社，2020.

这就像一滴墨水染黑了一整杯水。

例：只会看到负面的细节，而看不到积极的一面。

（四）否定正面思考（Discounting the Positive）

当好事情发生时，拒绝正面的体验，把注意力回到负面的事件上去。

例：当任何好的经验升起时，都暗示自己"它们不算"。

（五）妄下结论（Jumping to Conclusions）

有两种常见的妄下结论，一种是读心术，你认为他人瞧不起你，对于这一点，你确信无疑，甚至懒得去查证。

例：即使没有论证的情况下，你觉得别人对你有负面的反应。

还有一种是先知错误，就好像你是个专门预测自己会不幸的先知，总认为会有倒霉的事情发生，并且深信不疑。

例：你像是一个专门预测坏运气的预言家一样，如你考试前，你告诉自己，一定考试不及格。

（六）放大和缩小（Magnification）

夸大了错误和问题的严重性，而在考虑自己的优点时，觉得无足轻重，感到自卑。

例：夸大你的缺点或问题的严重性。

（七）情绪化推理（Emotional Reasoning）

你认为，只要有负面情绪，就足以证明事情真的很糟糕。

例：我感觉很害怕，这飞机肯定会掉下去的。

（八）"应该"句式（Should Statement）

习惯于"我应该做这个"和"我不应该做那个"来鞭策自己，结果让自己压力重重，意志消沉。当你把"应该"句式强加于他人时，就常常感到沮丧和愤怒。

例：你是学生，你就应该……

（九）乱贴标签（labelling）

习惯用负面标签来定义自己。

例：给自己贴标签。

（十）罪责归己（Personalization and Blame）

认为某个负面事件的罪责在于自己。

例：认为什么问题都是自己的错。

这些扭曲的思维会给个人带来非常大的冲击，因为负面的情绪被扭曲的思维所引发。更可怕的是，如果人们没有觉察和明了，会极度地认同这些思维，觉得"我的想法正确无比"。当这些扭曲思维一而再再而三地在你头脑中反复演练，过不了多久，你就把它们当成正确的了。

认知疗法建议通过学会反驳自我批评来远离基于认识扭曲的负面思维，而正念疗法建议通过培养觉察，把头脑中的想法当作来去自如的浮云，学会每时每刻都活在当下。

二、化解技巧

（一）善待自己

如果一个朋友或同事犯了同样的错误，你会像对待自己一样挑剔或严厉吗？端正你内在批评的声音，不要忽视自己积极的一面。

（二）相对思考

如果你以绝对化的视角看待一个情况或结果，如糟糕与优秀，试着找到一个中间的评价，这将有助于你正确地看待形势。一般来说，情况和人太复杂了，不能用这样极端的方式来看待。

（三）寻找证据

有时我们对情况的评估是不足的。如果你认为自己的表现很差，问一问他人的意见，而不是做出一些可能不准确的判断。如果你不相信自己能应付某种情境，试着在这种情境下停留几分钟。

（四）去标签化

避免对自己或他人进行完全的评级。我们太复杂了，不能用简单的"完全的白痴"或"完全的失败"来评价。一旦你用一种特定的行为给自己或别人贴上标签，就要质疑标签的有效性。例如，你因为没有达到期盼的结果，而称自己为"傻瓜"，那么这一次失败是否能够证明此标签的正确性？你可能有着强烈的改变的动机，学习自我接纳，真正地接纳你自己，接纳你的全部，但不一定非要这样做。

（五）冷静思考

情绪化的语言，如"必须""应该""很糟糕"和"我受不了"，往往会增加压力影响表现。理想的表达方式有助于我们保持冷静，例如"这是更好的""这是非常可取的"等等。

（六）拓宽视野

当你觉得自己对某个情况或问题负有全部责任时，写一份所有相关问题的清单，弄清楚你是否真的应该完全对此负责。可以画一个饼图，划分每个人或每个部分的责任。如果你完全指责别人，你可以重复这个过程，包括其他相关因素。也因此，很少有人会完全责怪他人。

三、解决方案框架

CBC 具有以问题为导向，以目标和解决方案为中心的性质，当教练、练习者认为这些不必要，便不用花太多时间在深度的认知评估和干预上。双重系统方法侧重于练习者在心理和实践问题上实现目标；因此，在某些阶段，将会运用一个有效的框架寻找解决的办法，如 PRACTICE（见表6），是教练学者斯蒂芬·帕尔默（Steven Palmer）的框架。若解决方案成果，那练习者便可再次执行1—7，重要的是，一次解决一个问题，而不是同时解决几个问题。但若练习者由于某些情况（如：对需实施的策略变的焦虑不安）而陷入框架中的某一步骤，那便需要教练使用 ABCDEF 模型来帮助练习者克服、改变这种情况。

（一）PRACTICE 模型

表6 PRACTICE 模型

步骤问题	行动
1. 问题识别	问题是什么？ 你想改变什么？ 它什么时候是一个问题，或值得担心的事情？有例外吗？ 可以从不同的视角看待这个问题吗？ 我们怎么知道情况是否有所改善？ 在 0 到 10 的区间，"0"为完全没解决，"10"为已被解决，你现离解决问题还有多远？ 可以从不同的视角看待这个问题吗？ 你能想象明早醒来，这个问题或担忧就不复存在了吗？ 你会意识到哪里有什么不同？
2. 制定 2 个现实的相关目标	你想实现什么？
3. 生成可能的解决方案	你都有哪些选择？ 让我们一起把它们写下来！

步骤问题	行动
4. 考虑结果	可能发生什么？ 每个可能的解决方案有多大帮助？ 让我们为每个解决方案划分一个"有用性"等级，其中"0"为根本没有用，"10"为非常有用。
5. 选择最可行的解决方案	哪个是最可行的解决方案？ 既然我们已经考虑了可能的解决方案，哪个是最可行的解决方案或最实际的解决方案？
6. 实施选择的解决方案	让我通过拆分步骤的方式来实施选择的行动方案。
7. 评价	它有多成功呢？ 从 0—10 进行打分。 从中学到了什么？ 我们现在可以结束教练了吗？或者你想解决或讨论另一个问题或担忧吗？

教练学者斯蒂芬·帕尔默在研究中提到关于模型的内容：

PRACTICE 模型中的"P"表示"提出问题""教练的目的""偏好的结果、方案"。PRACTICE 模型经过不断地发展与普及，已经适应了不同的文化和语言的环境，如葡萄牙语、西班牙语、丹麦语等。尼南、帕尔默认为，当练习者熟练地使用该模型，他们将会使用步骤更短的模型来加快问题解决的过程。例如：

STIR：选择问题（Select a problem），确定解决方案（Target a solution），实施解决方案（Implement a solution），评估结果（Review the outcome）。

PIE：定义问题（Problem definition），实施解决方案（Implement a solution），评估结果（Evaluate the outcome）。

这些少步骤的问题的解决模型可以快速解决问题，可以快速应对危机、做出决策。而缺陷在于得到的结果也许存在偏差。[①]

（二）五种互动方式：SPACE

五种模式，即 S：社会环境（Social context）、P：生理（Physiology）、A：

---

① 斯蒂芬·帕尔默，艾莉森·怀布鲁.教练心理学手册：从业者指南 [M].2 版.李朔，易凌峰，译.上海：华东师范大学出版社，2021：136-137.

行为（Action）、C：认知（Cognition）与 E：情绪（Emotions）之间的相互作用。认知行为教练通过这五个方面来帮助实现练习者的目标。

SPACE 代表五种不同的互动方式，每个字母代表一种方式，具体如下：

S：分享（Sharing）——分享是一种互动方式，它涉及与他人共享信息、资源、经验或观点。这可以通过社交媒体、博客、论坛、聊天应用程序等实现。通过分享，人们可以互相交流和借鉴，扩大彼此的知识和见解。

P：合作（Participating）——合作是指通过合作和协作与他人共同参与活动或项目。这可能包括团队工作、协作文档、共同创作等。合作可以促进团队合作精神，提高效率，融汇多种才能和观点。

A：互动（Interacting）——互动是指人们之间的实时交流和反馈。这可以通过面对面的对话、视频会议、实时聊天等方式实现。互动可以加强沟通、理解和合作，使参与者更加积极参与和投入。

C：创造（Creating）——创造是指通过创意和创造力产生新的内容、作品或解决方案。这可能包括艺术创作、设计、创新产品开发等。创造性的互动方式鼓励个人或团队思考和实现新的想法和概念。

E：探索（Exploring）——探索是指主动探索和发现新的事物、知识或体验。这可以通过阅读、研究、实地考察、参观等方式实现。探索可以拓宽视野，丰富知识，并激发个人的好奇心和创造力。

这些互动方式可以在各种情境中使用，无论是在线平台、社交环境、教育或工作场所，都有助于促进交流、合作和创新。它们可以帮助个人和团队建立更强大的关系，并实现共同的目标。

在 SPACE 模型中有几个阶段，在每个阶段使用三种不同颜色（以蓝、红、绿为例）的笔来完成 SPACE 图表：

1. 促进练习者完成目标，改变其对特定情况的反应；

2. 对发生情况进行的 SPACE 分析（蓝色）；

3. 通过识别思维误区、认知和挫败行为加深理解（红色）；

4. 协同制定有效策略和干预措施，如：现实的想法（绿色）。

（三）变化过程

对于练习者来说，训练之后的变化过程会有以下步骤：

1. 逐渐掌握完善实际和感情上解决和聚焦问题的能力。

2. 转变他们的思维方式、态度和信念。

3. 形成提高绩效、缓解压力的思维、态度和信念。

4. 提高挫折耐受性、自我接纳性，增强生理韧性。

四、认知行为教练技术策略

（一）常见的策略

认知行为教练运用一系列的认知行为教练技术策略来支持练习者处理心理问题并测试他们的 PETS 和信念，以下是一些较常见的策略。

1. 时间管理策略

糟糕的时间管理是认知行为教练中常见的问题。除解决与拖延相关的问题（如："这太难了，我稍后再做"）外，练习者还会使用有效利用时间的训练、优先矩阵、列表制作等。

2. 断言训练和沟通技巧

在练习者的心中，断言常常被误认为是有攻击性的，尤其是在欺负人时，表现得更明显。认知行为教练让练习者区分关于断言和攻击性之间的差异。教练引导并帮助练习者评估断言的 PITS 阻碍，并使用角色扮演或实验的方式来强化新的期望行为。

3. 放松和正念

放松和正念策略通常用于促进放松和正念状态。放松或正念可以在谈话中运用，还可以鼓励练习者下载合适的放松或正念 APP，里面有关于放松和正念过程的内容，很容易在智能手机上实现。

4. 行为实验

行为实验是认知行为教练的重要组成部分，作为练习者训练过程的一部分，他们可以在教练谈话、与朋友交流及工作场所中应用。实验以协作的方式设计、记录和回顾。例如，一个相信当他在做演讲汇报时声音会变干的练习者设计了一个实验，即给同学或朋友做一个模拟演讲汇报并把结果记录下来。

（二）在认知行为教练技术中练习者获益最多的人群

以认知行为、实际问题解决和寻求解决方案为基础的 CBC 方法，对希望改善工作或学习表现、公开演讲、幸福感、时间管理、决策、问题解决以及情绪管理的人会有很大帮助。它适用于克服拖延、缺乏自信、优柔寡断、压力和焦虑（如表达焦虑）的情况。该方法可用于儿童、青少年、成人和老年人，并适用于个人、团体，学校、医疗卫生机构、体育机构等工作环境。

而在 CBC 中未能达成的目标可能是由于练习者：

1. 未承担情感责任——责怪其他因素（他们的经理、工作或合作伙伴）造成他们的问题，并期望这些因素在他们改变自己之前会改变；

2. 不承担教练责任——他们不想或拒绝做出解决实际或情感问题，以及改变障碍所需要的努力；

3. 具有临床症状——一些临床疾病，如抑郁症，可能显著减少动力和目标导向行为。

五、案例研究

罗斯是一个 24 岁的在读研究生，他在一所 211 高校就读，同时也是一名兼职辅导员，最近有一个辅导员职业演讲比赛。他很珍惜这次的比赛机会，平时的论文汇报通常他不会有太大的问题，但是他为演讲比赛而感到焦虑，为此他来寻求帮助。

（一）预约

由于罗斯很想参加这次演讲比赛，他决定请教练来解决他的演讲焦虑。最开始是由 HR 通过邮件联系的教练，教练和罗斯在他现在的办公室见面。需要指出的是，罗斯以前曾接受过训练，但他觉得并没什么帮助。他们商定在 3 次（每次持续 2 小时）教练谈话后回顾进度。如果有必要的话，再增加额外的谈话。

（二）演讲焦虑

在听罗斯描述问题时，在最开始的 10 分钟内，他就明显表现出了很好的演讲技巧，而他的压力水平更可能来源于他对演讲的思考，而不是他的能力和技巧。根据简约原则，教练心理学家认为，在教练的这个阶段没有必要使用 PRACTICE 模式。教练心理学家和罗斯一起完成了一个 SPACE 图，以显示各因素之间的关系（见图 6）。

罗斯可以看到这四种因素与社会环境之间的联系。然而，罗斯无法轻易掌握他的信念。作为评估的一部分，为了确保专注于联系最密切的问题和认知，他们做了一个推理链。

教练："我想，当你对演讲感到压力时，你的脑子里可能还有其他相关的想法，这对我们非常有帮助，我们可以发现它是什么，并且帮助我们判断是否在关注正确的问题。我会再问你几个问题，看看我们能不能得到这些信息，可以吗？"

罗斯："好的。"

教练："你得到了新工作，对给高层团队做演讲有什么情绪上的感受？"

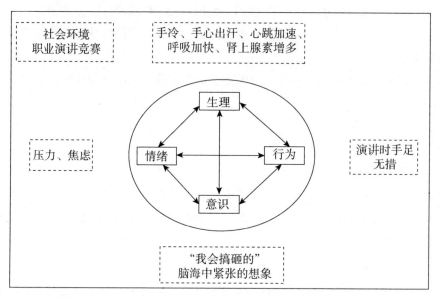

图6 罗斯 SPACE 模型

罗斯:"非常焦虑。"

教练:"假设你开始职业演讲比赛,你会担心什么?"(关注相关情绪)

罗斯:"我会搞砸的。"

教练:"假设你现在确实搞砸了。闭上眼睛想象你真的搞砸了,你能看到它发生了吗?"(帮助练习者在讨论的环境中了解自己的想法)

罗斯:"可以。"

教练:"现在你最担心的是什么?"

罗斯:"他们会认为我没用。"

教练:"如果他们真的认为你没用,那又怎样呢?"

罗斯:"我想这会危及我以后的工作。"

教练:"假设这确实危害了你的工作,你担心什么呢?"

罗斯:"交流很糟糕,因为辅导员的主要职责就是学生工作。"

教练:"还有别的相关因素吗?"

罗斯;"没了。"

教练:"现在我来总结一下主要的干扰因素(教练开始在白板上写字)。

你的焦虑是因为这些想法:

1. 我会搞砸的。

2. 他们会认为我没用。

3. 可能会危及我的新工作。

4. 经济影响可能很糟糕。

5. 我可能失去一切。"

教练："当你在进行职业演讲比赛感到焦虑时，这 1—5 点，你最担心的是什么？"

罗斯："坦白讲，我不认为我会失去沟通能力。我以前也经历过困难，我的一些朋友也经历过，但我们并没有失去。我真的很想完成这次比赛并获得好成绩。"

教练："现在我们可能已经找到了你最担心的因素，或者称为关键的'A'，让我们看看你对它有什么样的信念。现在你能在脑海中想象，你搞砸了演讲会危及你的工作能力吗？"（通过想象引出"关键"认知）

罗斯："可以。"

教练："当你想象因为你的原因，工作受到了危及时，你现在在想什么？"

罗斯："我不能失去这次锻炼的机会。"

教练："如果失去了呢？"

罗斯："那太可怕了，他们会看不起我的。"

教练："你认为他们是怎么想你的？"

罗斯："我完全没用。"

教练："你也这么觉得吗？"

罗斯："是的。"

教练："'我完全没用'的想法与你欠缺演讲技巧有关，还是与你的新角色有关？"（理清问题）

罗斯："两者都有，但重要的是他们如何看待我的工作能力。"

教练："好的。所以导致压力的关键信念是（将它们写在白板上）：

1. 我不能失去这份新工作。

2. 那太可怕了。

3. 我完全没用。

如果你持有这些信念，你会继续感到压力还是变得放松？"（强调他的思想和感觉之间的联系）

罗斯："我会持续感到压力。"

教练："这会对你的演讲有所帮助还是形成阻碍？"（提问以强调对失去工作的恐惧与他在演讲中的行为或举止之间的联系）

罗斯："更糟了！"

教练："你觉得压力这么大应该怎么办？"（寻求解决方案的问题）

罗斯："我可以决定不参加比赛，避免演讲，但这是不可能的，也许我可以改变我的想法。"

教练："既然你想保住这份工作，你想做什么？"

罗斯："改变我的想法。"（由于本次谈话还有充足的时间，教练介绍了表现提升表）

教练："为了帮助练习者认识并发展新的提升表现的想法，我们简称为PETS，我通常会建议一起来完成表现提升表。你想试试吗？"

罗斯："好呀！"

教练和罗斯利用他们在之前谈话中掌握的信息，完成了表现提升表的前三列。他们还额外增加了与演讲直接相关的PITS。然后，他们在第二列提出了提高表现的想法，以对抗表现干扰的想法，并在第四列写下这些想法。罗斯发现把教练问他的一些问题放在第四列很有用，这样他可以在谈话后使用表格。最后，他们完成了最后一列（见表7）。

表7　表现提升表

目标问题（A）	表现干扰想法（PITS）（B）	情绪/行为反应（C）	表现提升想法（PETS）（D）	影响以及针对问题的新方法（E）
糟糕的演讲会危及我的工作	（1）我不能失去这次演讲机会	焦虑	我可能会失去这份工作，但不可能是因为一次糟糕的演讲	我会接受新工作
	（2）那太可怕了	非常焦虑	真的很糟吗？失去工作很痛苦但我知道这不是世界末日	我会认真准备演讲，并大声地讲出来
目标做一个合理的演讲，专注于演讲本身，而不是他们如何看待我或者演讲	（3）我完全没用	沮丧	我怎么可能完全没用呢？我在有些事上是没用的	在演讲时，我不在乎别人
	（4）我必须表现完美，做一个很棒的演讲	焦虑	为什么我一定要表现得很好？我不必这样。我怎么会有这种想法？这让我压力更大，也不太可能表现得好。真的有完美的演讲吗？还是我的期望太高了？我会集中精力做一个足够好但不完美的演讲	找到关于应对想象的内容

（三）中间阶段任务

第一次谈话快结束的时候，协商决定罗斯可以记下他在演讲中，以及从现在到下一次演讲可能会危及他工作的任何 PITS 和 PETS。罗斯拿到了一本认知行为自我教练手册用来学习，并重点阅读"改变你的思维以克服压力"章节，其中包括识别思维误区，以及发展思维能力和想象能力。本次教练对话被录音，以便罗斯再听一遍。

（四）第二和第三阶段

在第二次谈话中，罗斯反馈了他经常犯的一些思维误区。他们在 SPACE 图上进行绿色部分的工作，讨论在演讲之前或演讲过程中放松法减缓压力的可能性。这个方法在自我教练手册中有介绍，需要在日常实践的基础上，才能成为"第二天性"。尽管"应对想象"在之前的表现提升表上有写，但还没有时间深入讨论它。教练讨论了罗斯可以如何运用"应对想象"来应对演讲，例如，罗斯看到自己说话时，手在表达，而不是在他的笔记本电脑上摇曳和盘旋，同时他也看到自己在处理难题。

两次谈话之间有一些电子邮件联系，第三次也是最后一次谈话是电话的形式。演讲很顺利，没有危及他的工作。

六、十个关键问题

在帮助练习者达成目标时，可以根据十个关键问题进行提问，把握练习者的现状。这十个问题是乔纳森·帕斯莫（Jonathan Passmore）在《卓越教练技术指南》中提出的①：

（一）在那种情况下，你有什么想法？

这个问题可以帮助练习者识别引起不当行为、不良感受以及身体上的痛苦的消极想法。练习者可能会回答："我不知道。"这往往是由于教练没有能够帮助练习者尽可能清晰地去想象情况的结果所致的。只要尽可能去想象，练习者的一些想法和感受就有可能被激活。

（二）是什么阻止你……（遵循特定的行动方案）？

这是一个评价性问题，用来发现阻碍改变的因素，并找到这些因素起作用的方式，适用于那些难以容忍自己受到挫折的，或者是完美主义的受训者。针

---

① 乔纳森·帕斯莫. 卓越教练技术指南［M］. 龙红明，译. 3 版. 北京：人民邮电出版社，2018：137-138.

对这个问题，练习者可能会说："我不确定。"这时可以要求受训者想象没有障碍的情况。如果没有阻碍，会发生什么呢？这些阻碍即实际存在的问题（比如说技能缺失或者知识匮乏），也有可能阻碍练习者解决困难。

（三）做出改变的短期和长期成本以及收益有哪些？

练习者可能会说："会产生很多好处。"但是，在训练过程中自己几乎没有任何改变。这种情况可能是由于练习者过于担心做出改变后会产生负面影响所导致的。比如，他可能想的是"我担心做出改变会使事情变糟"。因此，教练需要审视和进一步探究练习者的真实想法。

（四）你想达到的明确而具体的目标是什么？

更有信心，这些目标都是模糊的。而在具体的语境中，更有自信指的是关于目标选择的问题。练习者可能会说"我想要更快乐""我想要的是什么？"。

（五）为什么有时你会犯错或失败呢？

练习者往往将自我价值和绩效下降联系到一起。

（六）如果有人有与你类似的经历，持有同样的观点，你会给他什么建议？

这个问题鼓励练习者反思自己的观念和经历，从而帮助练习者从客观角度思考问题。但是，练习者往往会说："但我不会听从自己的建议。"这一反应包含两种意思：一是对他人表现出同情和理解（如果有些目标没有达成并不意味着天塌下来了）；二是表现了对自己的苛刻和无情（这些目标没有达成，是因为我的无能，这种感觉确实像世界末日）。在这种情况下练习者就需要接受更深入的训练和审视自我。

（七）为了实现目标，第一步应该做什么？

当练习者的担忧得到认证，双方目标达成一致，就需要采取具体行动，而不是仅仅笼统地表达意图："在这个问题上，我最好开始行动起来。"

（八）如何才能确认你正朝着目标前进呢？

通常的回答是："我会感觉好一些。"这时候教练应该提醒练习者，必须以特定的行为来。

（九）从这些训练中，获得的最有价值的想法和技巧是什么？

如果练习者说"受益良多"，教练就需要鼓励他们更进一步具体地对收获进行描述。

（十）作为一名自我教练型教练，你将如何在教练过程中使自己不断受益呢？

"继续努力"，这是一个模糊而充斥着疑惑的回答。这时候教练需要提醒练习者，在脑海中为自己描绘一幅特别的、详细的蓝图，并使其变成一种生活方式，这样就可以持续保持这种效果。

总结：

在这一节里主要介绍了常见的认知扭曲问题以及解决方案。通过构建化解技巧、解决方案框架使读者更加容易和掌握解决手段。

思考题：

1. 结合自身情况，你是否有认知扭曲的情况？如果有，你将如何解决？

2. 如果你是教练，在进行治疗时会注意些什么问题？谈谈理由。

3. 十个关键问题中最重要的是什么？为什么？

第三章

NLP 教练技术

NLP 教练技术旨在利用神经语言程序学的原理和技术来帮助个人实现自我认知和成长，以及引导他们在个人和职业生活中取得成功。NLP 教练技术强调有效的沟通技巧，包括倾听、提问和反馈，以帮助教练与被教练者建立信任和理解，促进深入的思想交流。NLP 教练技术通过观察和识别个体的行为、语言和思维模式，帮助教练了解被教练者的需求，以便提供更有效的指导和支持，致力于帮助被教练者明确他们的目标和愿景，并通过设定实际可行的计划和行动步骤，助其实现这些目标。NLP 教练技术利用情感智能和情绪管理的原理，帮助被教练者更好地了解自己的情绪和需求，以及有效地应对各种情绪和挑战。通过 NLP 教练技术，被教练者可以学会自我激励和自我管理的技能，从而更好地适应变化、克服障碍，以及实现个人和职业生涯的成功。NLP 教练技术帮助被教练者发现自身的潜能和内在资源，并提供技术和工具来释放这些潜能，以实现个人成长和发展。

第一节　NLP 教练技术的简述

一、NLP 技术的提出

NLP 是神经语言程序学（Neuro-Linguistic Programming）的英文缩写。N（Neuro）指的是神经系统，包括大脑和思维过程。L（Linguistic）是指语言，更准确点说，是指从感觉信号的输入到构成意思的过程。P（Programming）是指为产生某种后果而要执行的一套具体指令，即指我们思维上及行为上的习惯，就如同电脑中的程序，可以通过更新软件而改变。故此，NLP 被解释为研究我们的大脑如何工作的学问。也因此，NLP 译为身心语法程式学或神经语言程序学。另一方面来说，也可以分解 NLP 的字母。NLP 中的"N"对应于神经系统，包括精神和身体，并结合了稳定的心理和身体特征以及更具可塑性的心理和生理状态。NLP 中的"L"与语言有关，包含了构成人类交流一部分的各种词汇、短语、肢体动作、内心独白和想象力。NLP 的"P"指程序。在前面，我们谈到身心与语言。正是通过语言，影响了我们自己和他人的心态和身体。同样地，别人也通过语言影响我们，这种影响的过程被 NLP 称为程序。

NLP 技术的出现，与其他学科有很多渊源。最初的理查·班德勒和约翰·格林德（John Grinder）虽然不是正式的心理学家，然而，他们对有成就的个人、心理学、语言和计算机程序表现出强烈的兴趣，利用催眠和心理学的原理来增强他们的理解，发展了场域、能量和心法等维度。NLP 在发展的道路上不断借鉴其他学科，如逻辑学、心理学和哲学，并将其融入自己的学术论点，这种包容性的结合使 NLP 成为一个学术逻辑体系。

NLP 是我们语言表达中的模式，这些模式会影响我们的心理和身体状态。NLP 的架构是识别出具有特殊优点的个人，并分析他们的表达式和通信模式，以提取他们的底层编程，然后将这些知识综合起来并传授给其他人。

二、NLP 教练技术概念

教练技术起源于运动场，当时体育网球教练添·高威先生偶然发现了一个事件，发现与其批评、否认或纠正一个人的行为或表现，不如肯定一个人的行为或表现，以产生积极的变化。后来，添·高威先生将这一主题做深入研究，并很快将这一概念和技术应用于企业界。随着越来越多的专业人士关注这个话题并加入其中，很快就形成了一个学科——教练技术。

NLP 教练技术融合了 NLP 和教练方法，概括为 NLP 教练技巧＝NLP＋教练技巧（coaching）。这项由添·高威推广的教练技术，最终引起了众多心理学学者的注意。经过十多年的发展和完善，NLP 教练技术已发展成为一个新兴的行业技术，在思想、态度、个性、情感、能力、人际关系、亲子教育、个人成长以及家庭和社会生活等各个领域得到了广泛的应用，此外还被应用于企业管理。

三、NLP 教练技术内涵

NLP 教练技术被公认为全球重要的管理技术之一，现已成为推动欧洲和美国企业生产力增长的重要工具。该技术的关键在于教练运用卓越的语言技能和辅导技巧，如专注倾听、观察以及提出尖锐问题，以促进个体实现其目标。NLP 与教练技术具有共同的传统，均强调学习、尊重以及个人需求优先。然而，它们各自独特的背景赋予了个体独特的优势。相较于其他技术，NLP 教练技术在有效利用个人现有资源以及优化资源利用方面表现出显著优势。因此，理解 NLP 技术的核心理念对教练运用该技术至关重要。

（一）NLP 教练技术的特点

NLP 教练技术重在工作和生活中的应用：

1. NLP 教练技术强调提高普通人的表现和幸福感，而不是治疗他们。

2. NLP 教练技术将 NLP 学习转化为一种易于使用的对话工具，可以在任何环境或情况下灵活使用。

3. 传统的方法以通过旨在"培养个人"的课程来提高个人素质为中心，而 NLP 教练技术则优先考虑个人现有资源的最大化及其通过专注于利用人的课程的有效利用。前者以培养个人素质为核心，后者围绕着利用现有资源展开，使其成为一门关于如何"利用人"的课程。

（二）NLP 教练技术与人的共性

1. 关于人的身心

身心是相互影响的。改变其中一个，另一个也会改变。我们通过视觉、听觉、触觉、味觉和嗅觉来了解自己和世界。

（1）我们的记忆是通过回忆图像、声音和感觉来保存的

改变我们输入、处理和保留经验的方式可以改变我们的感知、情绪、习惯、个性，甚至最终的命运。因此，我们的感官，包括视觉、听觉、触觉、味觉和嗅觉，是影响我们心理的关键决定因素。

（2）心灵有两个层次：意识和潜意识

意识是我们所知道的思想，而潜意识是我们心灵深处不直接为我们所知道的经验、思想、感觉、欲望和力量。潜意识的活动虽然不直接为我们的头脑所知，但却表现在我们的身体上。换句话说，身体是通往潜意识的窗口。我们可以从一个人无意中的动作、表情、话语和眼球转动中窥探到潜意识的信息。

（3）身心的另一个代名词是神经链

可以说，我们的经验、自我认同、信仰、价值观、规则、习惯、个性、心态等都是一条神经链，或者是许多神经链的组合。而改变神经链的方法就是 NLP 的语言。

2. 关于人的语言

NLP 的语言是广义的语言，它不只是指说话或文字，同时还有肢体语言（如手势、身体动作、表情等）。

（三）NLP技术与成功学的区别

一般来说，成功会灌输自信、渴望、毅力等，但发展这些特质的方法在成功科学中很少有明确的规定。另一方面，NLP通过提供系统的过程来消除恐惧、培养信心、激发热情等，并提供明确的、可操作的步骤，从而脱颖而出。成功告诉我们要为什么而努力，要做什么，而NLP则指导我们如何将自己转变为成功的人，以及如何获得期望的结果。

实际上，成功就像一次旅行，成功是地图，NLP是运输方式。它们一个协助你明白要什么，一个协助你清楚怎么去要。一个指明方向，一个提供方法。所以，它们是追求幸福生活的两个重要车轮，相辅相成。从另一个角度来说，NLP关心的是形式，而不是内容。具体来说，成功强调学会类似积极、坚强、热情等品质。而NLP注重如何做才能形成这些品质，究竟要培养哪一个品质，倒不是它所关注的。

我们强调NLP技术并不排除在学科中存在概念或精神指导。相反，NLP最初的研究主要集中在著名的心理治疗师和沟通专家身上，而不是企业家或富裕的个人，从而为关注技术提供了信息。所以，它对一般定义上的成功者研究不是很充足，反而对治疗师的观念、精神研究比较多。而成功学对大众所说的成功人士研究比较多，对他们的观念、精神也总结得比较多，比如拿破仑·希尔（Napoleon Hill）、戴尔·卡耐基（Dale Carnegie）等人的成功学研究，就比较透彻，所以可以补齐NLP在这方面的不足。

总结：

这一板块中我们学习了NLP教练技术的内涵，明确了它是怎么样的一个技术，能够运用到哪里。它更强调"人"的优点，激发人的潜力。此外，NLP教练技术不同于其他教练技术，它明确步骤与目标、注重思维程序的改变。

思考题：

1. 你认为NLP教练技术为何注重"人"？

2. NLP教练技术与其他教练技术的区别是什么？

3. NLP教练技术更适用于什么情况？请思考。

第二节　NLP 教练技术的步骤

一、NLP 教练技术的机制

NLP 技术在于深入研究有助于某些人取得非凡成功的因素，并将这些见解转化为一套可操作的原则，其他人可以采用这些原则来取得类似的成功。因此，NLP 基于模仿他人和自己的原则，即个体识别驱动其大脑和身体功能的模式，并利用这些模式来优化结果。

从过去的经历中产生的情绪困扰来看，比如车祸后对汽车的仇恨，或者被拒绝后对异性的仇恨，NLP 认为大脑是基于过去的经历构建这些情绪的，因此，这些情绪可以通过替代经历的部署来颠覆。通过识别大脑如何存储由经历引发的积极情绪，NLP 试图复制这一逻辑，以期修改大脑中嵌入的事故相关模式，从而中和负面情绪。所有这些负面情绪都来自潜意识的保护机制，使人在再次遇到类似情况时知道如何保护自己。当然，这个机制往往使当事人不能过正常的生活，人生所得更少。同时，每次经验都有其价值和意义，能使当事人成长得更好。NLP 的技巧使这种价值和意义与事故带来的负面情绪分开，这样价值和意义可以永远保留，人也可以保持同样的保护机制，而事故带来的负面情绪则不需要保留，可以去除。

NLP 采用类似的方法，深入研究大脑信息处理的机制，设计出与大脑使用模式一致的技术，引导个人选择有助于自我完善并对他人产生积极影响的思想、语言和行为。

例如：在处理事情上，如何更有效地总结大脑中的众多信息，从而思考事情的根源和解决的方向。在与人沟通时，如何在外表下迅速了解每个人独特的思维模式，如何与对方有效合作。此外，在沟通的过程中，使用什么样的语言、语气和肢体语言最能让对方接受。在语言使用方面，一个人的苦恼来源是什么，如何从他们的言语中发现，如何帮助他们摆脱苦恼。在推动激励方面，一个人内里失去激情是怎么一回事，如何使自己更积极。

因此，无论是在个人成长、职业追求还是人际交往中，NLP 都为个人更频繁地发挥最大潜力提供了一种务实有效的手段，表现为结果的显著改善。

二、NLP 教练技术的四个步骤

（一）厘清目标

值得注意的是，这里是"厘清目标"而非"理清目标"。"理清"的目标通常与关系、原则、任务或目标有关。在"理清"之前，个人可能很难清楚地辨别某些问题或现象，但在实现澄清后，他们经常划定一个特定的边界，从而能够清楚地反映现象或问题的基本性质。

因此，所谓"厘清"，即在练习者目标模糊的情况下，让对方对自己有一个清楚的认知，比如目标究竟是什么、自己何时能够实现目标、怎样才能实现目标、在实现目标的过程中需要付出怎样的代价……让他们清楚地意识到要想实现目标，他们将会遇到怎样的干扰和障碍，这些干扰和障碍怎样排除，需要多长时间排除干扰，要以怎样的心态排除这些干扰和障碍。

在"厘清目标"的过程中，教练需要注意几个方面的问题。

1. 帮助确认目标。至关重要的是，教练要认识到，教练的目标是帮助练习者确定和实现他们的目标，这些目标是练习者的目标，而不是教练自己的目标。如果管理者不能明确这一点，就很有可能在教练的过程中，将自己的目标强加于教练者身上。这个目标要建立在"三赢"的基础上。在做法上，教练要与练习者共同明确对事件的目标，帮助当事人明确其想，从教练处寻求支持。

2. 帮助识别需求。事实上，没有谁比自己更清楚自己想要什么。有些时候人们会迷失方向，那是由于他们内在的需求被掩藏在心底。教练的任务是让练习者能够识别他们潜在的、无法表达的需求，并为他们提供确定自己愿望的手段。

（二）反映真相

在日常工作的过程中，练习者经常会遇到各种各样的困难和挫折。当练习者遭遇挫折时，他们的第一反应往往是自我逃避，具体可体现为：给自己找借口，指责同事（同学）不配合，抱怨领导没有给予充分的支持，埋怨大市场环境，等等。所以，当他们陷入迷茫状态时，管理者就应该运用教练技术中的第二个步骤——反映真相。

教练与个人一起工作，以揭示对真相多方面的理解，超越他们最初的猜测和感知。为此，他们帮助练习者摆脱主观的解释和猜测，有助于提高对自己和环境的认识。通常，个人很难识别自己专业或个人的弱点和缺点，这可能是由于恐惧或回避。因此，教练就要给他们"照照镜子"，让他们认识到自己的心态、情绪和行为，客观面对工作中的失误和盲区，看清事物的真相。

（三）迁善心态

《易经》里说："君子以见善则迁，有过则改。"迁善心态不仅仅是一种良好的意愿，更是一种能力的体现。所谓"自胜者强"，只有战胜自我的人才是真正的强者。对于我们每个人来说，最难战胜的往往是我们的内心世界，比如固有的信念、思维、观念、想法、认知等。我们的一切行动都源于我们的思想，源于我们内心所坚持的信念。迁善是一个自我反省的过程，也是一个自我提升的过程。

在支持的方向上，要让练习者清楚地了解心态调整与目标实现之间的关系。所谓"见善则迁"，主要包含了两个层面的意思。第一，拓展自己的信念，放弃固有的思维观念，扩大信念的范围，消除思维中的"盲点"，创造新的可能性。第二，以目标为准绳，选择有利于实现目标的思想和观念，并以此来实施行动，使自己的思想与目标高度一致，从而有效地实现目标。

（四）行动计划

"行动计划"是 NLP 教练技术中的最后步骤，其中也包括了回馈跟进、成果检视和再次的新循环。每个人都有追求成功、超越自我的目的，作为教练式管理者，需要引导练习者忠于自己的目标，帮助他们实现自我超越，制定一个详细的行动计划、具体检视时间和检视方法。

教练价值最重要的标志在于其持续跟进和持续进步。通过反复的反馈和跟进，鼓励个人不断学习、改进并对自己的行动提供反馈，促使他们进一步学习、实施变革、再次提供反馈和跟进等。通过这种方式，可以实现持续和全面的改进，以持久和深刻的方式提高个人能力。

总结：

NLP 教练技术源自于人的生活，可借此技术协助个体理解问题、改善问题。该技术主要包含明晰目标、反映真实情况、改善心态、制订行动计划四个步骤。正确使用此技术将有助于练习者走出困境。

思考题：

1. 你认为 NLP 教练技术四个步骤哪个技术更注重练习者的感受？

2. NLP 教练技术的迁善心态是什么，具体怎么做？

3. NLP 教练技术的行动计划包括了什么？

第三节 NLP 教练必学的十六种技术

经过几十年的发展，NLP 已经积累了众多不同的技术。对于教练来说，如何从这些技术中发掘出其精华，以及哪些技术最为关键和实用？以下是 NLP 的十六种必备技术，这些技术非常重要，需要认真研读并在实际工作中加以应用。

一、鉴貌辨色

阅人的方法，目的是要掌握对方的身心状态，以及他的大脑正在处理什么类型的资讯。你必须与之相处，因为人无所不在；你必须了解人，因为你永远无法独自成功。不同的人每天都不得不重复着同一个古老而新鲜的项目——与人打交道。这个项目的古老在于，人类就是这样不离不弃地走过了千年万年。在今天，各种作为古代圣贤思想精髓的行事规则大行其道，因为每个人都想找到一条与他人相处的捷径。的确，这条捷径是存在的。

显而易见，教练必须学会识人并与他人相处沟通，它是处世的基础。一个人的外在特征、无意中的肢体语言和言语表达可以作为了解其内心秘密的窗口，如情绪倾向、认知模式和行为。人类天生倾向于表达自己，由于人性的内在和不受阻碍的表达，隐藏这些特征是很有挑战性的。其中，阅人是人际关系中最基本的技巧之一，无论你是谁，无论你在生活中扮演什么角色，如果你不能精于此道，你往往会在不知不觉中陷入一个又一个人际关系的"围城"，成为众矢之的；同时，由于你的不善"设防"，也会成为他人眼中的"透明人"，因缺乏神秘感而无法占到先机。

阅人，从而了解人、热爱人，并防范和制服那些不怀好意的人。这不仅将使你成为更有影响力的老板，更有进取精神的员工，更有吸引力的伴侣或家长，更富于同情心和善解人意的朋友，而且会使你变得更加从容，更加机警，更加敏锐，更加精明和练达。怎么阅人？在某种意义上可以这么说，它既不是科学，也不算天分。它优先考虑辨别需要注意哪些真相、观察哪些细节的能力、积累相关信息的好奇心和忍耐力，以及从个人的举止、行为、肢体语言和语调推断模式的能力。在阅读本书之前，你可能已掌握了为数不少的所谓阅人方法，你已经忘了是从哪里得到的，它们零星地散落在你的记忆里，既无规则，也不成体系，在实战中你只能生搬硬套，因为你学会的充其量是片面的经验之谈而已，并非真正阅人的规律。

鉴貌辨色的几种参考方式：

第一印象信息。有些人穿着不合适的衣服，留着不适合自己脸型的发型，并有过多的肢体动作……你体察时，请先把对他的第一印象在脑子里存档，他或许想别人注意，或许欠缺应有的常识，或许不体谅他人……但你尚需搜集更多的信息，绝不可只凭外貌就对他做出结论。

生活环境信息。有的人开着昂贵而整洁的车子，办公室里摆着妻儿的照片，住宅的冰箱门上贴着卡通图片……你读他时，就会发现他所处的环境——工作环境、住宅环境，乃至社会环境中隐藏的线索，他的性格、兴趣、健康、婚姻、社交伙伴等等。

语气信息。有些人说话时没有特别的暗示，但他们说话的语气却出卖了他们内心的秘密，对这样的人你就需记住："怎样说话比说什么样的话更重要"，注意对方声音的细微变化，找出其中的差异，并察觉他所要传达的信息。有些人喜欢喋喋不休地说话，对于这样的人，你应该提出问题，听其回答，这样你才能成为最好的听众：不打断他、不责怪他、与他保持亲密但适度的距离、显得专注一些，并刻意营造美妙的谈话氛围……

行为信息。有的人从不与同事交往，允许孩子在大人聚会时吵吵闹闹，似乎有些不拘小节……你阅识这样的人时，首先应注意的是：你看到的是事实吗？一个人的行为往往能比其他信息更真实。

直觉信息。与此同时，你在阅人时，还要相信直觉，因为其中蕴含着巨大的力量；你也要时刻准备"被阅"，既然你已经能用客观的、公正的态度去研读别人，那么你绝对应在众人面前展现出完美的自己。

二、发现模式

如果事情，不管是坏事还是好事，发生已经不止一次，那么，它就还是一件偶发事件，其背后隐藏着一个模式，发现那个模式，你就更能掌握世事的变化。发现模式，也可以说是发现事情的运用"框架"。

有一个家具店在搞促销活动，具体的内容是这样的："所有的高档家具一律打6折销售，不过如果消费者要求送货上门的话，另外要加收10%的运输费。"活动开始了一段时间，效果并不明显，所以老板就请了一个营销高手来帮助进行策划。这位高手来了以后，首先给家具店的促销政策做了两点调整：第一个调整是关于运费的，之前说的是要加收10%的运费，高手直接把这一条给去掉了，改为所有的家具一律7折优惠，如果消费者自己负责运输的话，那么在7折优惠的基础上，进一步可以再多享受10%的优惠。第二个调整是关于时间的，原来的促销方案并没有强调时间，高手就把这方案改成金秋大促销。所有的促销活动截止时间为 11 月 15 日，在这个时间点之前，只要购买家具的都可以享受优惠。另外，只要报名参加活动，即使不购买家具只要报过名，就可以拥有一个优惠政策的名额，将来不管什么时间前来购买家具，都可以享受到优惠政策。如果不报名参加这个活动，那么将来再购买家具就享受不到优惠政策。随后的实际工作就证明，经过这一番完善以后，这次促销活动的效果就明显改善了。

实际上，大家看到改善方案里边巧妙地运用了一些行为经济学的原理，抓住了人们的消费心理特征。人们在消费过程中存在着明显的损失厌恶倾向，所以如果你说我提供优惠套餐，如果你要求运输的话，我再加收 10% 的运输费用，一般人在听到还需要另外付出 10% 的费用，一下子就感觉到损失增加了，成本提高了，于是他的损失厌恶心理被激发了，接下来他就不愿意买这个商品了。相反，如果你告诉他本来优惠是 7 折，如果你自己负责运输的话，你还可以额外再多享受 10% 的折扣，这个折扣别人是得不到的，这样的描述让人感觉到自己有收获，接下来他就会做出购买的决策。

所以我们看到两种不同的表述，前一种带来的是损失的厌恶，后一种带来的是收益的甜蜜。2002 年诺贝尔经济学奖获得者、行为经济学大师丹尼尔·卡曼尼（Daniel Kahneman）把这种现象称为"框架效应"：同样一件事情使用不同的框架去描述，带来的结果是完全不一样的。如果从损失的角度去描述，人们会拒绝这个方案，如果从收益的角度去描述，人们就会选择这个方案。

"框架效应"就提醒我们，在日常沟通交流过程中，如果想说服对方接受这个方案，就要从收益角度去描述；如果想影响对方拒绝这个方案，你就从损失的角度去描述。简单来讲，比如说一根红肠，如果描述的时候说 90% 以上都是瘦肉，或者描述的时候说 10% 左右都是肥肉。大家注意，其实说的是一件事，本质上讲传递的信息是一样的，不过带来的结果却不同，不同的沟通方式，不同的描述框架确实会影响人们的选择。

三、前提假设

想要达成理想成果，需要遵从 NLP 的基本信念，不能单是知道它们，这样是什么效用也没有的。除非你能融合这些前提假设于你的行为之中，这就是前提假设，因为这是理论的前提。其实你也不需要绝对接受这些假设，只需暂时假设成——世界上的人与物就是这样的，且用这个假定的态度去处理需面对的状况，然后根据产生的效果决定下次是否使用同样的假设。

以下是前提假设的几种案例：

（一）一个人不能控制另一个人

一个人无法改变另一个人，他只能改变自己，然后影响他人，使别人做出改变。改变自己，才有可能改变他人。你不能强迫别人去改变，除了他自己。一个人不能教导另外一个人，他只能引导另一个人去学习。促进这种转变的一种方法是确定另一个人的价值观，然后引入或修改对个人重要的价值观念，使他们能够接受和体现驱动他们行为的价值观。好的动机只是给一个人一个做某事的理由，但它并不赋予他控制他人或使事情完全按照他的意愿发生的权利。不强迫别人跟自己一致，别人便不会抗拒。

（二）没有两个人是一样的

人生来是一张白纸，想法都是后天经历的各类教育各类事情形成的。没有两个人有完全相同的生活经历，所以没有两个人有相同的想法；考虑到没有两个人对任何特定的主题拥有相同的观点，他们对相同刺激的反应将不可避免地不同。同样，没有两个个体表现出相同的态度或行为模式，因此，不能假设不同个体的结果是一致的。一个人会做的事，另一个人不一定会做。同一件事，两个人做出的结果也可能不同。人与人的不同，才构成了这个世界的奇妙可贵。同时，每个人都时刻在经历不同的事情，他的观点想法都会因为这些而变化，所以没有一个人在两分钟内是一样的。但两个人即便信念价值观不同，仍能建立良好的关系。给予他人空间也是尊重他人的信仰价值观，这样才能有良好的沟通和关系。在尊重别人的信仰价值的同时，我们也有权要求别人尊重我们的信仰价值。

（三）凡事必须至少三个解决办法

以僵化和专一的心态处理问题的人会发现自己陷入了困境，因为他们将自己限制在一个单一的行动方案中，而不考虑其他选择。相反，那些对一个问题有多种方法的人可能会发现自己陷入了困境，面临着自己造成的困境。拥有众多的选择意味着拥有更多的答案，没有成功仅仅意味着目前的方法没有产生预期的结果。然而，这并不意味着缺乏选择，而是表明已知的方法是不够的。世界上充满了无数的方法，其中许多可能迄今尚未被探索、开发或未被认识。只有相信尚有未知的有效方法，才有机会找到它并使事情改变。所以，不论什么事情，我们总有选择的权利。没有办法"使事情画上句号"，但是总有办法"使事情有突破的可能"。

（四）只有由感官经验塑造出来的世界，没有绝对真实的世界

每个人运用自己的感觉器官将信息"摄入"他或她的大脑，由于不可能或

没有必要捕捉所有的信息，感官对客观世界的信息进行了主观的选择。摄入的信息再经过我们自己的信仰和价值观的过滤，我们的信念价值观是主观的，所以我们过滤出来的东西也是主观的。也就是说，我们只看到了、听到了我们自己相信的那份资料。所以我们大脑里面的世界都是用上面方法积累起来的，因此是主观的，这就导致一个结果——不存在普遍适用于所有个人的客观现实；相反，每个人的感知构成了一个主观的或相对的现实。一个人所经历的世界只存在于他的大脑中，所有的观察和经历都是通过个人的心理框架来处理的。因此，通过改变个人对世界的感知，他对外部世界的态度可以发生显著的转变。所以，在不改变外部世界的情况下（我们无法知道它是怎样的，我们只知道它的一部分，我们也无法改变外部世界），我们只需要改变自己（大脑中的世界），人生便能有所改变。

（五）没有挫败，只有反馈信息

挑战和失败可以被重新定义为经验，为个人成长和进步提供宝贵的垫脚石。经验是能力的基石，而能力反过来又会产生信心，从而使个人能够超越障碍并取得成功。每次"挫败"，都只不过是学习过程中修正行动的其中一步。想要成功，首先要相信成功的可能。如果把每次的"挫败"带来的经验掌握了，也就转化成了学习的过程。缺乏自信的人往往会发现自己在寻找借口和自我限制，从而产生挫败感和自我怀疑。这些人的潜意识往往倾向于"我做不到"或"尝试没有意义"的想法，这加剧了他们的不足感。不愿意接受"挫败"的可能，便没有资格享有"成功"的机会。

（六）沟通的意义取决于对方的回应

沟通没有对与错，只有"有效果"或者"没有效果"之分。自己说的好，说的正确没有意义，对方收到你想表达的信息才是沟通的意义。因此，自己说什么不重要，对方接受什么才重要。话有很多种表述方法，使听者能够接受说话者想表达的意思的方法，才是有效的方法。没有两个人对同样的信息有完全相同的反应。说话的方法由讲者控制，但是效果由听者决定。改变说话的方法，才有机会改变收听的效果。沟通成功的先决条件是和谐气氛。听者的抗拒是对讲者说话方式不够灵活的指控。

（七）有效果比有道理更重要

只强调做法正确或者有道理而不顾是否有效果，是在自欺欺人。明明知道这种方法没有效果，对方不接受，我们也不肯改变自己，这样的情况比比皆是。在三赢的基础上优化结果——对自己、他人和整个世界都有利，比固执地坚持认为"正确"的事情更有价值。过去的经验往往强调"推理"，而效能优先考虑未来的成就。有效性是制订计划的基础，也是指导所有行动的指导原则。推理因个体而异。然而，真正驱动一个人的是情绪，强调需要用理性的认知来补充情绪冲动，以达到最佳效果。因此，有效果需要一个人理性和感性上的共鸣。而且，有效果和有道理可以并存，但必须从相信有这个可能的信念开始。只追求有道理但无效果的人生，难以有成功快乐的体验。正如，医生做手术，手术很成功，只是病人死了。

（八）每一个人都选择符合自己最佳利益的行为

每一个人做任何事情都是为了满足自己内心的一些需要，都是为了得到一些价值。对他来说，都是当时环境里能做出的最符合自己利益的做法。因此，每一个人的行为的背后，都必定有正面的动机。了解和接受其正面动机，才容易引导一个人改变他的行为。动机不会错，只是行为不能达到效果（满足背后正面动机的效果）。接受一个人的动机，这个人便会觉得我们接受他。了解特定行为背后的基本原理最直接的方法是，询问该行为的预期收益。所有行为在其各自的环境中都具有内在的价值。换句话说，没有本质上不正确的行为，而是在特定时间、特定环境中缺乏有效性的行为。正如心理学家西格蒙德·弗洛伊德（Sigmund Freud）说过，所有行为的动机要么是对快乐的渴望（正面价值），要么是为了避免不适（负面价值）。

（九）重复旧的行为，只会得到旧的结果

做法不同，结果才会不同。如果你做的事情没有效果，那么肯定是你的方法错了，那么请你改变你的做法。比如你和别人做沟通交流，但别人听不进去，则可能就是你的沟通方式错了。你说话的方式对方不接受，则你就必须改变你沟通的方式，才能取得不同的效果。任何具有创新思维的做法，都会比旧有的多一份成功机会。希望明天比昨天好，必须用跟昨天不一样的方法。改变自己，别人才有可能改变。因此，只有放下所有的旧观念，我们才能看到突破的可能性，接触到更多的新事物。过分专注问题本身，便看不到周边成长的机会。

（十）在任何一个系统里，最灵活的部分便是最能影响大局的部分

灵活便是有一个以上的选择，有选择便是有能力。因此，最灵活的人便是最有能力的人。灵活就是适应，就是接受。灵活是使事情更快有效果的一个重要因素，也是在生活中获得成功和快乐的重要因素。灵活也就是自信的表现，自信越不足，坚持一个模式的态度就会越强。允许有不同的意见和可能性，便是灵活。灵活不代表放弃自己的立场，而是允许自己找出三赢的可能性。在沟通中，明白不代表接受、接受不代表投降（放弃立场）。

（十一）动机和情绪总不会错，只是行为没有效果而已

动机在潜意识里总是正面的。潜意识从来不会有伤害自己的动机，它只是误以为行为会满足需求，而不知道有其他的可能性。我们可以接受一个人的情绪和动机，同时不接受他的行为。接受动机和情绪，便是接受那个人。那个人也会感觉到你对他的接纳，因而更愿意让你引导他做出改变。任何一次行为不代表一个人，行为不能被接受，是因为没有效果。找到更好的做法并使之成为两个人的共同目标，这能使两个人有更好的沟通和关系。找出更好的做法之一是追查动机背后的价值观。

（十二）每个人都已经具备使自己成功快乐的资源

我们都有过成功和快乐的经历，也就是说，我们每个人都已经有能力使自己成功和快乐。因为你曾经让自己成功快乐过了。每个人都可以通过改变思想来改变自己的情绪和行为，从而改变自己的生活。我们每天遇到的事情可以给我们带来成功和幸福，而选择权完全在你手中。每件事都有积极和消极的意义，由你来决定它是我们的绊脚石还是垫脚石。每件事的发生都是有原因的，而且必将有助于我。成功和快乐的人所具有的思考和行动能力是通过一个过程培养出来的。情绪、压力和苦恼不是源于外部事物，而是由自己的内部信念和价值观产生的。不相信自己有能力或有可能，是得不到成功快乐的最大障碍。

四、共鸣共振

共鸣共振可与练习者拉近距离或者是发挥练习者的潜意识。

第一种，拉近距离。当你与脾气暴躁的练习者谈心时，他反抗且不愿意搭理你，很难继续教练过程。相反，如果选择一个合适的话题入手，就能够瞬间缩短自己与练习者之间的距离，使自己逐渐被练习者接受，而后把话题引向他的问题，从而开始谈话，这样才是成功之道。因为对方最感兴趣的事，总是最熟悉、最有话可说、最乐于谈的。为了使谈话愉快地进行下去，最好是获取对方的好感，这就要求我们要善于抓住人心，善于站在对方的立场上思考问题，针对对方最关心的事去做文章才能奏效。直白地说，就是模仿他人的身心语言，使彼此之间产生共鸣共振，说穿了就是通过模仿，令我们易于理解对方的一套想法和感受。

第二种，发挥潜意识。心身合一是我们的意识和潜意识之间完美和谐共鸣的状态。在这种状态下，我们隐藏的内在力量可以被更有效地驾驭，我们可以在生活中创造更多的成功。与此相反的状态是，"知道应该做但不能下决心去做；知道不应做但忍不住偷偷地去做"的状态，这是因为理性和感性的立场不

一致，意识与潜意识的价值排位有异。我们的信念、价值等同，是随着每天出现的事情有所学习而不断变化的。这里，实现身心和谐的技巧之一是与潜意识沟通。每个人的潜意识都希望与意识沟通。它不断地发出讯息，只是我们过去很少注意到，亦不知道如何做而已。

五、同步带领

"同步带领"就是敏锐观察、充分接纳对方的情绪和感受，积极呼应对方的语言内容，及时置换框架，带领对方从不同的角度重新看待问题，寻找积极的解决方式。在面对学生突发的情绪波动时，运用"同步带领"，能迅速建立亲和关系，帮助学生认知自我，走出情绪桎梏。

在《战国策》的名篇《触龙说赵太后》中，讲述了触龙在赵国处于危急时刻，成功说服赵太后以儿子长安君为人质换取齐国出兵的故事。触龙在谈话中充分理解并同步赵太后的情感，从关心她的健康状况开始，到讲述自己对儿子的疼爱，以此同步情感，再通过"父母之爱子则为之计深远"这一观念来引导赵太后思考如何才是真正地疼爱孩子。最终，赵太后同意长安君为质，齐国出兵，使赵国危机得以解除。

在现实生活中，教练并非"触龙"，学生也并非"赵太后"。然而，触龙在说服赵太后时所运用的方法，在我们今天仍然具有普遍的适用性。例如，在初中阶段，学生面对一些让他们觉得难以接受的事情时，往往会情绪崩溃。他们听不进劝告，沉浸在自己的情绪中无法自拔。此时，教练在沟通的过程中，如果能够灵活运用"同步带领法"，将能够取得良好的效果。

六、表象系统

表象系统一词，源于 NLP 技术早期提出表象，关于外界发生的事情的信息是以大脑能够理解的方式组合起来的。关于外部世界的信息是通过五种感知途径获得的，被称为"表象系统"，并在我们的大脑中得到"表象"。在我们的生活中，我们通常通过看、听、摸、闻和尝来体验世界和收集信息，这在 NLP 中被称为"表象系统"，或感官系统。

NLP 发现，我们与外界的联系基本上有三种模式：视觉型（Visual）、听觉型（Auditory）和触觉型（Kinesthetic），简称 V. A. K。这些感官在我们的生活中每天都在使用，但我们每个人都有一种倾向或偏好，以特定的方式使用它们。意思是指，我们把外在世界发生的信息，编译成我们大脑可以理解的方式。由于存在感官的倾向和使用，使得我们在生活、学习、工作、娱乐等方面产生了一些与众不同之处。当我们能够了解自己惯用的感官与他人的不同之处时，从另一个角度来看我们也就了解了人与人之间的不同之处。

以下是几种不同表现系统（感官系统）的特征：

（一）视觉倾向人群。具有视觉学习风格的人倾向于首先通过眼睛吸收和处理外部信息，因为他们的眼睛受体学习和处理最快。他们被吸引到色彩鲜艳、美观的物体和个人身上。这些人往往烦躁不安，导致他们有效地同时处理多项任务。他们的主要关注点在于现象的基本方面，而不是细节，他们更喜欢从一开始就以直截了当的方式传达概念。他们喜欢快节奏的活动。在回忆事件时，视觉个体经常将目光转向左上角，因为此刻他（她）所提取的过往经验储存在这个位置，即放置图像资料的位置，此时他（她）会看到一些内在的画面。而当他（她）在想象或创造一些事物时则会将目光转向右上角，因为此刻他（她）在构建和想象一些画面或图像。

（二）触觉倾向人群。触觉型包含了触觉、嗅觉、味觉，他们惯于先用感觉去感受和接收信息，所以在许多时候他们对自我的感觉非常注重；在乎与人之间的关系、感觉及重要意义；言语中常提及感受或经历。

（三）听觉倾向人群。听觉型的人，在回忆事物时眼球转动的方向为左中，因为此刻他（她）所提取的一些过往经验储存在这个位置，即放置声音资料的位置，此时他（她）会听到一些内在的声音。而当他（她）在想象或创造一些事物时则会将眼睛转向右中。假如他（她）的眼球转动在左下角时，代表此刻他（她）正在进行一些自我对话。

七、觉察资源

每个人也具备自己或会忽略的资源，发现资源，即能加速达成自己的目的。觉察是摆脱被没有效果的情绪控制的第一步，第二步就是要找出导致情绪的原因，第三步就是改变这些没有效果的信念。

运用这一技术分析的案例：例如在公司的管理中心，员工在工作中犯了错误，随后受到主管的斥责。在这种情况下，员工的情绪会立即产生负面反应。相反，如果员工表现良好并受到上级的赞扬，他们的情绪会立即得到积极的回应。为什么领导批评，我们就莫名悲伤？为什么领导夸奖，我们就莫名高兴？为什么我们的情绪会随着领导的批评和夸奖而变化呢？根本原因是我们没有觉察力。我们没有觉察力，我们就像一个机器人一样，别人骂我们一句我们就悲伤，别人夸我们一句就高兴。

觉察资源就是要提高我们的觉察力，只要我们有觉察力，我们就可以真正做情绪的主人，时刻觉察自己。觉察就是深入了解自己和对方的过程，资源是指自己的情绪状态、身体状态、内在信念、内在价值观。觉察资源，即洞悉破解我们的负面情绪。在我们学习 NLP 教练技术之前，我们没有意识，当我们受到别人的影响时，会立即做出反应。学习 NLP 教练技术后，我们必须不断意识到我们现在的状态。我们洞悉自己的信念、价值观、身份之后，我们才能真正破解情绪，做情绪的主人。

觉察资源的内容有：洞悉自己的情绪状态；洞悉自己的身体状态；洞悉自己的内在信念；洞悉自己的价值观；洞悉自己的身份。

八、资讯板块

资讯板块也称为"弹性思维"。社会经验、环境形成了我们的思维框架，我们在框架内循规蹈矩的处理事情，难以突破。弹性思维则跳出思维框架，产生具有创新性的想法，达到出其不意的效果。

人们常说凡事要懂得分析、讲逻辑，在分析性思维的指导下，我们顺利完成了日常的工作与任务，这也是现代社会极为看重的一种能力。然而要突破，要创新，要玩点不一样的，就需要靠弹性思维了。弹性思维的核心则在于默认网络。大脑中有执行网络与默认网络两种思维状态，执行网络让你顺利完成任务，例如你需要做一顿晚餐，那么洗菜、切菜、烹饪等一系列流程都是在执行网络的控制下完成的。而默认网络被发现的时间较晚，1953 年，物理学家劳伦斯·索科洛夫（Laurence Sokolov）曾做过一项实验，让志愿者平躺在床上解算术题以及闭目养神，然后分别记录两种状态下大脑的含氧量，结果却让人吃惊：闭目养神时大脑所耗费的氧气居然比计算还要多，这背后的原因让人深思，直到 2001 年，默认网络才被揭开神秘的面纱。

当大脑闲置时，它并没有闲置，而是默认网络参与记忆过滤，处理大量的短期记忆信息，整合和吸收新的经验。灵感也在这时突然迸发，就像你满屋子找钥匙时总是找不到，当放弃了的时候，某一个瞬间就想起了它在哪里。因此，弹性思维可以使我们更灵活、更多元化，经常受情感驱动，自然也更有创造力。

九、超然模式

超然模式是神经语言程序学的第一个重要技术，神经语言程序学研究世界上成功人士生活中的各个面向并分析其秘密——他们是如何将事情做到那么完善的。

当运用 NLP 工具来研究世界上最有威力的谈判者的时候，一种不容分说的并且惊人的语言模式浮现出来，这种模式就取名为"超然模式"。每一种超然模式都是用来克服局限信念有价值的工具，让人们释放新的想法，发现新的"观点"，不论是在治疗或是销售或是人际互动方面，它都能帮助人们开诚布公，教练能够利用这些模式来改善练习者的问题。作为一位教练，应该以这种模式为基础，帮助人们达成他们所要求协助他们达成的目标。如果某人要求帮助他戒烟，因为有着某种信念而使得戒烟困难，就可以运用这种模式来帮助他超越这种信念，不应该利用这种模式来挑战他可能有的其他信念，除非他们要求这么做。这跟我们想他们应该或是不要改变他们其他的信念没有关系。在治疗之外，巧舌如簧的模式可以用来让人们意识到他们没有意识到的其他意识，这可能发生在商业或私人生活中。

十、催眠模式

催眠模式指的是"艾瑞克森催眠模式"，它是米尔顿·艾瑞克森（Milton H. Erikson）创立的。它具备一个完整的理论体系，在这个体系里面，引入了疆域、地图、表象系统、神经表象程式、后设模式等概念，其中表象系统是这个体系的基础，以表象系统来描述人类的经验与行为，并且深入剖析，在催眠诱导过程中，当事人的经验在表象系统层面会发生哪些变化。这样，就会让催眠师非常明确地知道，催眠诱导究竟需要做什么。人们将从周围世界获得的感官经验，经过后设模式的处理之后，制作成自身的地图（即世界模式）。在此，地图与由经验所构成的原始的疆域存在着很大的区别，地图不等于疆域；做这样的区分有一个特别的好处，就是让催眠师能够有效识别当事人的世界模式，并加以呼应和诱导，从而能够更快地进入催眠状态或进入更深的催眠状态。而在传统催眠里，根本没有这样的概念，更不会做这样的区分。

"艾瑞克森催眠模式"里，催眠师将自己定位为当事人的"回馈器"，在催眠师的输入和输出管道系统与当事人输入和输出管道系统之间形成一个"呼应回馈环"，催眠师呼应当事人的经验，并给予适当的引导，然后当事人会做出某种反应，当事人的任何行为反应都是下一步诱导的阶梯，这个"呼应回馈环"会一直不停地运转，直到达到催眠师期望的目标为止。所以，根本没有所谓"失败"，只有回馈。因此，在艾瑞克森催眠模式中，催眠师的感官训练是成为一名优秀催眠师的关键，催眠师必须对练习者的语言和非语言反馈敏感，以作为下一步诱导的基础。而传统催眠里，根本就没有人注意这些问题。

艾瑞克森催眠模式大量使用了模棱两可、二次暗示结构、假设模式、模态运算符、否定命令和类比标记等模式，暗中向当事人发出命令，并在人们的意识中形成呼应，在当事人的意识听起来，根本不是在命令他去做某种行为，但其潜意识会自动地去执行被要求的行为，从而达到让当事人不会也无法抗拒的效果。它还大量使用特殊的语言模式，如简单连词、隐含奴役、因果关系、读心术模式、泛指指标、删除、选择性限制违反、名词化、转移衍生搜索和非特定动词，以有效地呼应和引导练习者的经验，给练习者足够的空间来解释他们自己的资源并做出最符合其潜意识需要的选择。

此外，艾瑞克森式的催眠方法要求从业者教育练习者正确使用语言和精确控制单词，使他们能够产生所需的反应。理查·班德勒指出：维吉尼亚·萨提耳（Virgnia Satir）的语言是精确的，而米尔顿·艾瑞克森的语言更加精确，以至于他可以精确地使用语言来引起他需要的任何反应。米尔顿模式正是让我们训练自己精确地使用语言的能力的工具。然而，在传统催眠中，却没有任何系统训练语言的模式。艾瑞克森模型的主要目标是促进练习者向新行为的转变，使他们能够做出选择，放弃导致他们痛苦的负面反应，最终使他们达到满意的状态。

十一、心智换框

从本质上讲，心智换框法就是提出建议去改变人们对环境和处境的理解。把旧有的框沿用到另一方面，使原先认为是缺点的反成为优点。人的一生由许多的隐喻组合而成，而真理正藏身在其中。从这些隐喻之中觉察对我们有用的启示，是通往成功未来的必需能力。我们人类有一种独特的能力，就是能够通过向大脑发问一些特别的问题，张开这对心眼，或者，用 NLP 的术语，换了另一个框来理解身边的事物，从而使人生起飞。不要小看这个心法，在人类历史上无数伟大的先驱，就是用了这个简单的心法，开创了不寻常的人生。

爱迪生成功发明电灯泡，照亮了全世界。但发明过程失败了起码三千多次。很多科学家都认为没有可能而一早放弃。后来记者、传媒访问他失败了三千多次有何感想。他回答说："我一次也没有失败过，因发明电灯泡总共需要三千多个步骤。而同时我成功发现了三千多个没有效果的方法。"[①] 根据一些教练学者的形容，爱迪生和许许多多的发明家为什么有超乎常人的忍耐力，最终达致目标？因为他们都采用了相似的换框法。

教练应该引导练习者将每一次不成功的经验，都看成一种回应，告诉他们

---

① NLP 的换框法［EB/OL］. 个人图书馆，2010-07-07. http：//www. 360doc. com/content/10/0707/21/1556309_ 37518100. shtml.

应该怎样尝试不同的方法。在他们的信念系统中坚信通过这样的回馈机制，他们总有一天会成功。事实证明这样的思考模式是行得通的。NLP的其中一条前提假设是，"没有失败，只有回应讯息"。从爱迪生发明电灯泡的过程当中，充分显示了这条前提假设的效果。觉察是摆脱被没有效果的情绪控制的第一步，第二步就是要找出导致情绪的原因，第三步就是改变这些没有效果的信念。

十二、行为弹性

即拥有许多行动的选择。你的选择性越高，你的成功率也越高。当你从感官得来的回馈告诉你，你不能得到你要的，你就改变行为。持续改变所做的事情，直到取得所要的结果。这听起来简单甚至是明显的，但有多少次我们所做的，与这刚好相反？人们常常不会改变，只是继续做着更多相同的事情。这会出现许多结果，但都不是你所要的。在人际关系上你有没有过这种经验，就是当你与你的伙伴争吵时，你已经明知你们之间已有一个大洞，但你还似乎忍不住地猛挖。你是否曾经有过这样的经验，想和别人谈一谈，却怎么也都说不出来？一旦发现类似的障碍，就换另外一种方式去谈，只要有你做不到的事情，就有你无法解答的回答。沟通的基本原则可以归结为：如果给定的方法无法产生预期的结果，那么尝试另一种方法。一旦确定某一特定战略是无效的，采用一种新的方法就会成为一种优越的方法。虽然这些原则听起来非常容易，却有许多人一次又一次受限于一两种技巧。

NLP建议固定你的结果，使用你力所能及的所有变通的方法来朝着结果进行。这对你所要的任何结果都有效。如果你所做的事情没有作用，就做别的事情。在教练过程中，教练者要引导练习者保持行为的弹性，自己也要注意保持行为的弹性。

十三、设定心锚

情绪感受对一个人的思想及行为有很大的影响。通过回到过去，你可以重温当时的情绪，也可以重拾当时的能力，比如你上次赢得比赛或得到认可时的自信。如果你在面对重大挑战时能重拾这种信心，你成功的机会就会大增。要把往事准确重温，我们可运用"心锚"。在每天的生活里，心锚经常出现：音乐使我们重忆一次温馨的约会；某个符号提醒我们小心。国旗、制服，甚至自己的名字，都是心锚，这些都显示出心锚如何支配我们的生活。

心锚是NLP最重要的技巧之一，尤其是在辅导工作上，心锚常会被应用（分辅导者安装或受导者自己安装）。心锚有不少的变化模式。先从性质上区分，可分为四种：

视觉型心锚：中国成语睹物思人是恰当的描述，一件物品、一件家具，甚至是一个地点或者位置，都可以成为视觉型心锚。听觉型心锚：校歌、救护车响号、闹钟声、你的名字都属听觉型心锚。感觉型心锚：握手、拍肩膀、吻脸、摸头等身体接触等。内感觉型心锚：一些静坐宗派所采用的心号，佛教心中念着佛号等。以上的心锚，亦可转为内视、内听、内感觉型的心锚。

一般来说，安装心锚包括六个步骤：

（一）教练请练习者回忆一次有关的内心状态的经验。

（二）教练用观察技巧确定练习者已经进入该次经验，感受和加强那个内心状态。

（三）安装心锚。

（四）教练引导练习者脱离状态。

（五）开动心锚（观察受导者是否重获那个内心状态，若否，重做以上步骤）。

（六）引导练习者想象未来一次需要那个状态的情景，开动心锚。

若练习者在最后一点时表现出的改变不大，那说明心锚的力量不够，可以请练习者思索过去其他类似的经验。运用心锚（特别是感觉型心锚），应该记住每次用同一个位置，且每次的力度一样。最佳的安装心锚时间是当练习者全面进入所需内心状态的那刻，即是感觉最浓的前一刻，并且在那个内心状态消失之前撤除。

十四、精测策略

所谓"策略"，即是心略。策略是经验的主观顺序，通过这些顺序，我们可以产生具体的行为。NLP 的策略由我们世界观里的表象顺序所组成。NLP 发现人类头脑的运作方式与电脑的运作方式颇为类似。电脑由不同的程式控制，人类的各种行为，例如做决定、发挥创意、说服他人、记忆、减肥、销售、激励、学习、致富，均由不同的心略在背后推动。

心略就是头脑内的程式。要改变没有效果的行为，便需要找出背后的心略并加以修正，或者模仿成功人士的心略。在这个阶段，你将会接触 NLP 的核心学问——模仿。心略就是这些"表象系统元素"组合的次序。因此，心略由"表象系统元素""内心感受的方式""有关的次感元"和"正确的顺序"等几项组合而成，合称为"心略/策略"。要几者并行，才能产生特别的结果。其实"策略"跟秘方在功能上是一样的，是一个合理分配资源以产生预期结果的计划。有效的"策略"还包括身体行为、心理转变和每天不同的身心状态。"策略"是把有关的资源做合理分配，而能产生预期结果的一种计划。借着询问"某人如何进行某事"此类的问题，观察此人所使用的与知觉有关的感官用语及解读线索等经验系统程序，便可决定此人的"策略"。"策略"可以复制以得到相似的结果。你可运用所找出的策略，也可以修正使其更加完备，或运用此"策略"于其他事项。"策略"可用在发财，可用在养生，也可用在追求快乐有爱的人生中。只要你一看见别人的成功，便找出他们的"策略"，即能大量节省时间，达成类似的成就，这就是模仿的功效。任何事情，不论是激励、采购、求偶、吸引他人注意，都得有一套"策略"，而不同的顺序就会有不同的结果。"策略"就像打开保险箱的数字密码，要开启你脑子里的天赋。就算你知道那些密码数字，但是开启的顺序不对，就无法打开锁，若你有了密码，顺序也对，那么锁就会应声而开。要有效地找出某人"策略"的秘诀，最简单的方式，就是"问对问题"。就是让他完完全全地身临其境，一五一十地告诉你他的"策略"。也许他告诉你的方式是有声的，或无言的，是眼神或肢体语言。回到当时的状态是测知"策略"的最快捷径，是打开那人意识电路的开关。

当你懂得找出对方的头脑运作方式，你会大大增强说服力。这种说服力量往往是令人无法抗拒的。因为，配合对方"策略"的说话就好像配合对方密码锁的号码一样。事实上，通过发问特别设计的问题，你可以从对方的回答中，发现他们行为背后的"策略"。这个过程叫作引出对方的"策略"。引出"策略"最简单的方法就是引导对方回想某一经验，然后通过观察对方眼球转动的方向及聆听对方的说话找出对方的"策略"元素及次序。你可以通过在这里学习得来的技巧，运用在任何一个与人沟通的场合里。首先，找出对方在某一个情境中的"策略"，然后把这些"策略"通过自然说话包装，向对方回应。你会发现，你的人际关系以及说服能力将会大大提高。在 NLP 中，最有效且有生产力的六大"策略"为：学习策略、激励策略、创意策略、信念（说服他人）策略、做决定策略、记忆策略。无论当事人的问题为何，上述六种"策略"，皆会发挥所需的资源来达成目标。

十五、一分为二

该技术用于处理与自身无法接受的人打交道的情况，诸如与上司或客户等脾气不佳者相处，或与性格不合的同事或家人共事。

首先对练习者解释，没有人是完美的。练习者本人也不完美，所以不能要求对方完美。重要的是，双方都有对方可以接受和需要的东西，这样，当他们在一起时，双方都会受益，世界也会受益。这需要消除阻碍双方合作的因素，以便他们在一起时能够做到最好。

想象对方就在你面前，有清晰的细节，例如穿什么衣服，面部有什么表情等。指导练习者使用先进的计算机技术中的触摸屏指示（只需用手指或笔触摸计算机屏幕上的项目，引导信息在屏幕上移动）。将对方一分为二，从本来的一个向左边分出一个较小、较暗色的对方出来。（若受导者是用左手的，则这个分出来的应在本来的右边。）

我知道你可以改进我，我知道与你建立更好的关系更能达到一个三赢的局面。我接受我不完美的事实，所以也接受你也不完美，我将消除阻碍我们更好工作的因素，使我们的关系更加和谐，我们的合作更加有效。引导他们想一想对方不能接受的东西，把它从右边的对方移到左边的对方，一个接一个，以这种方式把所有不能接受的对方的地方移到左边。考虑再增加一件未来或会出现的不能接受对方的东西。引导练习者把左边的对方向更左边移动，推远，缩小他的形象，使他变得更暗、更模糊。引导练习者把这个对方放在左边一个最不妨碍两人关系发展的位置，但仍能从眼角看到，以保持对他的警惕，避免这些不能接受的东西造成对自己的伤害。引导练习者调整对方的形象变得更大、更清晰，把对方拉近至一个感到最舒服、最有推动力的位置，包括向右边移动，找出这个位置。引导练习者看着这个对方，在心里对自己说：为了自己的提升，为了三赢，我会与你配合。

十六、目标确定

运用一种全面审查目标，从来访者本人的系统来确定目标的可行性的逻辑思维方法。有目标才有动力。NLP 技术中的"目标确定法"，提出几个要点：

在教授过程中，要尊重练习者的选择，不要试图强制性地改变他们的观点，而是应该通过引导和启发，帮助他们发现更多的选择。在"改变"和"接受"之间，我们应该鼓励练习者自主做出判断和选择。在实现目标的过程中，应该注重"过程目标"而不是过分强调"终极目标"。要关注练习者在追求目标过程中的表现和成长，而不仅仅是关注他们最终是否达成了目标。练习者应该积极参与到实现目标的过程中，而不是仅仅接受教练（指教师）的指导。他们应该每天都有所行动，并且这些行动应该是能够得到肯定和认可的。因此，制定目标应该是练习者内心真正愿意追求的，而不是由教练（指教师）强加给他们的。教练（指教师）应该通过询问练习者的想法和意愿，帮助他们发现并确定自己的目标。

总之，在目标确定法中，教练（指教师）应该尊重练习者的自主性和意愿，通过引导和启发帮助他们发现并实现自己的目标。

你想要什么；这（目标/价值）能够为你做什么；当你达到目标时，你会做什么；你想得到什么样的结果；结果会如何影响你的人生；为什么在今天之前你未能达到结果；你需要哪些资源；你计划怎样去做。目标确定中的"有时间期限""清楚明确""可以量度"是有效目标的三大要素。细化目标，以评价促落实。

总结：

在 NLP 教练技术中，这十六种技术具有极其重要的地位。深入理解和应用这些技术的理念与思路，准确把握其原理，是至关重要的。此外，实际应用这些技术也是不可或缺的重要环节。除了这十六种技术外，NLP 领域还有许多其他技术有待进一步探索和挖掘，这需要我们的"教练"进行悉心发掘和指导。

思考题：

1. 你认为 NLP 教练技术哪个技术最重要？为什么？

2. 觉察资源技术是什么？怎么做？

3. 你认为心智换框的技术改变是什么？

第四节　案例运用与分析

一、NLP 教练技术在心理学的应用

我们在生活中追求卓越、成功和幸福，就等于在升级我们的心灵软件。NLP可以广泛用于心理调节、心理培训、心理治疗和管理培训等领域，以改造自我。像 Win98、Win95 比 Win3.2 的功能多、效率高一样。我们是在不同的思维层级上建立与他人的各种关系的，NLP 大师罗伯特·迪尔茨（Robert Dilts）将思维模式分为环境、行为、能力、信念与价值观、自我认同及精神灵性的层级。价值观、信念好理解；环境指我们所处的地方与所交往的人；行为包括思想及有意识的行动；能力指经过训练而形成的自动化、持续性、习惯的心理技术及实践技术；自我认同指对自我的感知、评估；精神灵性的层级指将自身的小我与某个外在的大我相融合的境界，即天人合一、自我超越、完成使命等境界。

与人交往时，切忌先入为主，自以为是。我们要假设站在对方的立场上，从对方的心理出发，可能会想什么问题、说什么话、做什么事。我们决策的依

据是由对交往对象的认知留下的印象。NLP 认为，人不同，人的表象系统便有差别，有的人偏好视觉，有的人偏好听觉，有的人偏好触觉。

NLP 广泛地用来复制卓越、追求成功。NLP 有这样的假设：模仿成功的表现，会带来卓越。假如有人可以做某件事，就有可能去模仿它，并将它教给别人。在 NLP 的模仿里，包括三个阶段，第一阶段是观察、发现问题及与被模仿者相随，尤其是他在做该项技术时，你设身处地将自己尽可能地去变成他；第二阶段是系统化地测试被模仿者行为的各个方面以确认哪些会对你要的结果有影响；第三阶段是分析你学到了什么，以便你可以教给他人成功经验，即注意 What（做什么）、How（如何做、怎么想）、Why（为什么这样做，价值观，信息）。

二、案例分析

NLP 技术有众多技术，其中以 NLP 教练技术"先跟后带"为例。先跟后带技术，是 NLP 中引导学生与教练合作最有效的技巧。在潜意识中，人们只在与他人的对比中认识自己，没有人愿意被他人所支配。跟随的目的是让对方在潜意识中接受你，然后引导对方做你希望的事。先跟随后引导是指在与对方沟通时，首先接受对方的观点和态度，让对方感到被理解和尊重，然后再引导对方从不同的角度看问题，把对方带出原来的框架。在人际沟通中，默契来自共同点，所以这里的跟随的目的是创造共同点，建立亲和力，亲和力是人际沟通的第一步，也是先决条件，没有亲和力，其他任何技巧都将无用武之地。

（一）"先跟后带"跟的方法

我们可以跟对方的正面动机，跟对方看问题的角度，跟对方的情绪感受。

1. 举例一：关心理解

对方说："昨天晚上，我和太太吵了一架，因为她快十一点了才回家，而且也不知道打个电话。"

我们可以这样"跟"：

（1）我猜你是因为担心她对吧？你肯定希望一家平安是吧？（跟正面动机）

（2）哦，原来是这样啊，如果换作我，可能也会这么做的。（跟对方角度）

（3）我想遇到这种情况，你当时肯定很生气吧？（跟对方的感受）

2. 举例二：孩子的感受

一位家长说："我让孩子学钢琴，但她就是不愿意。"

我们可以这样"跟"：

（1）你想让她多学一些才艺，以后更成功，对吗?（跟正面动机）

（2）你是说孩子不肯学?（跟对方角度）

（3）孩子的做法让你有些失望了是吧?（跟对方的感受）

（二）"先跟后带"带的方法

跟的目的最终是为了"带"。"带"，即引导对方向自己希望的方向发展。"带"的目的有三个：第一，收集更多的信息资料，以便找到问题的真正原因；第二，引导对方把焦点放在寻找方法上，而不是执着于问题本身；第三，说服对方接受自己的观点。

1. 举例一：解决生气问题

对方说："昨天晚上，我和太太吵了一架，因为她快十一点了才回家，而且也不知道打个电话。"

我们可以这样"带"：

（1）我猜你肯定很生气是吧?（跟）那么你和她吵架是因为什么呢?（收集资料）

（2）我猜你肯定很生气是吧?（跟）那么现在你希望问题怎么解决呢?（引导对方）

（3）我猜你肯定很生气是吧?（跟）其实我曾经也是这样，但是后来发现问题不但没有解决，反而更麻烦了。（说服对方）

2. 举例二：如何引导学生

一位家长说："我让孩子学钢琴，但她就是不愿意。"

我们可以这样"带"：

（1）你想让她多学一些才艺，以后更成功，对吗?（跟）那么你觉得是什么原因导致她不愿意学习呢?（收集资料）

（2）你是说孩子不肯学?（跟）那你希望怎么样呢?（引导对方）

（3）孩子的做法让你有些失望了是吧?（跟）其实这样的问题很多父母都遇到过，刚开始他们硬逼着孩子学，但是孩子很抗拒。直到后来他们明白了一件事情，和孩子好好沟通是很重要的，因为孩子也需要一份尊重。

在教育孩子的过程中，当孩子生气、失望或焦虑时，我们就要跟，先肯定孩子的感受，然后再引导；当孩子提出要求时，我们不能随便说"不"，而是要先跟，永远给予同步的回应，然后再给孩子选择或延迟满足。

3. 举例三：如何回应孩子的要求

孩子说："妈妈，我想去外边玩儿。"

妈妈说："不行，我要做饭，没有空。"

妈妈说的是客观情况，也合乎情理，但孩子被拒绝，结果可能就是哭闹。如果改变一下说法，效果可能就会大不一样。

孩子说："妈妈，我想去外边儿玩儿。"

妈妈说："好啊，等我做完了饭，妈妈陪你出去玩儿。"

这种说法，首先是跟，给了孩子一个同步的回应，然后又给了孩子一个时间限制，延迟满足。无论父母的哪种回应，对于父母而言，结果都是一样的：继续做饭。但对于孩子，却不一样，第一种是被拒绝，孩子可能会哭闹，第二种是被允许，孩子会高兴地等待。

当孩子提出要求时，有些父母就是这样，直接拒绝孩子，习惯了说"不"。如果孩子重复的行为没有被接纳，为了避免受到伤害和浪费时间，他就会不再去尝试这个行为。长期这样对孩子说"不"，孩子慢慢地就会不再主动提出要求，没有了自己的思想和主见，而且感觉自己没有被尊重，有无价值感。

4. 举例四：孩子在打架怎么办

孩子在学校跟人打架，原因是他看到好朋友被别人欺负。回家后，有些父母可能不问青红皂白，把孩子训斥一顿，更有甚者，拳打脚踢，让孩子再次学会了"拳头可以解决问题"。面对这种情况，应该如何与孩子进行沟通呢？我们看下面一位妈妈和孩子的对话：

妈妈：我听说今天在学校发生了一件不愉快的事情，是吗？（不直接说打架，因为"打架"是负面词，本身就是在责备。）

孩子：嗯。(孩子点点头)

妈妈：当你看到自己的朋友被人欺负心里一定很不好受。（跟，肯定感受）

孩子：是啊，太气人了。

妈妈：你为了朋友这么去做，说明你是一个讲义气、勇敢的孩子。（跟，肯定行为中值得肯定的部分）

孩子：嗯。

妈妈：我想现在你已经后悔这么做，但是我相信你在当时已经做出了最佳的选择，对吗？（跟，肯定行为）

孩子：嗯，是的。

妈妈：那如果以后再发生类似的事情，你有没有其他更好的方法呢？（带，引导对方）

孩子：我可以和他理论，可以去告诉老师。

妈妈：还有吗？（带，引导对方）

孩子：我可以跟他单挑，掰手腕，看谁更强壮；我还可以和他比踢球，看谁厉害……

就这样一直问下去，孩子的想法并不一定要科学合理，我们也不需要对他想到的方法进行评论，这样做的目的是引导孩子学会思考，遇到问题拥有更多选择。

在这个案例中，孩子的动机是好的，但是行为不可取。当父母肯定了孩子的动机，也就是接纳孩子这个人，行为有问题，并不代表人就有问题。当孩子的动机被肯定后，才愿意与父母继续沟通，才会有下面更深层次的交流。

5. 举例五：女儿想当工程师

女儿说："爸爸，我长大了想当工程师。"

爸爸看了看女儿，很不屑地说："做工程师？你是女孩子，而且你数学成绩那么差……"

孩子最初的梦想就这样被无情地摧毁了。虽然父亲的动机也是好的，女孩子做工程师很辛苦，而且女儿的数学成绩也不是很好，但是这样却打击了孩子弱小的心灵，不利于她的成长。其实，这位父亲可以这样引导女儿：

爸爸："你想做工程师啊，太棒了！（跟，肯定想法）能说说为什么要做工程师吗？"（带，搜索资料）

女儿："做工程师可以盖房子啊，可以改善大家的居住条件，而且我想给自己盖一所漂亮的大房子。"

爸爸："你的想法真好，你想改善大家的居住条件。（跟，肯定动机）那当工程师需要哪些条件呢？"（带，引导对方）

女儿："会画画，数学要好，要考上一个好的建筑大学。"

爸爸："哦，你的画画得不错，数学需要加强一些。（带，引导对方）我相信你会考上一个好大学。"

6. 举例六：孩子想养一匹小马

女儿："爸爸，我想养一匹马。"

爸爸："养马？马那么贵，又没有地方养，不行！"

这种说法过于理性，尽管说的全是对的，但不利于孩子的成长。其实爸爸也可以这样引导孩子：

爸爸："你想养一匹马啊。（跟，肯定想法）你告诉我如果你有了一匹马你会怎么办？"（带，引导对方）

女儿："如果我有一匹马，我就会带着它去洗澡，带它吃草，会爱惜它。"

爸爸："如果你想养马，是不是应该先了解一些关于马的知识啊？你先去图

书馆看一看那些动物的书，或者你可以尝试先养一只兔子。"（带，引导对方）

梦想需要支持，行为需要限制。

对于孩子的梦想，无论是好的还是坏的，当工程师，还是养马，即使是当乞丐，我们作为孩子的教练都要给予支持，先肯定他们的想法，对他们的想法给予同步的回应，然后再引导孩子向我们希望的方面发展。

总结：

先跟后带是 NLP 中用得较多的技巧，是一个非常基本的技巧，它可以看作是"上堆下切法"的特例。运用该技巧的要点是在"上堆"时，重复对方的意图、肯定对方的正面动机等，让对方感受到被尊重被重视，在"带"的时候，要提出一个让对方一定回答"是呀"之类的问话，然后，通过"下切"的方法，将对方带到你想要他去的方向。

思考题：

1. 你认为 NLP 教练技术实践应用时需要考虑什么情况？

2. 先跟后带是什么技术？

3. 思考下 NLP 技术中的其中一个技术在上述实例中如何应用。

第三篇 03

学校心理教练技术应用案例

第一章

心理教练技术在学前、初等教育阶段
技术的应用

在孩子从幼儿园逐步接触外部教育或进入小学阶段的过程中，他们可能会在学习、情感、行为、自我意识和意志品质等方面遇到问题。因此，为了促进孩子们的全面发展，必须给予他们适当的引导。本章将全面介绍练习者在学前和初等教育阶段的心理问题，包括心理特征、问题产生的原因以及问题类型的分类。同时，结合具体的案例进行分析，以便更好地理解这些心理问题。此外，还将详细阐述 GROW 模型、认知行为教练技术和 NLP 教练技术在解决这些心理问题中的实践应用。

第一节　学前与初等教育概述

一、学前与初等教育的定义

学前教育（又称幼儿教育），包括在开始初等教育之前为儿童提供结构化的学习体验，这些学习体验具有根据他们的身心需求量身定制的预定目标。实施学前教育的主要机构有托儿所、幼儿园、小学附属学前班等。学前教育的期限从 1 年到 3 年不等。

初等教育是教育体系的基本层次，被联合国教科文组织列为第一层次的教育。它包括正规教育最基本的方面、最普遍和最广泛的阶段，且一般处于义务教育阶段。本章主要讲述的是 6—12 岁处于小学阶段的学生的案例。

二、学前、初等教育学生心理特征

幼儿阶段的儿童体能会快速发展，是培养自信和积极性的关键时期。但是，这一阶段的心理发展并不成熟，幼儿很容易受到内外环境中一些不利因素的影响，从而导致各种心理和情绪问题。如果身边的家长没有关注到幼儿的内心需求、及时回应、正确引导，而是任其发展，可能为孩子今后的成长埋下隐患。

小学生正处于身心发展的成长期。由于外部环境或突发事件的刺激和内部的不稳定，他们会有异常的情绪或行为，这就需要我们教师足够重视，对学生常见的心理问题有一个清晰的认识和理解。

（一）心理的内部稳定性较差

在通常情况下，我们的心理状态处于相对平静的状态，即没有出现明显的情绪波动。然而，在学前和初等教育阶段，孩子的心理稳定性相对较差，情绪波动相对较大。因此，对于教练工作者和家长来说，了解和掌握孩子的心理状态和情绪变化显得尤为重要。在教授过程中，应该注重培养孩子的积极情绪和良好的心态，同时关注孩子的心理健康和成长环境。

（二）对新鲜事物的好奇心比较重

这一阶段的孩子什么都感兴趣，对新鲜的事物都反应强烈。看到自己没见过的东西就会非常感兴趣，喜欢伸手去够东西，将东西拆开看，还经常问为什么，这都是孩子好奇心重的表现。孩子之所以好奇心重，是因为他对这个世界还比较陌生，所以世界上的一切对他来说都非常有吸引力。

1. 孩子好奇心重的表现

（1）爱观察

生活中的一些新奇事物会引起孩子们的兴趣，他们会认真观察很长时间，这可以培养他们的观察力。

（2）喜欢问为什么

善于探究的孩子其实较为聪明，当面对陌生的概念时，他们总是问"为什么"，因为他们渴望探索和理解世界的浩瀚，想知道发生了什么，弄清究竟。

2. 孩子好奇心重的影响

（1）锻炼孩子独立思考的能力

如果孩子有好奇心，他往往会动脑筋思考问题，直到找到答案，这种思考习惯可以训练孩子的思维能力。

（2）增强孩子的人际关系

孩子好奇心重就会有许多的兴趣爱好，这样社交的时候就会用共同爱好拉近彼此的距离，增加社交的机会。

（三）自控能力不足

儿童自我约束不足与他们的年龄以及他们成长的环境有关，这意味着他们的成长和周围环境等外部因素是相互关联的。

1. 年龄太小

大部分孩子在年龄小的时候自控力相对较差，这是因为他们对于周边的事物充满了太多的好奇，总想通过自己的努力去尝试一番。由于思想不定性，做起事来总是会出现三心二意的现象，所以自控力在孩子身上也很难表现出来。孩子的想法会随着年龄变化变得成熟起来，自控力也会随之加强。

2. 周边事物影响

随着社会的发展，越来越多的新鲜事物进入了我们的生活，尤其是最近几年通过手机或者平板电脑来玩游戏和刷短视频的现象变得越来越普遍。这些事物一方面丰富了大家的生活，另外一方面也给孩子造成了很多的诱惑，往往会让很多孩子深陷其中，无法自拔。如果孩子对于这些玩耍的事物过于执着，会使孩子丧失自我控制的能力，有些孩子甚至因为玩游戏而迷失自我。

（四）自尊心和自主欲强烈

现在很多独生家庭，孩子在家里被溺爱，稍微批评两句，他就觉得很委屈，或者一点小矛盾他反应就很强烈。认为他自己什么都对，别人什么都错，以自己为中心。接受不了批评、听不得别人比自己强、不能直面自己的缺点，其实这并非含义上真正的自尊心，而是孩子的好胜心、虚荣心、好强心作祟。成长过程中，孩子会产生剧烈的性情变化。用自我为中心的观点去看世界，无法正确认识自我。

（五）好的愿望与心理准备不足

几乎每个孩子都有美好的愿望，对未来充满憧憬和向往。他们梦想成为有文化、受人尊敬的人，但在现实中他们往往不好好学习，虽然他们的愿望是好的，但他们只追求伴随理想实现的各种荣誉和快乐，而没有为将来实现理想付出努力，因此他们的良好愿望与心理训练相矛盾。

（六）人际关系简单化或不知所措

不会与人相处、交涉，特别是在跟大人相处时会内心恐惧。这些是小孩子主要的心理特点，每个孩子都会有，而且不是单独存在。（比如一般不会说一个学生光是情绪变化大，其他都好，或者说就是好胜，其他都好。这些现象是存在的，但通常不明显，哪一个方面稍微强一点，哪一个方面就变成了心理问题）

（七）情感与理智的不协调统一

小学阶段的学生容易动感情，也重感情。一方面，他们充满热情和激情；另一方面，他们极易受外界冲动情绪的影响。他们对自己感兴趣的东西有很大的动力，对不感兴趣的东西则避而远之。

（八）进取心强与自制力弱的矛盾

许多小学生都有很强的积极性，这与学习欲望、自我价值感和竞争力是分不开的。但他们缺乏思考能力，倾向于用强烈的情感来看待周围的人和事，因此他们可能会为自己的观点辩护，不能控制自己，容易冲动行事，事后又后悔。这一切都说明他们意志品质的发展还不成熟，自制力、控制力不强。

第二节　学前、初等教育学生的心理问题

一、学前与初等教育学生常见心理问题分类

以下的心理特点一般会导致一些心理问题，比较常见的问题有：

羞怯、嫉妒、恐惧、抑郁、焦虑、易怒等，主要体现在学习和人际关系等方面。

（一）逃学与厌学问题

不喜欢学习的学生对学习不感兴趣，学习起来很吃力，因而缺乏追赶的勇气和毅力。所以他们会在课堂上东张西望、神不守舍；要么就在课堂上打瞌睡、偷偷在下面玩；严重的干脆逃学、旷课，到处游玩。一些尖子生如果被别人超越或者没达到目标，容易精神不振，从而对学习感到厌烦。

（二）过度依赖问题

这一阶段的孩子由于年龄不大，不能自我照顾和自给自足，再加上长期依赖父母，产生了过度依赖的心理。首先，对父母的过度依赖。如今，大多数孩子都是独生子女，作为父母的小公主或小王子，被过于照顾，这实际上是溺爱孩子。结果，孩子会变得越来越不独立。当面临挑战时，他们的本能反应是寻求父母的帮助；当他们得到帮助时，这会培养他们对父母的依赖。这种有害的循环纵容了他们，使他们像温室里的花朵一样脆弱，无法经受住生活的风暴，意志力也逐渐变弱。

（三）自责倾向

这种现象在小学生中更为常见，并危及他们的心理健康。当发生不如意的事情时，他们往往认为自己很坏，对自己的行为感到害怕。失去他人的关心和爱护而造成的不安容易导致责备自己。当学生感到被父母、老师和朋友疏远时，他们往往会自责。如果父母和老师对孩子过于严格和专制，会损害他们的自尊。如果对他人关怀的渴望过于强烈，这样的儿童就会形成强烈的依赖性。

（四）入学适应不良

这种适应不良大多表现在：产生情绪障碍，如焦虑、不安、抑郁、害怕等；注意力不够集中，后对学习失去兴趣；不能约束自己等。通常情况下，经过几周的自我调节，一些学生可能会逐渐适应；然而，对于一些学生来说，适应的过程可能会持续几个月。内向、胆小、忧虑、冲动和情绪不稳定的学习者往往容易受到不适应学校的影响。

（五）考试焦虑

由于考试和升学的压力，一些学生在考试前会处于情绪紧张和恐惧的状态。大多数学生，尤其是准备升学的学生，对决定他们未来生活的评估和考试感到紧张和压力，有些学生通常表现得很好；而有些学生在失败后，会怀疑自己的能力，过度自责，对下一次考试感到焦虑，时刻担心自己会失败，甚至到了考场就心烦意乱，浑身发抖，这时他们容易把记住的问题都忘掉，发挥失常。严重者还会出现生理异常反应，不能正常参加考试。长期这样，会造成其心理变态，性格怪僻和行为异常。

（六）人际交往困难

目前的学生大多还是独生子女，在家里相处的都是成年人，在这种不协调的交往中，孩子们往往处于"以自我为中心"的"平稳"生活中，所以学生一般都比较任性、固执、容易依赖他人。

当他们进入一个新的群体时，他们在群体中的地位发生了变化，可能会出现两个极端：一是在与他人的交往中仍然以自我为中心，他们往往孤芳自赏，无法理解他人；二是他们往往认为自己很差，对自己的行为有恐惧感，缺乏自信心。这也反映了两种家庭模式，即过度溺爱和过度严厉。

除了与同学的互动，有时学生与父母和老师的沟通也有困难，他们之间缺乏必要的互相理解。随着学生年龄的增长，这种矛盾越来越多，学生一般会感到压抑、痛苦、无助和烦躁。一方面，他们特别希望父母和老师能理解他们的想法和做法；另一方面，他们因为未能与家长和老师有效沟通而无法寻求指导，有些学生甚至表现出强烈的情绪爆发，这表明他们心理压力很大。

（七）意志薄弱

这类学生主要表现为意志薄弱，缺乏行动的目的性和一致性。他们做事往往容易半途而废，不能正确面对挫折，行为放纵。我们非常重视孩子的安全，对他们百般呵护，甚至溺爱，所以当遇到困难和挫折时，他们会感到苦恼，甚至采取消极逃避的态度。一旦这种消极的挫折适应被习惯化、固化，即使在某些情况下挫折状态发生变化，这种行为仍会以习惯性适应的形式出现。因此，消极的挫折适应成为一个比较严重的心理问题，需要对学生进行长期的教育。

二、学前、初等教育学生的心理问题影响因素

（一）家庭因素

俗话说父母是孩子最好的导师，不良的家庭环境对小学生的影响是非常严重的。

具体来说，不良影响主要有：

1. 有缺陷的家庭类型。对社会不信任，为实现目标而冒险，追求眼前利益，有缺陷的家庭被认为对儿童的健康发展有负面影响。

2. 错误的家庭教育方式。家长的知识、经验、学历、育儿态度以及教育方法，对孩子的心理发展和健康与人格发展有着极其重要的影响。一般来说，溺爱的养育方式会导致儿童缺乏独立性，变得胆小、退缩和依赖性强，或过于以自我为中心，霸道和任性；专制和虐待性的养育方式使儿童变得冷漠、冷淡，对家庭不满、行为粗鲁和虚伪；而忽视放纵的教养方式，易使孩子形成任性、懒惰的性格。

3. 紧张的亲子关系。不仅给孩子带来不应有的心理和情感压力，而且会由于孩子的心理需求没有得到适当的满足，进而出现沮丧、愤怒和绝望等负面情绪。这些负面情绪，如果长期得不到解决，可能会造成心理障碍。

（二）学校因素

学校环境也是小学生生活最重要的一部分。学校对小学生心理障碍的影响有以下几点：

1. 不恰当的教育方法。研究材料显示，当学校没有正确的教育理念，只关注少数资优学生，而不是所有学生时，大多数学生往往会感到自卑从而造成叛逆，而少数资优学生则有优越感，不能正确认识、评价和对待自己和他人，导

致人际关系不和谐。

2. 学习负担过重。目前，在应试教育理念的影响下，许多学校和教师增加了学习工作量和家庭作业，最终导致过度的学术义务，这对学生产生了有害影响，孩子降低了学习效率，并对他们的心理和情感健康产生了有害的影响。迅速增长的学业压力和心理紧张导致一些学生产生焦虑，而一些学生也可能产生抑郁和顽固的情绪行为。这对学生的个性发展产生了不良影响，甚至会造成心理疾病。

3. 人际关系不佳。学校的人际关系如何，对学生的心理健康有很大的影响。一个小学阶段的孩子，如果得到老师和同龄人的认可和尊敬，就会从友好和友爱的融洽氛围中获益，在学校和社区中培养包容感和保护感，最终有助于身心健康发展。相反，一个习惯性地被剥夺同理心、被排除在师生互动和同学情谊之外的学生，可能会产生自卑感或敌意，从而影响他们的心理健康。

（三）社会因素

虽然主要的外部影响来自家庭和学校，但社会的影响也不小。特别是在当今的社会环境下，社会经济的发展使居民的生活质量有了很大的提高，一些不良的社会风气在孩子身上也开始流行起来，比如孩子的生日讲排场，孩子的物质要求要满足，孩子之间相互攀比，而艰苦朴素的好品格等都被忽视。还有发达的媒体，各种不良思想通过各种渠道传播给小学生。小学生的思想发生了巨大的变化，价值观的多元化使小学生新生的心态无法应对价值观冲突带来的不和谐，加剧了他们的心理困境。此外，在当今日益转型的社会中，竞争加剧，经济差距明显，成年人的心理压力激增，焦虑和不耐烦的隐性影响正在小学生的心理健康中慢慢显现。

（四）个人因素

他们也有自己的思维意识，所以他们也希望得到家长、老师的关注。这些就形成了影响他们心理的个人因素。他们是祖国的未来，人们常说"从小看到老"，所以这一阶段对人的一生有非常大的影响。因此，我们应该高度重视对小学生的教育，特别是心理健康教育，让他们以正确的态度面对发生的各种变化，真正能够从心理上面对和承受发生的一切，成为身心健康的一代。身心是一个统一的有机体，身体健康是心理健康的基础。关注身体健康，培养小学生良好的身体素质和卫生习惯，是维护和促进小学生心理健康的重要措施。

第三节　案例分析

一、案例一 GROW 教练技术

（一）个案信息

姓名：于彩

性别：女

年龄：10 岁

年级：四年级

背景：父母初中文化水平，父亲在外地打工，母亲经营一家美发店，无暇顾及于彩的生活。

身体状况：瘦小

性格状况：说话慢、动作慢、胆小

主要问题：她经常无缘无故地躲起来，无论家人多么着急，如果不找到她，她绝不会自己出来。找到后，问其原因，就是不吭声。父母、老师非常不理解，又替她担心。

主要心理问题：自卑、内向、胆小

（二）解决过程

理论依据：

GROW 教练技术是一个简单易行的方法来帮助人们创造专注，减少干扰并提升表现。它包含四个关键方面：目标（Goal）、现状（Reality）、方案（Options）、意愿（Will）。如果按照一定的顺序和方法专注这四个阶段，就可以减少干扰，增加决策的速度和精准度。

1. 第一阶段（Goal 目标）

GROW 目标阶段分为发出邀请、明确理想目标、明确绩效目标和目标确认四个步骤。

（1）发出邀请

教练主动与于彩进行多次沟通，逐步与其建立一个平缓的关系。在建立关系当中，引导于彩说出她的情况，更方便各方面确定要达成的目标。治疗期间先与案主建立良好和信任的关系。

教练和案主坦诚交流，教练选择轻松的话题，引导案主多说话。当案主发言时，教练认真倾听，及时回应；当案主谈及某个话题时，教练深入浅出，引导练习者详细叙述，说出自己的感受。

在与于彩的沟通中，教练逐步引导于彩说出自己的情况。于彩从小体弱，经常被其他孩子欺负。每当看到她和其他孩子一起玩耍时，她的母亲就会赶紧把她叫走，怕她再被欺负。在学校之外，她几乎是一个人，父母很少与她交流，对她的关心也很少。每当她从学校回家后，感觉一直活在自己的世界里，性格变得非常内向。于彩反应较慢，她的母亲经常当大家的面叫她"木头人"，逐渐大家都开始喊她的外号。于彩看到别的孩子周末都有父母陪着玩，而她却只有自己一个人，父母没有一个与她亲近的，这让她感到孤独、自卑。

教练与练习者沟通部分话术：

教练："你会觉得爸爸妈妈对你不够关心或者对待你的方式不对吗?"

于彩："会觉得在家里待着很压抑，也不许我和别的小朋友一起玩，现在身边也没有什么朋友，被妈妈喊多了外号以后，现在听同学们喊我木头人，我会非常害怕与他们接触，怕大家笑话我。"

（2）明确理想目标

教练通过分析现状已经大致知道了于彩遇到的问题是什么，教练与于彩明确谈话，她回答希望爸爸妈妈不要总是嘲笑她，可以多交到一些朋友。

教练与练习者沟通部分话术：

教练："所以你希望父母应该多关心你，尊重你对吗?"

于彩："是的，我希望不通过躲藏的方式也可以得到父母的关心。"

教练："同学方面呢?"

于彩："我内心是非常渴望和他们成为好朋友的，但是因为总是觉得自己不够受重视，所以不敢和同学交往。"

（3）明确绩效目标

在明确大概目标之后，教练帮助选择合适的目标，符合 SMART 原则的目标。符合 SMART 原则的目标就是要具体、可衡量、可达成、有价值、有时限。教练根据现状，觉得于彩的目标已经符合 SMART 原则，制定相应的方法来达到目标即可。

（4）目标确认

最后教练和于彩确认了目标，在确认目标时，教练询问得很详细。于彩从中了解到要达成的目标，同意并配合教练行动。有助于教练按照目标来开展后续的治疗。

教练与案主沟通部分话术：

教练："所以你希望尽快改变家人对你的看法，在学校方面交到更多的朋友对吗？"

于彩："是的，其实我也不是特别喜欢躲躲藏藏，有时候自己也会后悔，但是我想让爸爸妈妈多关注我一些，不然总觉得很孤单。"

2. 第二阶段（Reality 现状）

GROW 现状阶段分为分析事实、探索因素、寻找资源三个步骤。

这个阶段主要在教练与练习者建立和谐缓和的关系的基础上再进行沟通交流，因为这里会提及一些练习者反感的内容。

（1）分析事实

教练与案主一起分析案主的有关资料。

教练："除了躲藏以外，你觉得还有哪些地方让你觉得爸爸妈妈在关心你？"

于彩："可能我和同学在一起玩的时候，她把我叫回来，会告诉我怕我受欺负，虽然我心里还是想和他们一起玩，但是也会觉得妈妈在为我好，因为我比较瘦小。"

（2）探索因素

由于没有得到父母足够的关注，于彩在心理上一直处于压抑状态，为了得到父母的关注，她选择采取躲避的方式，让父母担心，并从中得到心理上的满足。

（3）寻找资源

在这个步骤中教练引导于彩一起探索可以帮助于彩达成目标的资源，于彩心里是非常渴望改变的，这就需要从于彩的家人与学校入手，帮助于彩对外部的环境进行改变，对达成目标解决问题有更好的帮助。

3. 第三阶段（Options 方案）

GROW 方案阶段分为启发引导、确认评估和行动服务三个步骤。

这个阶段中，教练根据前期第一、第二阶段对于彩的了解，制定合适的方案。

（1）启发引导

实施时期教练一面继续运用沟通技巧，引导于彩对目标和问题进行分析促使进步。

教练与练习者部分沟通话术：

教练："你希望爸爸妈妈不要嘲笑你，更加在乎你，你个人有什么想法或者好的办法？"

于彩："我不知道，我有跟他们说过，但是他们总是不以为然。"

（2）确定评估

教练共设置了四个步骤来帮助于彩走出孤僻的状态。

a. 实施了个别训练，减缓心理压力

性格内向的孩子都不愿，也不敢跟老师接近，老师就应主动接近她。教练和班主任两次找到于彩进行训练，详细询问了她的学习和生活情况。王老师坦诚地对于彩说，自己平时对她的照顾不够，并诚实地分析了自己的行为会带来的伤害。如果有心事或想说的话，不要憋在心里，要学会告诉父母和老师，要学会倾诉。

b. 实施了家庭训练，提高家教水平

这个案例显示，家教的失误常给孩子的发展酿成苦酒。父母一般认为他们已经尽到了父母的责任，给孩子喂食、穿衣、玩耍，但他们忽略了一个事实，即孩子其实最需要的是来自内心的帮助。诚然，父母忙于事业，但即使再忙，也不能忽视对孩子的关心。因此，我们真诚地和家长谈了这些问题，要求他们多关心她，和她交朋友，鼓励她，谈谈学校的情况，认真听她的表达，让她逐渐敢于表达自己。家长表示很遗憾，也很感谢学校对孩子的关心，并一再表示要改变以前的教育方式。

c. 运动练习，培养良好的心理品质

于彩从小身体虚弱，自我感觉不如其他小孩，害怕和其他小孩交往。除了督促她上体育课外，教练还专门针对她的情况设计体育运动增强心理能力的训练方案，以激发她对体育活动的兴趣，使她自觉参与体育活动，并按她体育活动的兴趣和能力培养她在体育活动中良好的心理品质。

d. 实施了交往训练，培养自尊、自信

长期以来，于彩处在一种心情压抑的状态。她长得瘦小，学习成绩不好，说话慢吞吞，很少与人交往和沟通。她缺乏自信，更谈不上自尊。这次在交往训练的过程中，必须帮助她恢复自信，培养自尊。教练做了研究，将方案告诉了执教该班的所有老师：

在课堂上，我们要不断用鼓励和表扬的话语表扬她的小进步，只要有进步就给予肯定。对于她的反应迟钝，制定了一些有利于她智力发展与敏捷性的游戏，让她在游戏中快乐地学习，在游戏中给她鼓励，让她在游戏中增强自我效能感，从而使她反应更灵敏。

（3）行动服务

在这个阶段中，教练带领于彩通过四个方面进行改变。在各方法确定清楚情况下，教练与于彩进行方案确认，然后按照方案开始行动。

4. 第四阶段（Will 意愿）

GROW 意愿阶段分为总结成果、聚焦行动、赋能反馈三个步骤。

（1）总结成果

这个阶段中，教练总结与于彩的沟通内容，然后让于彩按设定的方案行动。教练鼓励于彩向设定的目标靠近，并且通过各种方法支持她的行动。

教练引导于彩跟着教练的思路一起总结前面每一个对话的内容，分析结果，改进方法。

教练与于彩部分沟通话术：

教练："这段时间的沟通，你觉得父母对你的看法有什么改变吗？"

于彩："我觉得父母对我多了许多理解与耐心，我也愿意和他们分享心理想法了，我现在对沟通有兴趣了。"

（2）聚焦行动

这个步骤，教练帮助于彩真正行动起来，根据方案落实到每个任务上。过程中，教练将于彩带入方案中，想象下一步的动作，具体一点。在此期间于彩觉得身边的环境有了很大的改变。

教练与于彩部分沟通话术：

教练："这段时间，你觉得身边有什么改变吗？"

于彩："我觉得父母对我的看法改变了很多，我也愿意多跟他们分享我的心里话了，身边的同学老师好像也对我更友好了，觉得自己之前的做法确实有些幼稚，爸爸妈妈还是很在乎我的。"

（3）赋能反馈

在这个过程中教练与于彩总结成果，并让于彩反思自己躲躲藏藏的错误行为。最后教练引导于彩回顾整个改变过程，于彩表示与教练的相处很好，通过这段时间的计划，教会自己很多事情，也让自己意识到了躲躲藏藏的危险性。

教练与于彩沟通话术：

教练："现在回想一下躲躲藏藏的方式是不是很幼稚呢？"

于彩："是的，爸爸妈妈其实都非常爱我，同学们也不会欺负我，我感觉心理温暖多了，以后也不会因为这些问题做不负责任的事情。"

（三）改变效果

经过几个月的训练之后，于彩在很多方面取得了显著的进步，尤其在与父母之间的家庭关系方面。在建立在平等和自由基础上的伙伴关系中，于彩的社交技能、自我意识、审美观和团队合作精神得到了进一步的提升。在与伙伴共同学习和游戏的过程中，于彩掌握了与同伴建立良好关系以及有效合作的能力。这些经历逐渐改善了于彩的性格，使其变得更加自信和富有灵活性，并且成绩也得到了显著提高。

（四）方法表格

类型	过程
Goal 目标	得到父母正确的关心，多与一些同学成为朋友
Reality 现状	由于长期得不到关心，于彩心理处于抑郁状态，并经常通过躲藏的方式使家人着急，以此来感受父母的关心。在同学方面也由于家庭的原因，不敢与其他小朋友交往
Options 方案	四个步骤，从父母的教育方面、学校班里的交往方面、体育课上与交往辅导来共同改善于彩的心理问题
Will 意愿	教练引导于彩回顾整个改变过程，总结成果，并让于彩认识到自己的错误行为

二、案例二 认知行为教练技术

（一）个案信息

姓名：王一

性别：男

年龄：10 岁

家庭背景：四年级学生，独生子。父母都是农民，家庭基本和谐，无老人一同生活。

主要问题：有攻击性行为，互动性差，学习成绩差。孩子在校园里经常与同学发生矛盾，所以同学之间关系紧张。他与老师关系疏远，不主动向老师问好，对老师的批评很反感，会在课堂上与老师争吵。回到家后，他很少与父母说话，而且经常发脾气。他不允许别人碰他的头，甚至在亲戚表现出偏爱时也会发火。他经常生闷气，所以上课时不注意听讲，不想听他不喜欢的老师讲课。作业不会，也不会问老师或父母，也不愿意父母管他的功课。因此，学习成绩逐日下降。

动机：减少攻击性，增加人际交往能力与学习兴趣。

方法：认知行为教练技术、ABCDE 模型

（二）解决过程

1. 第一阶段：分析与诊断

（1）分析结果

该孩子确实存在攻击性和交往不良倾向；孩子的智力和注意力正常，有正常的学习潜力，但成绩在下降。

（2）成长过程

在父母身边长大的孩子，在上幼儿园之前，他们基本上是温顺的，甚至是害羞的，对父母的话言听计从，父母经常以息事宁人的方式教育孩子：要与小朋友团结，不能够打小朋友。如果有孩子打你，你就躲开。

有时甚至不是孩子的错，经常发生类似的事：

有一次老师说王一跟孩子"抢"玩具（其实是后者抢了前者，老师只是习惯性地描述一下），家长不管真相如何，就会冤枉他："下次别与小朋友抢，你要谦让。"那时王一基本上是个听话的孩子。

勒脖子激发事件：

上了一年级后，一次一个小朋友拿绳子去勒王一的脖子，想牵着他走。王一想起妈妈说过："脖子是不能够被随便勒的，很危险！"于是，他反抗了，而且劲很大，一下子抢过了绳子。那个小朋友吓得跑掉了，老师家长说他调皮打架欺负他人。从那时起，他就开始"惹是生非"，直到上小学后，成为老师眼里的"问题儿童"。

其实，王一在学习上一直比较自律。基本上，在过去的四年里，他都是自己完成作业，像整理书包这样的事情，他都能自己搞定，而其他孩子则需要家长的帮助。也许是受家庭的影响，父母喜欢读书，所以王一也喜欢读书，很小的时候就读完了《水浒传》《三国演义》等名著。上三年级前，虽然爱打抱不平，但功课还算中上水平；到了四年级，班主任变得更严格，他的抵触情绪也变得更大了，成绩直线下降。

（3）综合分析与诊断

目前对孩子的关注集中在三个主要方面：管理攻击性冲动；处理人际关系，如师生关系、同学关系和亲子关系；适应学习要求。为什么会有这些问题，具体分析如下：

攻击性行为：

孩子的行为表现出逃避伤害的倾向，而选择特定行为背后的驱动力是相关个人所获得的感知利益。例如，在这种情况下，"攻击性行为"源于一种"防御性行为"，这种行为是由孩子害怕被绳子勒死而引起的自我保护反应。当这种行为的结果满足了个人避免伤害的愿望时，通过认知过程加强了行为的合法性。如果没有任何"惩罚"，如孩子的更多攻击行为或老师的不满，就再次确认了行为的可行性。与之前的"回避"等负面反应相比，"胜利"的体验要快乐得多。因此，王一在一年级的意外尝试构成一个概念的推理，即当被其他孩子欺负时，不需要躲避，而是通过自己的力量和武力保护自己。此外，儿童往往对外部信息反应过度，将无意的冲突视为蓄意的挑衅，于是进行"反抗"。在别人眼里，这就是一种"攻击性行为"。

重复这样的行为会养成一种习惯，甚至可能转化为一种人格特征，例如以超敏、不信任、冲动行为和破坏性为特征的攻击性人格。然而，考虑到王一的年龄和目前的状态，"攻击性人格"这个词还不合适，因为它只反映了攻击性倾向。因此，及时的干预可以纠正这种行为，因为年龄越大，复发率越高，改变习惯的难度越大，这些习惯随后会演变成根深蒂固的性格特征。

此外，王一的"攻击性行为"具有年龄上的优势：一种对"权威"的不满和对非权威的发泄，如对老师不公平的不满，无力或害怕向老师发泄，而是指向同学；这是一种不恰当的寻求关注的方式，因为"攻击性"而交往不良，少有人理睬，所以干脆以"攻击性"寻求注意，寻求理睬。

人际交往问题：

该孩子的人际交往问题与他的攻击性行为密切相关。攻击性行为可能使他看起来不是"好欺负"，他可能怨恨老师不公平，这也可能引起同学的"关注"，但这些行为在别人眼里是坏形象。不说话、生气、喜欢打人、不尊重老师、不与同学团结人际关系。我们说，人际交往的基础是"相互吸引"，也就是喜欢和接受。而对付那些"咄咄逼人"的人，谁愿意、谁敢轻易接近？即使王一的一些行为暗示着"我想和你们一起玩"，但"斗气"的方式却不被认可和理解。当然，王一对班主任不满，需要与老师进一步沟通，采取消极敌对的态度加深了老师对他的"偏见"，证明他是"坏人"，反而陷入"恶性循环"。

关于他与父母的关系，不得不说，王一对父母几乎一言不发，首先是因为他的现状不理想，学习和人际关系都有问题，总会受到父母的批评和指责，谁愿意只听"坏话"？其次，我们还需要追溯他的成长过程，大班前父母的教育和大班后的"自我奋斗"几乎是矛盾的。只有当孩子们同意父母的观点，觉得他们是对的，他们才会听从父母的意见；只有当父母了解孩子，他们才能真正提出可行的建议。孩子们认为父母只会批评他们，不会保护他们，而父母则认为孩子们不懂事，总是闯祸。

学习适应性：

尽管学习上有退步，但学习是有基础的，它只是发展不适应的一种表现。除了上述的行为和人际关系调整外，干预措施主要集中在对学习的态度和如何学习上。

当代学生面临的主要教育考虑包括学会将情绪与学习脱钩，并获得实施注意力训练技术的必要技能，从而提高课堂环境中的参与效率——这是人际交往进步不可或缺的原则。一般来说，学生年龄越小，他们在课堂上的学习就越取决于老师的好坏。如果他们喜欢这个老师，他们可能会注意听课，并努力表现得很好以取悦老师。因此，关键是要对上学的目标有一个清晰的认知，再加上提供适当的建议和行为指导，以达到预期的结果。

上述说明，攻击性行为、人际关系问题和学习挑战本质上是相互交织、相互依存的，并且源于相同的发展经历。

方法：采用认知行为教练技术中的 ABCDE 模型，可以帮助人们了解和改变自己的负面情绪和行为。王一的攻击性行为源自一次同学勒脖子的反抗，主观为保护自己，但忽略了对其他小朋友造成伤害的事实，从此产生了暴力解决问题的歪曲想法，用 ABCDE 模型为主导训练王一并配合一些（教练技术）小方法，如代币法（通过奖励和惩罚来强化和消除不良行为）、行为契约法（通过行为契约的商定、执行过程中的"强化"训练来改善行为），使案主设计产生正确合理的观念。

2. 第二阶段：正式咨询与设计方案

（1）咨询过程

第一次

目的：

①了解基本状况。

②建立良好的训练关系。

③确定主要问题。

④探寻改变意愿。

⑤进行训练分析。

过程：

①填训练登记表，询问基本状况。

②儿童做训练测试，同时向父母了解孩子的成长过程，尤其是重大事件。

③确定训练主题。

④与孩子交谈，探寻孩子的心理矛盾及改变意愿。

⑤将测验结果反馈父母及孩子，并做出初步问题分析，让父母与孩子理解"为什么会这样"。

训练作业：

①"再现"事件：家长和孩子一起讨论"抢玩具冤枉"的事件，重点是让孩子表达自己是怎么想的，自己想怎么做，自己有什么感受，目的一是让孩子发泄，二是让家长学习和演练与孩子的沟通，三是可以顺势引导如何更好解决问题。

②家长有必要和老师谈一次，让老师增加对孩子的了解，澄清孩子的"委屈"。

③孩子找出班中最受欢迎的学生。

第二次

目的：加深训练关系；突破"攻击性"应对策略。

过程：

①采用 ABCDE 模型尝试反馈和训练任务：家长与孩子谈委屈等；班主任与母亲谈孩子的情况；班主任理解孩子的委屈，主动向孩子道歉；孩子有些不好意思，但课堂表现有所提高。

ABCDE 模型：

A——激发事件：勒脖子的反抗行为

B——信念：我（王一）认为这个事件他没有任何过错，只是听爸妈的话而已。

C——情感：我真的很憋屈，明明是自己被欺负了，结果别人却说我欺负同学，搞得我情绪爆发，就不再关心别人的感受，容易发火了。

D——争论：我好好想了想，虽然我觉得自己有点儿委屈，但我的做法确实也伤害到别人了。老师觉得我性格要强，不敢让我多做作业，也不敢让我好好听课，结果我的成绩也没啥长进。说到底，最后吃亏的还是我自己，因为我的成绩一直都不好。其实老师还是挺关心我的成绩的，只是我一直对他们有偏见。所以，我觉得我应该把自己的学业放在首位，多用点心在上面。

E——新的效果：我应该减少攻击性行为，注重于完成作业提升成绩，保持包容心。找出误导自己的惯性思维，找到新方法来避免负面极端情绪和困扰对我产生的影响。

②与孩子谈"人际关系"问题，找出差异，鼓励自我了解。

③初步制定"行为契约"，以加强自我控制，并在室内进行演练。

训练作业：

家长继续进行"深思熟虑"和用心的评论：只寻找孩子的优点，并尝试至少说10句好话；孩子按照行为合同的规定行事。例如，不打人，不说脏话，每天早上对着镜子笑三次，上课时认真听讲，回家说"我回来了"，出门说"我走了"。制定反馈表，记录行为。

3. 第三阶段：巩固、强化

第三次

目的：学会合理评价；提高自控力；加强亲子交流。

方法：晤谈、理性情绪行为疗法、代币法、行为契约法

过程：

①反馈训练作业：成功完成"行为合同"，得到老师的表扬，某天午餐时被同学碰了一下也不生气，家长表扬孩子，和孩子一起体验情感。

②进一步分析行为、情绪和人际关系之间的关系；强化"理性概念"；指导学生理性地评价人和事；对班主任和家长进行评价训练。

③改"行为契约法"为"代币法"，增强亲子之间的联系。

训练作业：

找班主任老师的3个优点；执行"代币法"，以"代币"量赢得自己愿望的满足，诸如：买某本书、去游乐场一次、零用钱等。

第四次

目的：巩固训练效果；发展学习策略；增强信心。

方法：晤谈、心理测验法。

过程：

①反馈作业：完成顺利，继续执行。

②做学习适应性测验及智商测验（鼓励），肯定其学习潜力，找出学习策略问题。

③训练"提问法"，以提高课堂效率，将注意力集中在学业上。

训练作业：

选一门课，每一天准备好一个问题，带入课堂，在课上找答案；收集别人对他的微笑与好话；父母继续"代币"激励。

第五次

目的：巩固训练效果；收束咨询。

方法：晤谈。

过程：

①反馈作业：评价"提问"应用，调整提问角度。

②指出继续努力的方向：自我监督与控制。

③基本结束训练。制定行为目标，加强自我管理潜力。

④巩固与父母、老师、同学的关系。

（三）改变效果

基本到达预期目标：王一改善了攻击性行为，促进了良好人际关系的发展，提高了学习适应性水平。

（四）方法表格

类型	过程
关系建立与问题评估	评估问题： 攻击性行为表现明显 设立目标： 减少攻击性，增加人际交往能力与学习兴趣
正式咨询、设计方案	使用方法：ABCDE 模型
巩固、强化	通过几个步骤来减少练习者的攻击性行为，增加交往能力
总结	攻击性行为明显改善，学习兴趣提高

三、案例三 NLP 教练技术

（一）个案信息

姓名：丽丽

性别：女

年龄：9 岁

背景：父母家庭关系良好

身体状况：身体健康，头脑聪明，语言表达潜力很好

性格状况：性格开朗，对事物比较好奇

主要问题：

自制力较差，上课时注意力不集中，不是乱说话就是做小动作，不能专心

听讲，经常严重干扰课堂秩序，行为表现出多动的倾向。

1. 过度活动：（1）经常在座位上扭来扭去，做许多小动作。（2）在不应该移动的情况下跑动和爬行。（3）很难安静地玩耍。（4）常常说很多话，说个没完。

2. 注意力不集中：（1）对细节不重视，学习和做事粗心。（2）做事时很难集中注意力。（3）常常不能完全按照要求去做。（4）经常丢失一些常用的东西。（5）经常容易因无关刺激而分心。（6）常常忘记事情。

3. 反应很慢：（1）经常不能在规定时间内完成考试。（2）写一个字的时间是其他人的两到三倍。（3）在课堂上被老师叫到时，需要三四秒的反应时间。

（二）解决过程

采用 NLP 方法：

共鸣共振：快速地与他人创造信任、和谐、合作的氛围。

同步带领：敏锐观察、充分接纳对方的情绪和感受，积极呼应对方的语言内容，及时置换框架，带领对方从不同的角度重新看待问题，寻找积极的解决方式。

1. 阶段一：通过访谈发现问题因素

家人求助教练后，后来与丽丽进行了深入的沟通，丽丽吐露心声，觉得自己对什么事情都比较感兴趣，上课时间要一直坐着，她觉得非常无聊，时间久了注意力无法集中，心里总想着一些别的感兴趣的事情。慢慢心里开始讨厌上学，排斥听课。

（1）个人因素

通过观察，教练发现丽丽性格外向、聪明，有良好的语言表达潜力。但她的自制力较差，上课时不专心听讲，不是说话就是做小动作，不能专心听讲，经常严重干扰课堂秩序。

（2）家庭因素

这个家庭的教养方式存在严重的差异。她父亲的教养方式是带刺的、简单化的和具有虐待性的，而她母亲则宠爱她。家庭教养方式的差异使得她的不良行为习惯无法得到彻底改变，随着时间的推移，纠正她不专心的问题变得越来越困难。

（3）老师的因素

在学校里，教师对一个学生了解不够，对她的关注度不高时，往往会低估她。当这种情况发生时，几个月或几个学期后，这些学生会逐渐感到迷茫，不能及时得到老师的表扬或赞美，久而久之，他们会否定自己的一些行为和想法，逐渐失去信心，不相信自己的能力和水平。这时自卑感就慢慢占上风了。另外，老师越来越偏爱心目中的几个尖子生，这对学生来说是一种沉重的压力，造成严重的不专注心理。

2. 阶段二：方案策略，实施过程

缺乏自制力对学生的身心健康、生活和学习都是不利的，那么究竟应该如何引导学生增强自信心，正确评价自己呢？

（1）鼓励教育，唤起自信。（共鸣共振）

教练首先与丽丽交谈，并没有直接否定上课期间丽丽对什么事情都好奇的状态，好奇也是学习的主要过程，教练通过方法使丽丽敞开心扉，丽丽表示上课期间觉得老师讲课很无聊，难听进去，对其他事物更有兴趣，所以不愿意听讲。丽丽对教练信任后，教练对她的学习环境进行调整。

①调整座位。由于孩子的注意力很容易被分散，任何视觉或听觉信号都会转移她的注意力。因此，老师选择了在课堂上比较认真的学生坐在她的旁边和前面。并让她坐在教室的前面，这样就可以随时注意她，对她的不良行为采取行动，并能在她分心的时候提醒她。

②改变教学风格。采取灵活、幽默、有趣的教学方式，尽量让她在所有课程中都有机会表现自己，让她融入课堂，不要让她的注意力游离在课堂之外。

学习期望：选择适当的学习目标，降低期望值，确定适当的学习方法，减少家庭作业，尽量加强学习技能的培养。

（2）树立目标，激起动力。（同步带领）

有一次她因为考试看窗外的热闹导致试卷没写完，被老师责怪后消极不想上课。教练从与她的对话中知道这件事后，带领着她从不同的角度重新看待试卷没写完的问题。给予她鼓励的同时告知她的思维很敏捷活跃，有强烈的好奇心，但是在该学习的时候还是要学习，将学习与生活分时间段。

教练在与她的沟通中，保持着观察，并让家长也参与其中。对家庭管理的干预。教练及时与其家长联系，相互配合，共同商讨方案。要求家长对孩子的情况有一个全面客观的了解，持续平常心，为孩子选择合适的学习目标，不要提出过高的要求。此外，为家长提供良好的教育方法，帮助孩子养成良好的学习习惯，而不是日复一日地陪她做作业。

帮助他们的家庭制定明确规则，建立必要的常规。孩子在家里的活动要有规律，父母的规则要简单明确，规则越具体，孩子越容易自律，还需教导孩子自我管理潜力。鼓励家长帮助孩子在学习和生活中培养独立的自我管理潜力，自己制订学习计划，整理文件夹，学会做笔记，学习如何提高学习能力。

家庭作业的管理。鼓励家长采用具体方法，培养孩子独立完成家庭作业的能力。认真记录有关家庭作业的信息，给予适当的指导，规定按时完成作业的期限，对已完成的作业及时给予反馈等。为了加速学习，增加适应性行为，减少问题行为，还应该采用强化措施，表扬良好的行为。

（3）加强沟通，促进健康。

行为矫正。对于注意力不集中的孩子仅靠一般的教育是不够的，还要针对其状况对其行为进行矫正。对于丽丽，教练采用了针对性的矫正方法。

首先需要改变她的注意力不集中，因为她的注意力不集中会导致学习困难。我们着重帮助她养成专心听讲的习惯，并立即给予她积极的鼓励，如在全班同学面前表扬她，在她专心听讲时奖励她小星星。由于及时的奖励让她感到快乐和满足，她对每堂课都充满期待，并努力克制自己，期待表扬。偶尔有分心的时候，经提醒会立即收敛。

训练时间每两周一次，教练进行谈话，鼓励她对同学友好，尊重老师，专心学习，帮助她养成良好的习惯。

（三）改变效果

经过教练、家长和教师的一致努力，丽丽已经发生了显著的变化。丽丽的学习表现有了明显的提升，具体体现在课堂上的专注听讲、主动发言，以及课后积极参与同学间的交往、游戏和各类活动。融入班级和同学中的行为也得到了进一步的促进。家长也在家庭教育方面看到了积极的改变。丽丽现在能够主动进行课业学习，并愿意将课堂上的情况与父母进行分享。除此之外，丽丽还表现出帮助父母做家务的意愿，进一步体现了她在生活方面的积极成长。

（四）方法表格

案例分析：从语言与感官了解问题	通过访谈教练发现问题，丽丽头脑聪明，语言表达潜力很好。但自制力较差，上课注意力不集中，不是乱说话就是做小动作，无法专心听讲，经常严重干扰上课秩序，行为上表现出多动的倾向
制定方案："行为弹性"	共鸣共振（教练快速取得丽丽的信任，创造与丽丽和谐合作的氛围）同步带领（教练带领她从不同的角度重新看待试卷问题，寻找积极的解决方式）

续表

实施过程	前期：通过家庭、学校全面了解丽丽的问题 中期： 1. 鼓励教育，唤起信心 2. 树立目标，激起动力 3. 加强沟通，促进健康 后期：使用 NLP 技术中的同步带领、共鸣共振，来帮助丽丽在学校、生活中提高信心。要循循善诱，不可操之过急，通过师生、家长的共同努力，她现在有了很大的变化。丽丽的学习成绩不断提高，上课专心听讲
总结	使用 NLP 技术中的同步带领、共鸣共振，来帮助丽丽在学校、生活中提高自制力。主要的变化是她的注意力尤其是主动注意力得到改善，在上课时能安静地坐在座位上，集中精力听老师讲课，不容易受外界刺激的影响

第四节　总　　结

一、案例总结

于彩的主要原因是由于父母的关心不足与教育方式不对导致了内心的孤独与自卑，需要通过正确的方法使于彩表达出自己内心的诉求，通过 GROW 模型，教练在与于彩的沟通中找出问题的关键，通过改变身边环境，从家庭、学校、于彩的社交、父母的教育入手，进行有针对性的辅导后，于彩有了很大的改变，对交往方面也有了正确的认识。

王一的主要问题是攻击性行为表现，主要原因出现在小时候被同学勒脖子这件事。王一的反抗使得他发现用攻击性行为可以解决很多麻烦，渐渐养成了错误的习惯，时间久了暴力成为习惯，导致与同学、老师都出现社交问题。教练采用认知行为教练技术中的 ABCDE 模型，通过五个阶段从家庭因素、学校因素与社会因素三个方面，改变了王一的攻击性行为，提高了学习适应性。

通过丽丽同学的实例，我们更加认识到对学生的激励的作用。与其把重点放在孩子表现不佳上，不如重点放在识别和培养他们独特的优势和能力上，从而帮助他们逐渐认识和解决自己的弱点。通过反复评估和参与各种活动，孩子不仅可以确定自己的发展，还可以养成勤奋学习的习惯，最终使他们能够专注于学业。面对丽丽的进步，我们更加认识到激励的作用、集体的力量。因而，针对类似丽丽这样的学生，可使用 NLP 技术中的同步带领、共鸣共振来帮助丽丽在学校和生活中提高自制力。她的注意力，特别是主动注意力得到显著提高，这使她能够在课堂上安静地坐着，专注于老师的话语，而不会受到外来刺激的干扰。多动和无关动作的频率降低了，以前不相关的课堂活动也停止了，这显然增加了有效注意力。

二、技术总结

GROW 模型：GROW 模型可以在生活中的很多地方运用，它的主旨意为理清现状，减少某些事情的干扰，使执行人从内心找到对应的办法。GROW 的目标，是认识也认同现目标的自己有什么能做的，或者怎么做。可使用 GROW 模型方法来改变练习者的心理问题。

认知行为教练技术："认知"是指一个人对某一事件或对象的看法和意见，他们如何看待自己，如何看待人，如何看待环境，以及如何看待事物。认知行为教练技术强调，一个人的不适应和不正常的心理和行为往往是错误认知的结果，而不是适应不良的行为。情绪和行为受制于认知，而认知是一个人心理活动的决定因素，认知疗法通过改变一个人的认知过程和由这些过程产生的认知来改变他或她的不适应的情绪和行为。

NLP 教练技术：NLP 神经语言学所探讨的是不同领域的顶尖人物获得杰出成就的方法，以及如何复制他们的思考与行为模式的方法。NLP 教练技术虽然本身并非一套心理治疗法，但在治疗练习者的心理问题、激发心灵的潜力上效果显著，所以 NLP 教练技术通过一套完整、深刻、独到的理论，配置科学、实用、快捷的操作方法，协助我们从意识领域和行为习惯上改变自身缺陷和弱点。

第二章

心理教练技术在中等教育阶段的应用

中等教育是指所有介于初等与高等之间的教育，包括初级中学、高级中学和各类职业学校、师范学校等。本章第一节详细介绍了中等教育阶段的定义、学生的心理特征；第二节充分解释了常见的心理问题以及中学生心理问题的影响因素；第三节是本章的重中之重，通过 GROW 教练技术、NLP 教练技术以及认知行为教练技术对中等教育阶段的学生出现的心理问题进行案例分析，给出合理的改善方法。

第一节　中等教育学生的心理特征概述

一、中等教育的定义

中等教育是在初等教育的基础上继续进行的教育，包括初中教育阶段和高中教育阶段。中等教育阶段包括全日制普通中学、职业中学、专业中学、技术技工学校，以及业余中学等。

中等教育阶段服务于素质教育范围以内的全体学生，修业时间一般为 6 年，初中 3 年、高中 3 年；而职业中学、中等专业学校以及技工学校修业时间一般为 2~4 年；属成人教育的各类业余中学，修业年限适当延长。其中，全日制初级、高级中学属于义务教育，本章主要讲的是全日制普通中学（初中、高中）的案例。

二、中等教育学生的心理特征

中等教育是个人心理发展史上从青春期到青年期的一个过渡时期。这一时期的中学生的心理特征充满了矛盾性，表现为在成熟与幼稚、独立与依赖之间的徘徊。同时，此时期的中学生有着强烈的独立愿望，希望在社会生活中取得独立地位。他们常常高估自己，想自己做决定，把自己的意见作为评价事物的客观标准，不轻易相信周围成年人的话。这个年龄段的孩子心理上有许多新奇的矛盾，在应对这些特点时，应注意给他们合理建议，同时以积极主动的方式引导他们。如果仅仅根据他们的主观愿望满足他们，会造成许多矛盾和冲突，他们不想被迫做他们不喜欢的事。为了有效培养中学生，家长与学校需了解他们的身心特点与个性习惯，给予理解与支持，尊重他们的选择，注重中学生的全面发展。

（一）个性化特征

1. 自我意识迅速发展

这时候，中学生开始接触自己的内心世界，有意识地认识和评价自己的品质，开始能够控制和调节自己的行为。例如，在认识和评价自己时，在担心自己的发展时，在与他人比较时，中学生在评价自己时往往表现出两种心理状态。一方面，如果他人在评价自己的时候，不断受到外部环境的赞扬，从不受到贬低和攻击，就很可能会变得自满和虚荣。另一方面，如果不断受到外部环境的冷遇，在评价自己时又得不到别人的重视，就有可能不断受到失败的困扰，陷入自卑的心理状态，并不断寻找任何理由来解释自己的失败，以弥补内心的不平衡。因此，在中学生自我意识和自我评价体系迅速发展的时期，我们要重视赞赏与批评的权衡。不仅要看到学生的闪光点，积极鼓励学生向上发展，而且还要发现学生的不足，以批评教育的方式帮助中学生进行改善。

2. 产生"成人感"

从初中开始，他们会感觉自己已经成为一个成年人，在一些行为活动、思考和理解以及社会交往方面开始表现出"成年人"的特征，并希望参与到成年人的活动中，被他人视为成年人并受到尊重。当学生的"成人感"出现时，他们便产生一系列独立自主的表现：首先，由于他们的身体发育显著，他们觉得自己"长大了"，想自己做事，不想受父母和老师的控制；其次，他们不承认自己是孩子，要求老师和父母平等对待，尤其是要求父母理解他们；最后，具有较强的自尊自信心，要求有一种"独立人格"。然而，事实上，他们并未拥有完全独立的条件和能力，不管他们是否承认，他们都在很多方面需要依赖于成人。因此，学生"成人意识"的心理特点需要得到充分利用和适当引导，自尊心和独立性的发展需要得到鼓励，以激发学生对学习的足够兴趣和探索人生宇宙奥秘的求知欲。

3. 思维能力明显发展

初中阶段学生的思维能力由于身心发展迅速而产生质的变化，其最重要的表现是智力水平会随着思维能力的提高而增强。其次，中学生的思维能力会由具体过渡到抽象，在这个过渡时期，辩证逻辑思维和创造性思维得到迅速发展。在此期间，中学生获得了知识和技能，接受了新的知识和技能。然而，学生缺乏辨别力，学习出于兴趣，难以持久。他们在生活中经常改变目标和人生观，思维方式不固定。因此，首先，要营造良好的思维情境，调动中学生的思维积极性，使其有明确的目标，才能喜欢上思考。其次，学习思维方法，优化思维结构，以此培养良好的思维品质。

4. 情感丰富与情绪不稳定

这个时期的中学生从低层次的纯洁无邪的情感活动，逐渐发展到更高层次的社会情感，表现为具有群体感、道德感、社会责任感和追求美好理想的成熟情感。但中学生的情绪不易控制，一旦受到某种情绪的影响，其相应的情绪也会被激发出来，且一发不可收。中学生的情绪虽然强烈，但波动剧烈，具有两极性和不稳定性，容易出现极端反应，表现为容易兴奋冲动、不稳定与欠缺思考，情绪波动较大，而这方面男生比女生表现得更加明显。所以，中学生的情绪变化会因为表扬与成功而产生积极向上的心态，也会因为批评与失败而产生消极自闭的心态。因此，在这个时期，我们要随时关注中学生的个人情绪，以鼓励与奖励的形式帮助中学生形成良好的心态，同时以创造不良情境的形式帮助中学生增强心理抗压能力。

5. 性意识开始萌发

从青春期开始，除了身体外观和内脏器官的巨大变化，还有第二性征的出现，心理和生理上的生殖器发育，开始有性冲动的出现。在这个时期，中学生会随着性意识的萌发而对性问题的兴趣越来越大，表现为对异性相处、对性知识的渴望。同时，因为出现生理现象（月经与遗精），中学生产生了性冲动与性兴奋，从而转化为求偶意识与性要求，如果父母提供不合理的教育，对这一时期青年男女的交往采取指责、怀疑和嘲笑的态度，会对他们的心理产生不良影响。因此，学校与家长要帮助中学生摆正对性的认识，不要闭口不谈或者谈其色变，这样反而会错误地引导中学生。更重要的是，要从中学生的角度去回答他们所提出的性问题，但不要以自己的微薄见解去左右他们。此外，当中学生存在性困惑时，家长与学校应鼓励与帮助中学生，而不是变相地教育与批评。最后，通过与其谈心去了解中学生提出这些性问题的原因，且帮助他们分析性问题与表达自己的看法，通过讨论去解决他们的性困惑。

第二节 中等教育学生的心理问题

一、学生常见的心理问题

中学生的年龄通常在 12 至 18 岁之间，心理上处于少年期和青年期的过渡时期。因此，在教育学生时，首先要了解他们的心理状态，以便有效地进行教育。除此之外，随着时代日新月异的发展，许多的心理疾病越来越成为人们最触手可及的大问题，那么对于我们中等教育阶段的学生也是如此，有许多的心理疾病问题一直困扰着学生的身心健康发展，导致出现许多的心理问题，故此解决当下炙手可热的心理疾病问题迫在眉睫。目前许多学生存在心理问题，那么如何处理好这些问题呢？关键在于老师、父母等为学生做相关引导，帮助学生走出这一困境。

（一）学习压力大导致暴躁、焦虑

学习压力是指学习的压力，即中学生在学习过程中所产生的不良心理状态。学习压力大造成的后果有以下几点。首先，吃饭时食欲增大或减小，甚至不想吃饭，休息时心绪不宁，睡不着觉；会出现不良生理反应，如恶心、腹痛腹泻、呕吐等，且因为身体抵抗力下降而容易生病；不愿意参与任何活动，不愿意与人交往等。其次，情绪不易控制，经常会出现消极心态，如暴躁、沮丧等；导致叛逆心理进一步严重化，容易与父母和他人起冲突。最后，在学习中，会因为成绩的波动而没信心，且对自己过于严格，会导致厌学心态；容易焦虑，在面对考试时会出现考前失眠现象。

学习压力大产生的原因：第一，父母对自己的过高期望；第二，中考高考等升学考试；第三，学校考试的名次；第四，学习计划难以完成。因此，其主要因素源自于家庭、学校与竞争这三方面。

（二）逆反心理导致消极

逆反又称为对抗，是一种心理状态，指个体的需求得不到满足时所产生的对抗态度与行为。它的特点是年轻人"不受引导"或"不听话"，经常与教育者"争吵"或"对立"。这种违背常识的行为，显示出自己的"优秀"和"非凡"，往往来自"叛逆的心态"。对这个阶段的中学生来说，逆反心理可以说是比较典型的心理，它严重影响了学生的正常发展，它是在中学生的生理和心理发育过程中形成的，是造成中学生焦虑暴躁的一种倾向，而这种倾向会让他们形成一种无理由的反抗心理。逆反心理贯穿于中学生的日常生活中，如不接受合理建议，喜欢反向思考；对任何人持怀疑心态，乃至是先进优秀之人；对错误的思想与做法持认同行为，甚至效仿；对法律法规、文化教育持抵制对抗心理。

逆反心理产生的原因：第一，好奇心使然，对什么都感兴趣，无论它是好的还是坏的；第二，有对立情绪，老师、父母要求这样做，他偏不，任凭你怎么说，他却认为你对他不怀好意；第三，心理上的不正当需求，能得到的东西他不想要，得不到的东西他越是想要，这是由于中学生理智程度较差，这种欲求也更强烈。

（三）自卑心理

自卑是一种不能自助和软弱的复杂情感，有自卑感的人轻视自己，认为无法赶上别人。这个阶段的中学生都或多或少有自卑心理，他们缺乏自我了解，对互动缺乏信心，缺乏做某事的勇气，胆怯，对他人顺从，缺乏主见，认为一切都是自己的错。这导致他们失去了互动的勇气和信心。长期以来，当他们遇到挫折和失败时，在日常生活中或多或少地伴随着反常的行为。自卑感在任何学习者中都会出现，但是学习差的自卑感会更加明显。主要表现形式：第一，喜欢独处，不爱说话；第二，做事情时蹑手蹑脚，思前顾后，不敢放手干，害怕出错导致出丑；第三，不想引起关注，如果大家评论他时，他会紧张失措，原因是害怕有人会揭短。

自卑心理产生的原因：一是对自己的认识存在偏差，认为自己差人一等；二是家庭经济条件间接影响中学生；三是不良的社会文化对中学生的影响；四是跟自己的成长经历有关；五是个人性格特点。

（四）缺乏自信心

自信是一种心理特征，反映了对自己成功完成某项活动的能力的自信程度，是一种有意识的品质和心态，以积极有效的方式表达自尊、自我价值和自我概念。中学生缺乏自信会在情绪上、身体上和心理上造成损害。大多数人都会经历偶尔的、暂时的自信心缺失，有些人不得不每天处理自卑和对自己的外表缺乏信心等问题，消极的自我认知会成为恐惧的来源。

自信心缺乏产生的原因主要有这几种。一是中学生缺失成功的体验，中学生在做事时经常欠缺考虑，且在学习中会经常经受挫折与失败，因此他们的成功率不高而缺乏体验；二是中学生缺乏自己的能力，例如，一些天生或后天能力相对较弱的中学生经常在能力较强的人面前感到自惭形秽；三是对自己的优势与缺点缺乏认识，在日常学习生活中，往往会因为给自己设置太高的目标达不到或做不到完美而导致自信心受挫，掉进缺乏自信心的陷阱里。

（五）厌学与考试焦虑

厌学是一种不良心理，指中学生不愿意学习，消极对待学习的一种现象，它是对中学生身心健康发展的一个重要挑战。中学生厌学的主要表现：第一，经常上课开小差，不愿意思考，无法集中注意力等；第二，容易烦躁焦虑，缺乏耐心，做事拖泥带水，导致学习质量与成绩不断下降；第三，中学生厌学是精神疲劳的典型反应，是由持续努力、精神紧张和长时间单调工作引起的不适和厌烦状态。

中学生厌学的客观原因：一是学习需要一定的心智努力；二是学习内容枯燥无味，教学方式单一；三是中学生自身的心理压力大。主观原因：一是部分中学生的认知较为低下；二是中学生容易被个人情感影响，造成偏科；三是学生的人格不同；四是中学生容易受挫折，意志方面较为薄弱；五是部分中学生受社会风气影响。

考试焦虑指中学生无法正视考试，导致压力过大的一种异常心理状态，包括考前焦虑、考中焦虑与考后焦虑。目前，一些学校受片面追求升学率的教学理念影响，把中学生分成好坏两类，考试的设置、问题的提出和教学方法等都与心理健康的原则相违背。这种情况使中学生的心理承受更大的压力，造成大脑神经衰弱、失眠和一些异常的学习行为和习惯。另一方面，错误的分数观给中学生带来心理上的困扰。老师的嘲笑、同学的鄙视，甚至家长的抱怨和训斥都会给中学生的心理带来很大的压力。

（六）人际交往问题

人际交往问题是现在中学生比较常见的一类，中学生对人际交往的不适应程度远远高于对学习与生活环境的不适应。在日常生活中，有些中学生非常幼稚和好斗，喜欢排外，只与自己愿意相处的人相处。事实上，随着中学生的活动范围不断扩大，人际关系也变得越来越复杂。与同学、父母和老师的关系发展到不同程度的不和谐甚至紊乱，如果不及时引导，会严重影响他们的身心健康和健康人格的形成。中学生的人际关系问题有不同的类型，其发生和形成的原因也不同。教育工作者应针对各种类型实施辅助性、针对性的教育措施，帮助中学生适应社会，培养良好的人际关系。

中学生常见心理问题——人际交往问题是最难解决的，而导致这种现象的

原因有以下几点

1. 与教师的关系问题。

首先，中学生与教师之间缺乏信任，学生不认同教师的行为与做法，教师不理解与信任学生，而这种现象导致中学生与教师之间经常产生摩擦。其次，部分教师会有固性思维，认为必须严格管控学生，从而造成中学生心理压力增大。最后，当教师缺乏理解和耐心，没有热情地教导和支持他们，而是指责他们时，学生就会感到沮丧。在这种情况下，中学生可能会变得不知所措，产生负面情绪，关系也变得更加紧张。

2. 同学之间的关系问题。

除了来自教师的理解和支持，低年级和高年级的学生在班级和同学中都有一种归属感和认同感，希望得到同学和朋友的理解和信任。

3. 父母关系问题。

和谐、民主的家庭给中学生带来温暖的归属感，而父母和孩子之间没有正常沟通的专制家庭会导致孩子的退缩和缺乏自信。各种家庭创伤会对初高中生造成不同程度的心理伤害。初高中生的人际关系没有单一的原因，而是由各种因素包括社会、家庭、学校、学生本身，以及我们所处的环境、文化氛围和道德规范所组成。

（七）异性交往问题的不良行为

一直以来，异性交往是我们生活中不可避免的事情，它是我们社会生活的重要组成部分。异性交往问题的不良行为会造成中学生无法建立正常的异性关系，影响中学生的学习与生活。对中学生来说，异性交往是性生理和性心理成熟的自然结果，从个人社会化的角度来看，异性交往是中学生社会化过程中的一个重要组成部分。在青春期，初中和高中学生对异性产生好奇和兴趣，有一些与性有关的情感体验，但不能公开表达这些欲望和感受。

异性交往产生不良行为的原因有以下三点。

1. 异性之间交往过多，会出现暧昧情绪而被误认为是恋情。处于这种状态的中学生认为自己是在恋爱，而不是过家家，但早恋是冲动且不稳定的，非常容易崩塌。失恋会导致中学生出现不良心理状态与严重的心理创伤，使早恋者处于消极中久久不能自拔，甚至会影响成年后的爱情生活。

2. 暗恋而导致的不良心理。有些中学生（主要是女孩）暗恋某个同学，只敢远远观望，不敢与他接触，或者与他接触时表现出抗拒或者不愿意的状态，其原因是害怕表白失败，害怕家长与老师批评自己，害怕同学们投来异样眼光等。而这种现象会导致一种矛盾心理产生，使这些中学生无法与异性自然、顺利地交往，个别中学生甚至会产生对异性与社交的恐惧心理。

3. 对异性没有好感与偏见而产生排斥与拒绝。一方面，因为本身对异性就没有好感，不喜欢与异性接触而产生这种不良心理；另一方面，因为个人的原因与生活经历而对异性产生偏见与敌视，甚至是厌恶，导致他们排斥异性，拒绝与异性交流与相处。显然，这种排斥与拒绝的心理状态会不利于中学生的身心健康发展。

最后，中学生异性交往问题的原因，是多方面的，但归根结底在于两个方面，即内因和外因。

内因：这是青春期生理和心理发展的自然本能效应；道德观念相对薄弱，缺乏自制力。外因：家长与学校不赞同异性之间过多交往，认为这样会影响学业与生活，且与孩子缺乏关于异性问题的交流，视其为洪水猛兽，导致中学生好奇心使然而误入歧途；一些学校和教师通过禁止异性之间的交往来回避问题，一旦发现早恋的迹象，就不分青红皂白地认定，并进行公开批评与处罚，不仅伤害了学生的自尊心，还对学生造成了严重的心理伤害；媒体舆论的不正确引导，不健康的书籍、报纸、杂志，低俗甚至色情的影视作品，都会造成中学生产生不正当的异性关系（早恋）。这些不良现象与原因，造成了更多的中学生出现早恋的现象，却无法走出来。

二、中等教育学生心理问题的影响因素

(一) 家庭因素

在中国，随着社会的发展，特别是随着教育事业的进步，中学生中各种心理障碍的出现频率逐渐提高。在现实生活中，很多中学生都有不同程度的各种异常心理状态。其主要原因是由于后天环境的因素，特别是家庭教育。家庭是学生生活的第一个环境，由于父母是孩子的第一个老师，所以家庭对心理健康的影响是最重要的。那么家庭中哪些因素对中学生的心理健康具有重要影响呢？

1. 家庭结构的影响

家庭结构指父母与子女在日常生活中的关系结构，家庭结构分为夫妻家庭、核心家庭、主干家庭、联合家庭以及其他形式的家庭结构等。一般来说，家庭结构的不同会对初中和高中学生的心理健康造成不同的影响。然而，需要注意的是，家庭结构对初高中生的影响并不是在他们成为大学生时才形成的，而是从家庭结构形成的那一刻起，甚至在家庭结构形成之前就已经形成了。例如，

在一个正常的家庭中，母亲在初中时期去世，导致单亲家庭，此时，对初中生的心理影响已经显现，并将持续到未来。

2. 家庭教育的影响

家庭教育是学生受教育的主要方式之一，发挥着与学校教育不同的功能。学校教育侧重于教会中学生知识与技能，而家庭教育则侧重于对中学生进行道德、思想和行为习惯的教育。在独生子女政策实施期间的几十年里，中国出现了许多独生子女家庭，一些孩子在保护和溺爱中长大，他们从小就心理脆弱，无法承受挫折。初高中生进入社会，离开了家庭的保护，面对无法解决的困难和挫折，他们会遇到更严重的挫折。

3. 家庭氛围的影响

家庭氛围指家庭成员共同营造的和谐氛围，这种氛围对中学生的健康成长具有深刻的意义，且会影响着中学生的行为举止与思想，而直到中学生成长为人进入社会时，这种氛围往往会渐渐消失。例如，在一个家庭中，父母都是不管不问，通常缺少交流与互动，在这样的氛围中，学生可能从小就变得内向、孤僻，有交流的心理障碍等。另外，如果他们在一个经常吵架和冲突的家庭中长大，他们可能会变得暴躁和易怒，在生活中出现心理健康问题。

4. 父母期望和观念的影响

父母作为家庭中最主要的存在，对于中学生的影响最为明显。此外，影响中学生心理健康的另外两个因素是家长的期望和看法。由于家长和在校学生的成长环境不同，接受的思维方式也不同，许多家长把自己的想法强加于人，这与中学生自己的认知不同，会导致中学生产生心理压力。

（二）社会因素

1. 社会环境

社会环境指社会的具体环境，包括政治、经济、文化与心理环境等。在某些特定的社会和文化背景下，如习俗和道德价值观，在中学生懂事起便无形之中影响着他们，对中学生形成正常的三观、养成良好的道德品质起着决定性作用。因此，社会环境中的某种文化对中学生的心理与身体健康的影响是完全不同的。社会环境中的意识形态对人们心理健康的影响是以社会信息为中介的。正面积极的社会信息对学生的身心健康发展是有利的，而低俗、消极与不健康的社会信息则不利于中学生的身心健康发展，甚至会给中学生造成严重的心理创伤。

2. 社会风气

社会风气指日常生活中，一定时间与一定范围内人们互相模仿与传播的一些观点价值。例如，攀比鞋子、沉迷游戏等不良的社会风气严重扭曲了中学生的心理健康。因此，为了实现健康的心理发展，学校、家庭和社会必须共同努力，抵制负面社会倾向的影响，净化环境，营造健康的社会氛围。

3. 学习生活环境

学习生活环境指中学生在学校或家庭生活中所处的学习境况，良好的学习生活环境有利于中学生的学习效果，而恶劣的学习生活环境则相反。有专家认为，影响人们心理健康的因素有很多，如城乡差距、环境好坏以及人口密度等。举个例子，生活在农村的中学生喜欢与他人交流与互动，他们很阳光积极；而生活在城市的中学生，因为住房单元化与环境的影响，他们不喜欢交流，逐渐变得孤僻冷漠。人们还发现，高人口密度与青少年犯罪率和精神疾病等心理病理学密切相关。大城市千变万化的物质和社会环境导致巨大的信息过载，造成严重的心理"超载"和拥挤，使生活在那里的中学生容易出现心理紧张和心理健康问题。

4. 社区环境

中学生除了需要良好的学校与家庭环境以外，优良的社区环境也在无形中影响着中学生的心理，如果中学生所处的社区环境又闹又吵，并且生活在其中的人普遍素质低下的话，中学生也会受到潜移默化的影响。因此，注重社区的心理辅导是有利于学生心理健康发展的，家长与学校必须重视。

（三）学校因素

中学生主要学习与生活的地方是学校，所以学校生活的好坏影响着中学生心理健康发展的趋向。学校因素主要有学校教育指导思想、教师素质、学习负担过重等，如果这些因素得不到有效的处理，都会给中学生造成心理压力，使中学生变得焦虑暴躁，甚至会形成心理障碍，导致心理创伤。

1. 学校教育指导思想

学校教育的正确指导思想往往决定着学校文化、教师教学和学生学习。目前，一些学校为了追求升学率，教学理念仍然是片面的，不以中学生的身心健康正常发展为责任，给中学生带来了严重的心理压力。学校为了在学习成绩上取得优良成果，不惜采用一些非正规与激进的教学方法与手段，如作业翻倍、课后留堂、题海战术等，使得中学生无法正常休息，一直处于超负荷状态。这些做法都会造成中学生的心理问题，导致中学生紧张焦虑、易怒、注意力分散与厌学。

2. 教师素质

对中学生心理发展的一个非常重要的影响是教师的素质。这是因为教师不仅是学习活动的发起者和组织者，也是中学生心理健康的实践者。教师的素质，包括他们的职业道德、责任感、情绪和情感、性格和意志力，都会传染给学生。因此，要想提高中学生的心理素质，首先要提高教师队伍的素质。一个好的老师会运用心理学原理对中学生进行适当的奖惩，一个因材施教的老师会接受学生的行为，尊重学生的人格。

3. 中学生负担过重

中学生负担重主要体现在学习方面，因为中高考的影响，一些中学生在学习时一直处于紧张状态，而长时间高压力与高强度的学习会导致中学生睡眠不足与神经衰弱。此外，家长与学校的关注会使中学生产生心理压力，且同学之间的竞争与歧视也在一定程度上影响着中学生的心理健康，这样会造成部分中学生产生心理扭曲而最终导致心理健康问题。

（四）自身因素

从主观上看，学生的心理意识在中学阶段逐渐发展和成熟，主要表现为心理活动复杂、自我意识增强、自控能力差这三个方面。

1. 心理活动复杂

中学生的虚荣心、追星、攀比、情绪等心理活动变得更加突出。例如，中学生会变得更加关注自己，会在意他人对自己的看法，常常也会因为追求外表而盲目消费与模仿他人。如果这些方面受到阻碍，中学生会变得自卑消极。

2. 自我意识增强

中学生面对外部环境具有较高的易感性，容易受到负面言论的影响，以至于因他人的负面言论而情绪低落数日，因同伴的目光或评论而中断学习计划，或因考试失败而感到不安和沮丧。

3. 自控能力差

中学生自控能力较差，经不起挫折与失败，也经受不住外界的诱惑。一旦受到这些影响，他们往往会沉迷其中或放弃学业。换句话说，中学生的自我调节能力在这个阶段是缺乏的，稍不注意就会产生心理问题。

第三节　案例分析

一、案例一 GROW 教练技术

（一）个案信息

姓名：小伍

性别：男

年龄：17 岁

居住地：武汉市某地区

背景：某高三学生，成绩一般。

问题状况：小伍是一名高三阶段的体育生，成绩不错。在体育训练中，小伍因为始终无法给自己定好合理的训练计划而导致注意力不集中，训练效果自然而然也下降了，因此产生了困惑和焦虑的不良情绪。

主要心理问题：焦虑、困惑

（二）解决过程

理论依据：GROW 教练技术

GROW 教练技术可以有效地帮助人们获得更高的专注力，消除外界的干扰，从而提高他们的表现。它由四个主要方面组成：目标（Goal）、现状（Reality）、方案（Options）、意愿（Will）。

1. 第一阶段（Goal 目标）

Goal 目标阶段分为发出邀请、明确理想目标、明确绩效目标和目标确认四个步骤。

（1）发出邀请

教练与小伍进行多次沟通，逐步与小伍建立一种平缓的关系。在建立关系当中，引导小伍说出他的情况，后面更方便于各方面确定要达成的目标，设立目标。训练期间先与小伍建立良好和信任关系。

教练与小伍坦诚交流，选择轻松话题进行引导，当小伍说话时教练认真倾听并及时回应；当小伍说到一个话题时教练及时深入，引导他详细叙述并说出自己内心的感受。

教练与小伍进行交流，在交流中逐步引导小伍说出他最近的心理情况、家庭境况、个人情况等，并及时跟他父母交流情况。教练从生理、心理、社会角度这三方面进行分析，了解小伍的状况，并做出承诺，因此取得了小伍的信任。

问题分析及诊断。教练对其问题从生理、心理和社会三个角度进行判断。

生理角度：小伍在跟教练的交流过程中，会时不时跺脚，肢体语言较为丰富，并且说话时声音也会随着其情绪的改变而改变，表现极为焦虑。

心理角度：小伍成绩良好，并且现在已经处于高三，但是在看书时总是静不下心，认为自己未来渺茫，所以常常会感到焦虑和困惑。

社会角度：在家庭方面，小伍的父母经常会关注他的学习方面，给小伍报名了各种补习班，但是小伍的体育成绩还是难以快速提升；在学校方面，老师会经常跟小伍进行谈话，督促小伍学习，但是没有给予其具体的帮助，因此造成小伍更加焦虑和困惑。

（2）明确理想目标

发出邀请后，教练对小伍已经有了初步的了解，在确认情况的过程中知道了小伍的想法和问题，接着需要明白小伍需要达到什么目标。通过与小伍交流，教练明白小伍需要帮助，但是自己却不知道要达到什么目标，因此教练帮助小伍厘清思路，明确他要达到的目标。

教练与小伍部分沟通内容：

教练："你需要改变现状，但是你不知道怎么做，是吗？""你认为最好的解决方式是什么？"以此引发小伍进行思考。

（3）明确绩效目标

在明确大概目标之后，教练帮助练习者将他们的目标转化为符合 SMART 原则的目标。SMART 的目标是具体的、可衡量的、可实现的、有价值的和有时限的。

近期目标：缓解心理焦虑，找到学习的目标。

长期目标：在近期目标的基础上，养成良好的学习状态和习惯，为制订学习计划而努力。

最后教练和小伍确认了目标，在确认目标时，教练询问得很详细。小伍从中了解自己将要达成的目标，并配合教练行动。这有助于小伍按照目标来开展后续的训练。

2. 第二阶段（Reality 现状）

Reality 现状阶段分为分析事实、探索因素、寻找资源三个步骤。

（1）分析事实

在这一阶段，教练与小伍进行沟通，了解到小伍是湖北省武汉市一所高中的学生，平常积极参加课外活动，具有一定的实践经验。在班级中，他担任班长，学习成绩位于班级前十，学习无太大压力。对于目标专业与院校，小伍做了提前的了解。目标学校虽在招生人数上缩小一半，但报考此专业的学生上线率不低，因此考上此专业还是很有希望的。

教练与小伍的部分沟通内容：

教练："备考时间已经不充裕，处于这种情况下，你该怎么办?"

小伍："我……也不知道，可是我真的不知道该怎么办才能迅速提高自己的成绩。"

教练："你要自己思考下，你有什么，你需要什么。"

（2）探索因素

在这一阶段，教练引导小伍一起探索可能会影响目标达成的因素，明确并区分因素。之后，教练找到小伍的父母及班主任等各科老师一起分析因素，明白了小伍考取某某大学体育教学专业的方法，有以下几点：体育的分数线低；小伍体育成绩一般；体育专业难度不大；小伍希望大学毕业后能成为体育老师，此专业是教育与管理的交叉学科，满足需求。

因此，小伍要在 2022 年 5 月参加该学校的体育特招生考试，并通过考试。目标院校为某某大学，专业为体育教学或与体育相关的其他专业。

（3）寻找资源

教练与小伍一起寻找可以帮助其达成目标的资源。小伍的学习能力高于大部分的学生，但由于小伍的心理问题导致其困惑与焦虑，从而影响了体育训练效果。所以，经过分析后，可以帮助小伍实现目标的有其父母、科任老师等，同时使小伍明白自身现有的优势，并能够正视自己的优点，从而达成目标，解决问题。

3. 第三阶段（Options 方案）

方案			
案主目标	短期目标	缓解心理焦虑，找到学习的目标	
	长期目标	养成良好的学习状态和习惯，制订学习计划	
教练方案		内容	具体
方案一		确定自己的目标——父母与老师监督，养成良好训练习惯——制订详细训练计划，按照计划逐步实施	与老师和父母交流沟通，制订适合自己的训练方案；在老师与父母的双重监督下，严格地按照训练计划进行训练
方案二		报名校外训练机构——按照训练机构给予的方案进行训练，按时按点上课训练	选取靠谱的训练机构，紧跟训练机构设定的个人方案训练即可

针对以上目标，教练为小伍准备制订以下大致方案：自主学习或者报名校外训练机构。方案一较为烦琐，对面临期末考试的小伍来说可能无暇顾及，然而高考时间不能耽误，但是此路线可以进一步与老师与父母交流，拉近距离；方案二前期只需要选取靠谱的训练机构，紧跟训练机构设定的个人方案训练即可，快捷便利，但是费用较为昂贵。最终，小伍选择方案一，因为小伍认为只要他肯上心，肯吃苦，一定能有所收获。

4. 第四阶段（Will 意愿）

在这一阶段中，教练总结了前几个阶段的沟通内容，制订了行动方案。教练鼓励小伍向自己想要实现的目标靠近，通过各种手段支持小伍的行动，并且及时运用 GROW 模型，引导和帮助小伍。

首先，教练引导小伍跟着自己的思路一起总结之前每一次对话的内容，分析结果，改进方法。小伍从中得到不同的启发，离目标更近一步。

教练与小伍的部分沟通内容：

教练："通过这段时间的训练，你有什么改变？你可以总结一下吗？"

其次，教练会根据方案落实到接下来的每一个阶段上，在实施阶段性任务的过程中，想象下一步要做的事情，具体一点。此方案对小伍制订学习计划，改善困惑和焦虑等心理问题有很大的帮助，在该阶段的后期，可以让小伍想象自己已经制订了学习计划。

教练与小伍的部分沟通内容：

教练："确定了方案后，第一步你准备怎么做？""如果在实施过程中，遇到了问题你该怎么办？""你找谁帮助你？""除了这些，你还有什么问题需要帮助？"

最后，小伍的思路已经很清晰了，于是，在教练与小伍沟通后，制订的训练计划为 6 月—9 月训练身体素质能力，通过跑步、俯卧撑、仰卧起坐、推杠铃、举哑铃等方式进行训练，并在网上学习相关的动作技能；9 月—11 月结合训练视频再次进行学习，并逐渐开始训练体考所需的技能内容；12 月—次年 2 月重点训练体考考试内容，并结合训练与考试内容有关的体能技能内容；次年 3 月—4 月最后冲刺阶段，逐渐降低训练负荷，使身体与心理处于最佳状态，为 5 月的考试做最后的准备。

（三）改变效果

经过教练的协助与自身的努力，高三学生小伍由开始的心理焦虑，不知道怎么制订计划到逐渐开始确定自己的目标、养成学习的好习惯而转变。除此之外，小伍在教练的协助下还成功制订了自己最后一年的训练计划，按照训练计划安排自己的学习，最后成功考入了理想的大学。

（四）方法表格

类型	过程
Goal 目标	包括发出邀请、明确理想目标、明确绩效目标和目标确认四个步骤，按照这四个步骤帮助练习者： 1. 培养自信 2. 改善不良情绪 3. 明确目标，确认学习计划
Reality 现状	分为分析事实、探索因素、寻找资源三个步骤，由此分析出案例中练习者主要的心理问题是困惑和焦虑，因为无法确认学习计划而影响学习效果
Options 方案	分为启发引导、确认评估和具体行动三个步骤，教练为了改变练习者出现的现状，针对其出现的主要问题提出方案
Will 意愿	分为总结成果、聚焦行动、赋能反馈三个步骤。在和练习者沟通的过程中了解练习者的意愿，之后开始总结交谈成果，给予反馈，并开始实施行动计划

二、案例二　认知行为教练技术

（一）个案信息

姓名：小 A

性别：男

年龄：14 岁

居住地：昆明市某地区

背景：某中学初二学生，成绩很好。

个案情况：小 A 每当遇到不顺心的事情时，心里都特别烦躁，觉得都是自己造成的，生气自己为什么这么差。比如，在学习上，会因为一道题目做错而把本子都撕了，并且也会在上课时扔东西、摔东西、砸东西等；在日常生活中，会经常因为控制不住自己的情绪而伤害亲人朋友。

主要心理问题：情绪不稳定，易怒、暴躁

（二）解决过程

理论依据：认知行为教练技术（发散性思维技术）

认知行为教练技术是一种综合性的方法，通过在认知行为框架内综合运用认知、行为、解决问题的技巧和策略，帮助练习者实现他们的现实目标。它可以提高绩效、增强心理弹性，增进幸福感、防止压力，并有助于克服改变的障碍。

发散性思维技术：引导当事人从多个角度去思考各种可能的原因，拓宽当事人的思维宽度，缓解当事人情绪的一种认知技术。

1. 第一阶段：咨询阶段

这个阶段有关系建立、问题评估、设立目标三个步骤。

（1）关系建立

在个案开始时，教练通过对预先掌握的小 A 的资料进行分析，并与他做过很多次谈话。从中得知，原来小 A 情绪失控的原因是每当做错题的时候，心里都特别烦躁，觉得自己很差。总是生气自己为什么做错了，感觉老师要批评自己了，必须立刻改正才好，可是却总是越着急改正越改不对，于是就觉得自己更差劲，对自己更生气，于是就忍不住把本子撕掉了。因此，教练需要给小 A 创造机会并且不断鼓励小 A，从而让小 A 慢慢改变，解决情绪失控问题。

（2）问题评估

小 A 是一个八年级的学生，成绩不错，学科知识掌握得很好，老师讲授的知识基本上都能理解，但是有很严重的情绪行为问题。每当上课做错题的时候，他的情绪就变得很差。经常上着上着课，就看见他焦躁了起来，用力拿橡皮擦本子，把铅笔啪地拍在桌子上，甚至急了还会把本子撕掉扔在地上，把铅笔盒也摔在地上用力踩踏等。

（3）设立目标

教练根据小 A 的情况和他的需求，设立了他所要达成的目标，目标的设定遵守 SMART 原则。

近期目标：逐渐改善小 A 的情绪失控现象，慢慢缓和小 A 的心态，减少易怒的次数。

长期目标：解决情绪问题，培养好的心态，融入集体生活。

2. 第二阶段：正式咨询阶段

这个阶段与小 A 沟通，因为小 A 暴躁又易怒，确定了适合小 A 的方案和技术（发散性思维技术），并正式开始咨询。

方案			
案主目标	短期目标	逐渐改善小 A 的情绪失控现象，慢慢缓和小 A 的心态，减少易怒的次数	
	长期目标	解决情绪问题，培养好的心态，融入集体生活	
教练方案		内容	具体
发散性思维技术	第一步	确定客观事实或现象	通过日常的相处与所见所得，并通过谈话的形式了解小 A。小 A 的智力水平很高，在班级里名列前茅
	第二步	寻找更多可能原因解释，为每个解释寻找支持证据	对小 A 进行心理调适，并做好记录，对小 A 的情绪调节过程提供帮助
	第三步	评估各种可能性发生的概率	对小 A 进行评估，了解情绪失控的原因
	第四步	采取行为来验证可能性	通过语言鼓励等方式间接帮助小 A

下面是教练对小 A 的教练过程：

比如，小 A 在课堂上做错题目了。

小 A 会认为做错了题目，就是特别差劲。自己不是一个优秀的好孩子，做错了题目，老师就会狠狠地批评自己，在老师的眼中，他永远都不是一个好孩子了，就成了一个坏孩子了。以后老师永远都不会喜欢自己了，同学们也要不喜欢自己了。

教练通过发散性思维技术，对小 A 进行心理调适，暗示小 A 是一个优秀的好孩子。优秀的好孩子应该是任何时候任何事情都会做得特别好的，都会一点错都没有的。即使做错了题目，立刻把错误改正过来就好。

3. 第三阶段：巩固阶段

通过发散性思维技术，教练了解到小 A 情绪失控的原因：对自我的要求过高，要求自己时时刻刻都完美，很在意老师同学对自己的看法；生怕别人不喜欢自己，每天上课神经都处于紧张状态之中，稍微有一点没有达到期望，就产生很深的挫折感，觉得所有人都不喜欢自己了。

了解原因后，教练与小 A 进行沟通。

教练与小 A 的部分对话内容：

教练："即使做错了题目，你也不是很差劲。因为所有人都有做错题目的时候，甚至老师也有做错的时候。做错了题目是一件很平常的事情。"

教练："你一直都是个优秀的好孩子。即使你有时候做错了题目，你也还是一个优秀的好孩子。因为题目的对错与好孩子并没有很大很直接的关系。"

教练："你做错了题目，你也还是老师眼中的好孩子，老师绝对不会批评你，而是会帮助你。老师很喜欢你，而且老师会一直这样喜欢你，同学们也一样。"

教练："有的错误题目可能要改很多次才能改对，班级中很多人都是这样，你要是一次没改对，也没什么大不了的，再改一次就是了。"

（三）改变效果

4. 第四阶段：结束阶段

通过发散性思维技术，小 A 得到了有效的帮助，所以慢慢卸下了一些心理负担。在课堂上，小 A 的情绪好了很多，做错题目的时候，也不再那么急躁，知道做错题目是一件很平常的事情，一次改不对也没有关系。伴随着情绪的好转，他自己也明显感觉到老师和同学更加喜欢自己了。他常常能感受到老师赞许的目光、同学们羡慕的眼神。他的成功感更高了，学习更加有乐趣。虽然还是常常做错题目，但他已经卸下了心灵的包袱，能够轻松面对了，不再闹情绪问题了。

（四）方法表格

类型	过程
关系建立与问题评估	关系建立：进行多次谈话，了解小 A 情绪失控的现象 评估问题：小 A 存在严重的情绪失控问题，易怒、暴躁 近期目标：逐渐改善小 A 的情绪失控现象，慢慢缓和小 A 的心态，减少易怒的次数 长期目标：解决情绪问题，培养好的心态，融入集体生活
正式咨询、设计方案	使用方法：发散性思维技术
巩固、强化	运用发散性思维技术，找到小 A 情绪失控的原因，并分析解决这些问题
总结	通过使用发散性思维技术，小 A 已经卸下了心灵的包袱，能够轻松面对了，不再闹情绪问题了

三、案例三 NLP 教练技术

（一）个案信息

姓名：小李

性别 男

年龄：13 岁

居住地：云南省文山市某地区

背景：某初中一年级学生，成绩不好。

个案情况：小李是个奇怪的学生，对老师与父母的要求采取相反的态度和言行。在课堂上，小李让老师们经历了很多不可理解的事情，随意翘课，上课期间大吵大闹，和同学发生矛盾等。在生活中，与大家关系不好，经常捉弄人，认为大家所思所想都有问题，自己才是对的。越是禁止的东西，越是要想办法得到或者破坏。

主要心理问题：叛逆，逆反心理严重

（二）解决过程

理论依据：NLP 教练技术

NLP 是神经语言编程（Neuro-Linguistic Programming）的缩写。N（Neuro）是指神经系统，包括大脑和思维过程。L（Linguistic）是指语言，是从感觉信号的输入到意义构成的过程。P（Programming）是指为了产生某些效果而必须执行的一组特定的指令。这意味着我们的思维和行为习惯，像计算机上的程序，可以通过更新软件来改变。

目标确定法：运用一种全面审查目标，从来访者本人的系统来确定目标的可行性的逻辑思维方法。

1. 阶段一：案例分析

与其他同学不同，小李是个比较特殊的学生。在学校中他经常随意翘课，上课期间大吵大闹，和同学发生矛盾等。于是，老师们跟小李进行了谈话，通过谈话了解到小李的这些不良行为是因为他觉得大家不理解他，认为大家对他过于严格，没有征求过他的意见，因此他才这样。于是，老师们学习了教练技术，担任教练并在日常学习生活中运用，希望改变这种情况。

相较于其他同学，小李表现得较为特立独行。他经常无视校规，公然缺席课堂或在上课期间大声喧哗，甚至在与同学们的交往中发生冲突。在获悉小李的此类不当行为后，老师们决定采取行动。在与小李的谈话中，老师们发现这些不良行为源于小李感到被他人误解，大家对他的期望未征求他的意见。为了解决这一问题，老师们学习了教练技术，他们把此作为改善他这种情况的一种方式。在日常的教育环境中，老师们将这种教练技术应用于与小李的互动中，希望能够改变他的行为模式并促进其更好地融入学校环境。

2. 阶段二：制订方案

根据小李的情况和教练的选择制订了详细的方案。

方案			
案主目标	短期目标	能够逐渐听取他人的意见，和老师、父母正常沟通交流	
	长期目标	改善逆反心理，融入集体生活，促进学生全方面的发展	
教练方案		内容	具体
目标确定法	有时间限制	把目标按时间切细到每天	从上学到放学的每个时间段该怎么做，还要按类型切细
	清楚明确	制定了一份"在校表现评价表"	1. 不打人不骂人，不乱发脾气，主动完成学习任务等 2. 每天由老师根据他的在校表现打一次分，做得好的加分，做得不够好的扣分
	可以量度	制定了一份"在家表现评价表"	1. 爱护妹妹，和父母讲话有礼貌 2. 听父母的安排等

（1）目标确定法

有目标才有动力。NLP 技术中的"目标确定法"，提出几个要点：

不拿走小李的选择，而是增添他的选择；在"改变"与"接受"中直接选择；不必强调"终极目标"而应注重"过程目标"；必须要小李自己做事，最好天天做，并且是能够得到肯定的事。因此，制定的目标应该是他发自内心，非常乐意去努力实现的。因此，等待一个机会，等待他内心有足够的意愿去自主制定"我要做好"的目标的那一刻。

（2）实践

这天的数学课上，大家正认真地听讲，小李突然把桌子推倒并走出教室。一问，原来是因为这些知识点他基本都不会。于是，教练决定小试牛刀。

在运用这种方法跟他交流之前，教练学习了"目标确定法"中辅导者（指老师）询问来访者（指学生）的模式：

你想要什么；这（目标/价值）能够为你做什么；当你达到目标时，你会做什么；你想得到什么样的结果；结果会如何影响你的人生；为什么在今天之前你未能达到结果；你需要哪些资源；你计划怎样去做。

教练与小李部分沟通内容：

师生间的交流以一种前所未有的方式开始了。

师："怎么不开心？很少看到你这样哦！"

李："这些知识点我不会……"

师："哦，原来你是想听懂这些知识点，对吗？"

李（低落）："嗯。"

师："能正确听懂这些知识点，就能达到什么目的呢？"

李："就能拿到 100 分。"

师："哦。原来你是想要取得好成绩，对吗？"

李（低落）："嗯。"

师："取得了 100 分，对你有什么好处呢？"

李："那我就是个好孩子，可以得到父母的奖励了。"

师："得到爸爸妈妈的奖励，你的心情会怎样？"

李："会很开心。"

师："也就是说，你想要听懂，就是为了成为一个好孩子，为了得到快乐，对吗？"

李："是的。"

师："哦，原来你想成为一个快乐的好孩子。而如果成绩好了，你就会很快乐，对吗？"

李："是的。"

师："什么才叫成绩好呢？"

李："考试 120 分。"

师："好。你想什么时候得到 120 分？是现在，还是未来的一周、一个月、一年？"

李："我现在就想有 120 分。"

师："得到了 120 分，你就得到了快乐。现在闭上眼想象一下，如果你做其他事情也很认真，也同样得到了父母的奖励和老师的表扬，那你的心情会怎样？"

李："会很快乐。"

（引导学生自己说出学习的正面意义"得到快乐"，有利于学生从自己的系统中找出并确定"认真学习"的目标。)

师:"那为什么到现在为止,你都还没有取得120分呢?"

李(低头,小声地):"因为我上课不认真。"

师:"还有呢?"

李:"做作业也不认真。"

师:"那么,以后上课该怎么样呢?做作业该怎么样呢?"

李:"要认真。"

接下来,教练顺势请来了他的家长。在家长的见证下,引导小李自己制订了一个比较详细的计划,内容包括每天从早到晚该怎么做,才能符合好孩子的标准。教练引导他签了一个口头协议,并要求他随时遵守协议。

"有时间期限""清楚明确""可以量度"是有效目标的三大要素。另外,"认真学习"这个目标太大,因此,教练引导小李把目标切细,先把目标按时间切细到每天从上学到放学的每个时间段该怎么做,还要按类型细分为认真做眼保健操,一堂课坚持不离开座位等内容。

3. 阶段三:实施过程

细化目标,以评价促落实。

教练与他的父母进行了一次长谈,取得了父母的配合,并达成了一致:父母不另外给小李零花钱,小李要想买学习用品或者玩具,只能通过自己良好的表现达成目标获得积分兑换成钱来购买。

教练还为他制定了一份"在校表现评价表",内容包括不打人不骂人,不乱发脾气,主动完成学习任务等,每天由老师根据他的在校表现打一次分,做得好的加分,做得不够好的扣分。一天下来,如果加分多,除了可以兑换零用钱,还可以奖励亲子活动、玩游戏等权利;如果扣分严重,则除了扣掉之前的零用钱之外,还要取消一些权利,如看电视、玩游戏等。如果零用钱都扣光了,就先欠着,等积分多了再还给父母。这份表格一周一张,每天打一次分。当天晚上家长签名,第二天再交回给老师。表格一周统计一次,如果积分多,可以奖励一样小玩具;如果扣分多,则要扣掉原来积累的钱,取消一些活动。

另外,教练还针对小李在家的负面行为,制定了一份"在家表现评价表",内容包括爱护妹妹,和父母讲话有礼貌,听父母的安排等。而奖惩的细则则仿照"在校表现评价表",由父母在家进行评价和小结。

表格实施之前,教练先向他的父母"小授技巧":无论哪份表格,都应以鼓励为主,以惩罚为辅;开始的时候,可以适当多给几次机会,多鼓励正面行为,以期增加加分的机会,减少扣分的可能,让孩子尝到"甜头"。等孩子的正面行为逐渐形成之后，再逐渐收紧标准，以期逐步提高孩子的自我管理、自我控制能力。

4. 阶段四：总结

有了父母的配合，小李自主制订的计划有了老师、家长双方的监督、检查、落实，真正发挥了作用。而小李也越来越从实施当中体会到了进步、成功的喜悦。

经过三个月的观察，小李不论是在校园还是家庭环境中的表现均呈现出稳步的提升。无论是在课堂还是课间，他的举止都更加成熟、稳健。相较于学期初，他的注意力集中时间有了显著的提升。最初，他仅能维持约 5 分钟的听课专注度，而现在已能稳定地保持 25 分钟甚至更长的专注度。此外，他的学习态度也发生了明显的变化，无论是在写字还是做作业时，都表现出了更高的认真程度。

（三）改变效果

小李在学校、家庭以及教练的帮助下，由开始的与他人交流采取相反的态度与言行，慢慢转变成可以听取部分意见，甚至到最后完全听取意见。小李在任何场合下的表现都越来越好。因此，小李的变化之大也间接反映了合理采用 NLP 技术，可以有效帮助学生们解决心理问题。

（四）方法表格

类型	过程
案例分析	通过分析发现问题，小李是某初中一年级学生，成绩不好，与其他同学不同，拥有比较严重的逆反心理，对对方的要求采取相反的态度和言行
制订方案	制订多种方案进行选择 　　采用 NLP 方法：运用一种全面审查目标，从来访者本人的系统来确定目标的可行性的逻辑思维方法——"目标确定法"
实施过程	前期：在家长的见证下，引导小李自己制定了一份"在校表现评价表"，内容是每天该怎么做，才能符合好孩子的标准 中期：制定了一份"在家表现评价表"，内容包括爱护妹妹，和父母讲话有礼貌，听父母的安排等。而奖惩的细则则仿照"在校表现评价表"，由父母在家进行评价和小结 后期：有了父母的配合，小李自主制订的计划有了教师、家长双方的监督、检查、落实，真正发挥了作用
总结	拥有比较严重的逆反心理，对对方的要求采取相反的态度和言行 "目标确定法"，帮助学生用目标管理人生，并帮助订立有效的目标，从此放下困扰，走向未来

第四节 总 结

一、案例总结

案例一中，好的计划，亦代表好的开始。制订一个好的训练计划，清楚自己的目标才行。因此，高三学生小伍在教练的协助下，运用 GROW 教练技术，通过四个步骤改变了他的困扰。通过方案的实施，小伍逐渐开始向确定目标、养成学习的好习惯而转变。其次，帮助小伍更好地明白自己现在的目标与处境，在此基础上制订有效的训练计划并采取行动，为实现目标争取一个可行的机会。

案例二中，学生很容易因为家庭、学校、自我等各方面的压力或者一些琐碎的事情积攒负面能量。所以，教师一定要教导学生懂得自我调整情绪并解决问题。因此，采用发散性思维技术对小 A 进行帮助，小 A 的情绪失控问题得到了改善。在课堂上，小 A 不再因为做错题目而焦虑，随着情绪的变化，小 A 慢慢卸下了心灵的包袱，能够轻松面对任何问题，不再闹情绪。

案例三中，采用的是 NLP 教练技术中的目标确定法对小李进行帮助。小李通过阶段的训练，有了很大的变化。在家庭生活中，小李逐渐听取父母意见，为父母着想；在学校生活中，小李由不听讲、不上课、不完成作业转变为认真听讲并完成作业。小李开始以积极的心态去面对学习和生活中遇到的一切。

二、技术总结

GROW 模型包括四个阶段：确认练习者的目标（Goal），即教练通过一系列启发式的问题帮助被辅导者找到自己真正期望的目标；回顾现实（Reality），即围绕目标搜索相关事实，这个过程需要教练帮助练习者拓展思维，找到比目前看到的更多的内容和维度，发现更多的机会；选项（Options），即方案的选择，因为练习者看到了更大的现实可能性，从而打开了思路，以探索更多方案选项，从中找到最佳；意愿（Will），即在实际的教练过程中，教练会用更多的方法来刺激练习者积极行动，并进行循序渐进的训练，直到达到教练的目的。GROW 模型的核心是通过调整个人行为和进行新的学习来提高绩效，运用这种模型可以理清现状，减少干扰，使练习者从内心找到解决问题的办法。例如，在案例一中，GROW 模型可以间接帮助练习者制订合理的训练计划。在第一阶段"目标"阶段，教练可以帮助练习者明确自己的学习目标和期望；在第二阶段"回顾现实"阶段，教练可以帮助练习者了解自己的训练状态；在第三阶段"选项"阶段，教练可以和练习者一起探讨可行的训练方法和策略；在"前进的方向"阶段，教练可以帮助练习者制订具体的训练计划和行动步骤，激发练习者的积极性与信心，从而更好地达成目标。

认知行为教练技术是一种常用于解决行为问题的教练技术，其主要特点是强调练习者的自我控制和主动参与。认知行为教练技术主要包括认知、行为和情感三个方面。存在情绪或心理障碍类问题的可以采用认知疗法，有条理地解决一个主要问题，而不是同时解决几个问题，这是很重要的。然而，如果咨询者由于情绪或心理障碍（例如，对实施商定的策略变得非常焦虑）而陷入框架内的某一个特定步骤，那么教练可以运用发散性思维技术帮助评估、克服阻碍。例如，在案例二中，教练运用认知行为教练技术帮助练习者解决了情绪不定的问题。教练可以通过认知行为教练技术，帮助练习者识别和改变暴躁、易怒的负面情绪，如过度负面化和自我指责等，从而改变情绪不稳定的认知模式；同时，教练也可以通过认知行为教练技术帮助练习者改变行为模式，如通过锻炼身体、培养兴趣爱好、改变生活方式等，从而改善不良情绪；最后，教练也可以通过认知行为教练技术帮助练习者表达和处理情感，从而促进练习者的心理健康。

NLP 教练技术是一种常用于解决心理问题的教练技术，其主要特点是强调练习者的内在体验和情感，通过语言和身体技巧的运用，帮助练习者改变思维和行为模式。NLP 教练技术主要包括两个方面：一是学习和复制卓越，二是主观经验结构。NLP 实践者总是希望能够在所有领域寻求卓越，并希望被问"你们是如何做到的"，他们试图精确地阐述个人和组织的杰出之处是什么。对教练来说，NLP 的好处在于当他们感到迷茫时，NLP 可以指导他们如何行动，事实上，一个小动机往往有很大的影响，因此，NLP 方法非常适用于有矛盾心理的受训者，因为它能使有矛盾心理的受训者产生一种积极的意图。例如，在案例三中，NLP 教练技术中目标确定法可以帮助练习者解决心理问题。教练通过目标确定法阶段的训练，并运用有效的语言技术，帮助练习者改变自己的不良行为与思想，从而解决逆反心理问题。

第三章

心理教练技术在高等教育（专科及以上）阶段的应用

高等教育阶段是人成长学习中很重要的一个阶段，也是教练技术在学校中应用最多的阶段。一般教练技术在高校的应用主要关注大学生的创新创业素质、就业能力的提升等，除了这些，本章将着重描写大学生心理问题（暴躁、自卑、学习恐惧）等的应用案例。先学习高等教育学生的心理特征概述，再了解高等教育学生的心理问题，最后学习三个不同教练技术的案例。

第一节　高等教育学生的心理特征概述

一、高等教育的定义

教育学家王伟宜提出：

"高等教育是指建立在普通教育基础上的专业性教育，以培养各种专门人才为目标。我国高等教育的培养层次包括专科教育、本科教育和研究生教育；培养形式有全日制、半日制和业余高等教育；有综合性大学、单科大学、短期大学等；有国家办的、地方办的及民办的高校等。

"高等教育的发展历史可以追溯到中世纪的大学，后来历经发展，主要是英国、德国、美国的大学的不断转型，形成了高等教育的三项职能，即培养专门人才、科学研究、服务社会。改革开放以来，我国高等教育事业获得长足发展，改革取得令人瞩目的成绩，初步形成了适应国民经济建设和社会发展需要的多种层次、多种形式、学科门类基本齐全的社会主义高等教育体系，为社会主义现代化建设培养了大批高级专门人才，在国家经济建设、科技进步和社会发展中发挥了重要作用。"①

2022 年 5 月 17 日，从教育部新闻发布会获悉，中国建成世界最大规模高等教育体系，在学总人数超过 4430 万人，高等教育毛入学率从 2012 年的 30%，提高至 2021 年的 57.8%，高等教育进入世界公认的普及化阶段。中国接受高等教育的人口达到 2.4 亿，新增劳动力平均受教育年限达 13.8 年，劳动力素质结构发生了重大变化，全民族素质得到稳步提高。

本章主要讲的案例主要是高等教育 18 至 22 岁的大学生，包括专科教育、本科教育。

二、高等教育学生的心理特征

大学生表现出的心理现象是不同的。当然，与一般的个人心理事件一样，大学生心理事件也可以分为心理过程、心理状况、心理倾向和心理发展。近年来，尽管中国高等教育发展迅速，但大学生仍然较少。作为一个特殊的社会群体，大学生在所处的环境、主要目标、活动特征、社会地位和公众意识等方面的差异也表现出心理状态、心理特征、心理倾向和心理发展的特点。

（一）个性特征

1. 自我意识增强

与前辈相比，当代大学生表现出了更强烈的自我意识，无论是群体还是个人。他们具有自己的主见和强烈的自信，习惯于从自己的角度思考问题，同时也要求更多的关注和自由。这种现象产生的原因有以下几点：首先，当代大学生多为独生子女，在成长过程中，父母往往会过度呵护，导致强烈的自我中心感和缺乏同理心；其次，现代大学生在成长过程中经常通过电影、互联网等媒体接触到西方文化潮流，这可能会对他们的思想产生影响。他们可能会更加强调天赋人权等西方价值观念，甚至可能会对这些价值观念进行过度强调或扭曲。

当代大学生接触到了更多新事物，他们具备独立思考的能力，追求个性化，不会盲目追随老师或他人的观点，表现出强烈的自我意识和提出自己想法的勇气。因此，在现阶段，学生对校园教学质量和学生管理都提出了更高的要求。

2. 身心发展成熟

当代大学生一般处于 18 至 22 岁这一年龄阶段，这一时期是他们身心发展逐渐成熟的关键时期。在这个阶段，他们经历了快速的生理和心理变化，这些

---

① 王伟宜. 高等教育入学机会研究：社会阶层的视角［M］. 广州：广东高等教育出版社，2011：3-9.

变化促使他们的思维、性格、价值观以及伦理道德等各方面也逐渐成熟。

3. 认知与行为矛盾

当代大学生具有较强的理解新事物的意识和潜力，知识结构更加复杂多样。他们能够明辨是非，清楚地理解善与恶、对与错、美与非，具有良好的道德视角和普遍的视角。在公众或群众参与方面，他们具有基本的公民意识，重视中华民族优秀的传统文化。然而，与此同时，他们往往以自我为中心，他们的认知和行为是不相容的，甚至完全相反。

4. 享乐主义倾向显著

现代大学生视野开阔，开放意识强，但也容易受到西方文化的影响。他们能够从现代和全球的角度看待世界，有勇气接受西方现代文化，但他们可能缺乏对西方思潮的识别和分析。在其成长过程中，传统因素的影响会逐渐减弱，而现代甚至后现代因素的影响会不断增强。随着现代高科技的兴起，信息、电话、抖音、QQ、微博、小红书、微信和网络游戏已成为当代大学生生活中不可或缺的一部分。他们热衷于网络生活，娱乐化趋势显著，更注重物质享受，缺乏节约资源和努力工作的理念。

（二）社会化特征

1. 平等性

由于大多数年轻大学生的身心发展水平相同，他们的年龄、经历和心理特征以及知识结构和思想特征大致相同。这样，青年学生的交往具有人格平等、角色相同等明显特征。在这种情况下，年轻学生不需要承担与父母和老师互动时的心理负担和不平等感，也不需要因为观念不同而感到困惑。

2. 独立性

由于年轻大学生的个性差异，每个人的互动可能与其他人不同，从而在互动中产生丰富多彩的个性特征，这种性格特征使年轻学生，无论是活跃的还是孤僻的，都能在人际交往中表现出独立意识。首先，这种自主性表现为在人际交往中积极主动。他们是相互支配和有影响力的伙伴，具有强烈的心理独立感；其次，年轻学生的人际交往大多是由兴趣和意愿引起的，因此与他们的个人兴趣是一致的。

3. 开放性

随着改革开放的深入，青年学生的人际交往呈现出开放式的特点。首先，青年学生有很强的沟通意识，通常不会拒绝沟通；其次，青年学生有广泛的人脉，在校园里，班级、年级、专业或是性别等因素，并不会成为其之间相互交流的障碍，青年学生也在努力将自己的交流领域扩展到学校甚至社会之外；最后，与青年学生多层次、多方面的沟通需求相对应，他们丰富多彩的沟通方式是独一无二的。近年来，大学中各种类型的协会的兴起就说明了这一点。

4. 纯洁性

大学时代是一个思维活跃、情感丰富的时期。大学生将友谊视为一个重要的追求目标，并且非常浪漫。他们的内心充满着对理想的向往和对生活的热爱，很少有功利的色彩，彼此之间相互帮助而非相互利用。这些反映了青年学生人际交往的纯洁性。

（三）环境特征

1. 大学生的家庭环境与心理特征

（1）贫困家庭大学生的心理特征

这些学生大多来自贫困地区，家庭生活特别困难，缺乏同龄人的温暖和幸福。性格内向，沉默寡言，但与此同时，特殊的生活环境培养出了坚韧、顽强、好胜的气质。

（2）父母不和或离异大学生的心理特征

一些孩子由于父母不和或离婚，给他们的正常心理成长蒙上了阴影。形成胆怯、孤立、自卑、抑郁、紧张等心理特征。

（3）大学生突发家庭事故后的心理特征

由于火灾、人员伤亡等突发不幸事故，一些大学生遭受了严重的心理创伤，影响了他们的心理健康成长。这些学生的心理特征是悲伤、失落、冷漠和孤独。

2. 大学生网络群体的心理特征

（1）需求心理

网络世界是一个内容极其丰富的世界。网络资源的巨大性和多样性为大学生提供了各种需求，包括涉及社会生活各个方面的内容。现代大学生的物质和精神需求往往远远超出了社会所能提供的。虚拟网络社交平台可以为大学生提供更多满足需求的途径。例如，大学生可以利用网络资源解决学习过程中的各种问题，因此在网络上为学习目的建立的各种论坛和组织为大学生提供了一个学习平台。丰富的网络资源拓宽了大学生的视野，满足了他们的各种需求，使网络更具吸引力。

（2）逃避和释放压力心理

虚拟网络由于其隐蔽性和匿名性，促使越来越多的大学生参与网络世界的交流活动，形成了一个特殊的群体。丰富的网络资源一方面为大学生提供了方便快捷的信息搜索渠道，满足他们的日常学习和工作需求，另一方面也会给大学生提供不正确的引导。

大学生进入校园后，希望建立良好的人际关系网络，并得到他人的支持和鼓励。然而，在实际沟通过程中，大学生往往因性格孤僻而回避沟通，因缺乏说话能力而害怕沟通，因自卑而拒绝沟通。各种特征导致大学生之间的人际关系紧张，大学生感到孤独和抑郁，无法与他人分享自己的内心感受，也没有人能倾听他们的心声。因此，在这种心理作用下，大学生将注意力集中在网络上，网络为他们提供了一个狭窄的空间，用于暂时逃离现实生活的艰辛。同时，在虚拟网络上，大学生可以释放生活、学习和工作的压力，他们的情绪暂时得到释放。

（3）从众心理

从众心理即指个人受到外界人群行为的影响，而在自己的知觉、判断、认识上表现出符合于公众舆论或多数人的行为方式。在网络环境中，从众心理同样存在，并已被实验研究证实。一些实验表明，个体的从众心理在网络环境中并未消失，但从众比例有所降低。这可能是因为互联网的匿名性降低了个人认同他人的线索或条件，导致网络从众心理比例下降。同时，随着网络技术的不断发展，网络群体自发形成的规范制约着每个人。只有当个人接受集团的内部规则时，他们才会被接受或认可。

从心理学的角度来看，个体在网络中害怕孤独和认知失调，也会表现出从众心理。在这种情况下，群体成员会接受群体大多数人的意见或行为，从而放弃他们最初的想法。这种从众心理不仅表现在大学生对同学和他人在网络中的行为模仿上，也表现在他们的观点支持上。

第二节　高等教育学生的心理问题

一、高等教育学生心理问题产生的背景

随着社会的快速发展，人们的生活节奏越来越快，竞争越来越激烈，人际关系也越来越复杂。作为现代社会的一部分，大学生对社会心理时代的变化非常敏感。此外，大学生作为一个特殊的社会群体，面临着许多特殊的问题，如适应新的学习环境和任务、选择专业和适应学习、处理人际关系、处理爱情冲突、选择未来职业等。如何避免或消除由上述各种问题引起的心理压力、心理

危机或心理障碍，提高身心健康水平，以积极正常的心理状态适应当前和未来的社会环境，预防心理和生理疾病的发生，加强大学生心理健康教育已成为各高校迫切需要和共同关注的问题。

二、高等教育学生心理问题及异常行为的成因①

(一) 环境适应问题

在大一新生中，常见的问题之一是生活和学习环境的适应问题。大学是一个具有多元文化和多元背景的社区，每个学生都来自不同的成长环境，面对生活环境的巨大变化，有些大学生可能会有困惑和挫败感。有些人对大学抱有很高的期望，而另一些人对大学没有要求；有些人从小就没有离开过家，而另一些人从小就独立上学；有些人往往性格内向，但他们可能生活在一个热闹的宿舍氛围中。学生从一个他们已经适应了的舒适圈子跳到另一个不熟悉的圈子，这导致了学生易怒和抑郁等情绪问题。此外，大学的学习负担和自主学习的要求也可能让一些学生感到有压力和不适应。因此，新生们需要逐渐适应大学的生活和学习环境，同时积极寻求帮助和支持，以克服困难并实现自己的目标。

(二) 学习适应障碍

学生在学习中可能遇到学习动机不足、学习适应困难、注意力不集中、学习疲劳和考试焦虑等心理困扰。第一，缺乏学习动机可能导致学生"为学习而学习"，无法进入学习状态，只是被动应对巨大的考试压力。学生需要认识到学习的必要性和未来学习的理想，并以积极主动的态度对待学习。第二，学生可能会遇到学习和适应困难，因为他们可能仍然依赖中学的思维模式和学习方法，无法适应大学学习的规律和生活环境。为了克服这些困难，学生需要寻求合适的学习方法和生活方式，并积极适应大学的学习和生活环境。第三，注意力不集中是大学生可能遇到的心理问题之一，表现为注意力转移和注意力分散，影响了学生的学习效率和成果。为了减小注意力不集中的影响，学生需要注意自己的时间管理和注意力控制，并采取有效的学习方法。第四，学习疲劳可能导致学生出现身体和心理疲劳，影响学习和生活质量。学生需要合理安排学习和生活，以减轻学习疲劳的影响。第五，考试焦虑是大学生面临的主要压力之一。学生需要认识到考试仅仅是学习的一部分，并采取积极的心理调适策略，减轻

---

① 孙莉娅. 大学生心理问题及异常行为管理预防 [J]. 吉林华桥外国语学院学报，2008 (02)：107-110.

考试压力和焦虑情绪的影响。总之，大学生需要积极面对学习中可能遇到的心理问题，采取有效的学习方法和心理调适策略，以提高学习效率和成果。

大学生的人际关系问题主要包括以下几点。

1. 自卑和自负

在人际交往中，认为自己很优越，但又觉得自己不优越、无助的复杂情绪被称为自卑。自卑感导致大学生在人际交往中缺乏自信和自我意识、行为退缩、敏感和担忧。大学生不愿意承认自己的弱点，采取超出自己能力范围的行为，这种复杂的情绪被称为自负。自负的大学生在人际关系中表现出盲目乐观、虚张声势、夸大其词和幼稚的特点。

2. 孤独

孤独是人际关系中另一个常见的心理问题。大学生渴望沟通和友谊，但沟通的心理亲密与强烈的沟通欲望之间的矛盾往往会导致孤独、焦虑、缺乏理解等心理困扰。

3. 以自我为中心

有这种心态的大学生在与他人打交道时，会以自己的需求和利益为中心，只关心自己的得失，不考虑他人的利益。有这种心理的大学生无法正确、恰当地处理人际关系，极易遇到人际关系问题。以自我为中心的心理在独生子女大学生中极为普遍。

（三）恋爱与性心理问题

大学生的性发育基本成熟，情绪处于冲动期。由于缺乏这方面的知识，再加上其他因素的影响，少数大学生无法正确理解和解决性心理和爱情问题，导致困惑。大学生常见的爱情问题包括单恋、暗恋和失恋。爱情是最令人兴奋的，也是最容易引起痛苦的。大学生处于青年的中后期，性成熟是一个重要特征。爱情和性问题是不可避免的。常见问题包括单恋、恋爱受挫、恋爱与学校关系问题、情绪崩溃的报复等。同时，性骚扰也是一个严重的问题，包括性骚扰以及婚前性行为、校园同居等问题引起的恐惧、焦虑和担忧。

例如，2001 年 7 月，一位名叫左的大学生因恋爱关系问题，在教学楼用水果刀刺死了班上的一名女孩。类似的事件时有发生，引起广泛关注和担忧。因此，大学生需要关注自己的情感和心理健康问题，学习解决问题的方法和技巧，通过与他人交流、学会应对压力、寻求娱乐和放松方式、培养兴趣爱好、建立良好的人际关系、学会解决问题和寻求专业的帮助，以避免出现不必要的悲剧。

（四）性格与情绪问题

人格障碍被视为社会学领域中一种较为严重的心理障碍，其形成与个体的成长经历紧密相关。该疾病的病因较为复杂，主要涉及自卑、怯懦、依赖、神经质、偏激、敌对、孤立、抑郁等多方面的临床表现。

（五）求职与择业问题

求职和择业是高年级大学生普遍存在的问题。当他们即将进入社会时，他们经常感到困惑和担忧。诸如如何选择自己的职业，如何规划自己的职业以及申请工作需要什么技能等问题或多或少会引起困惑和焦虑。因此，大学生需要认真地进行职业规划和自我认知，以确定自己的职业目标和发展方向。同时，也需要了解求职市场和职业需求，掌握求职技巧和面试技巧，以提高自己的竞争力。

（六）生活空虚

一些学生在进入大学时可能会遇到各种各样的失望，他们的"雄心壮志"一次又一次地受到打击，或者他们可能对自己失去信心，或者他们对同学和周围的事情不满意。这些问题抑制了大学生的能力，如注意力不集中、记忆力下降和沟通能力有限。在严重的情况下，它们还会导致身体功能障碍，如头晕、消化功能障碍等。

三、高等教育学生常见心理问题的影响因素

（一）学校因素

学校也是一个人在步入社会前生活比较多的地方。学校的生活也足以影响他们对世界的认识，对未来的认识。良好的教育能够弥补家庭教育的缺失。相反，恶劣的学校教育也可能破坏良好的家庭教育。

对一个学生来说，和老师、同学的相处更能影响他的一生。温柔慈爱的老师，互帮互助的同学，更能形成良好的氛围，产生积极向上的态度。相反，如果受到老师的猥亵、辱骂和不公平待遇，势必会导致学生对世界的理解崩溃，对未来失去信心。如果遇到同学的欺凌和欺骗，他们也会在心里留下阴影，这将不可避免地影响他们未来的生活轨迹。从一开始，尤其是在小学、中学和高中，一个人就是一个重要的发展阶段，很容易受到周围环境的影响。学校环境对个人心理发展的影响非常大，因为人们大部分时间都在学校度过。学校通过教育方式、师生关系以及学生之间的交往，对个人心理发育产生影响。如果学生负担过重、师生感情不和谐或人际关系不和谐，会给学生造成心理压力和精

神抑郁，从而容易导致心理障碍。因此，学校应该注重学生的心理健康，提供积极的心理健康教育和咨询服务，创造健康和谐的学习氛围，为学生的全面成长和发展提供良好的支持和保障。

（二）家庭因素

家庭原因成为当代大学生心理问题的最主要来源之一。大学生在步入大学之前，接触最多的就是学校和家庭，而家庭则承担更多的责任。

首先，家庭是每一个人从出生就开始生活的地方。不管是小时候的成长，还是长大后上学的成长，家庭都是不可避免接触的地方。家庭的成员关系，家庭的构成、状况，都深深影响着一个人对世界、对生活的看法。有些大学生因为从小经历父母离异，而对爱情产生怀疑；有的因为在家庭中感受不到爱与被爱，因而在步入大学、社会的时候，也缺乏爱与被爱的能力。家庭环境因素和父母养育模式很容易影响个体的心理发展，这也是个体未来心理健康的基础。家庭应该创造温馨和谐的家庭氛围，提供支持和鼓励，帮助孩子建立自信和独立性，培养积极进取的心态，以及适应社会的能力，从而促进个体的全面发展和健康成长。

（三）社会因素

1. 新时期文化价值观转变对大学生的影响

随着信息网络时代的到来，新事物、新思想和新趋势正在迅速涌现。它对传统的、稳定的价值体系产生了巨大的影响。在社会经济结构发生巨大变化，社会法律法规不健全的当下，随着变革的洪流，大学生处于激动和不安的状态，他们受到社会上权钱交易泛滥、职业道德败坏等不正之风的严重影响。随着时间的推移，这会成为心理问题的诱因。大学时期也是一个人世界观和人生观形成的重要阶段。大学生对自己的学科没有社会信仰标准，他们的自我概念也尚未定型。在这种情况下，他们做出的选择要么不令人满意，要么犹豫不决，充满了矛盾和困惑。

2. 社会环境对大学生的影响

由于市场经济浪潮的影响，目前，大学生对传统社会道德和价值观的认可度普遍下降，表现出反社会行为，如酗酒斗殴、常见的违纪行为，以及对商店行窃和恋爱的不满。传统道德观念与现代生活方式的交叉与共存，让大学生无所适从。我们应该注重培养大学生的道德观和价值观，加强对他们的教育，提高他们的社会责任感和自我管理能力，帮助他们更好地适应现代社会的发展和变化，成为有责任、有担当、有追求的新时代青年。人们生活在一定的社会文化环境中，因此经济条件、价值观和社会制度也随时影响着大学生的心理健康。当前，中国正处于转型期，经济、政治、文化等各方面都在发生变化。然而，大学生正处于生理和心理不稳定时期，各种心理困惑不可避免。例如，社会价值观的偏差，过度强调文凭、名校，以及追求高等教育的理论，这些都不利于个人多元价值观的建立。

在当代大学生真正进入社会之前，他们与社会的接触是有限的，但并不意味着没有接触。社会的方方面面也会对一个人产生影响。例如，看到社会上积极或消极的事情，或者亲身经历某些事情，可能会对当代大学生产生重要的指导和影响。社会接触是不可避免的，但各种机构和组织可以尽可能保持有利于心理健康发展的良好环境。

（四）自身因素

个人原因不容忽视。一方面，一些学生可能有一种生理、心理机制，这种机制天生就更容易出现心理问题。这既有遗传原因，也有后天养成的习惯、思维和其他原因。另一方面，即使有外部条件的引导，也需要主体的积极参与。因此，如果受试者不能有积极、正能量的态度，即使外部条件很好，问题也会出现。相反，如果外部条件不利，受试者能够积极认识和努力，那么仍然会产生好的结果。

同样，当出现心理问题时，如何行动也很重要。一些大学生选择自我调节，而另一些大学生则选择自我宽容。如果能很好地自我调节，那当然是一件好事。如果不能及时解决相关问题，那么向老师和教练寻求帮助是非常必要的。

个体具有各种认知功能。首先，如果个人的认知、需求或动机长期得不到满足，他们可能会有心理偏见或精神疾病。有一天，认知严重失控，还会损害人格的完整性，导致人格异常。其次，人类的情绪是多成分、多层次的，它们是个体生存和适应社会的内在动力，也是维持身心健康的重要因素。情绪是否积极与人类的身心健康息息相关。稳定积极的情绪使人身心健康，精力充沛。相反，波动和消极的情绪对人类的身心健康有害。还有人格因素，它包括性格、气质和性格倾向等因素，这些因素对一个人的心理健康影响最大。例如，面对挫折，有些人会做出消极的反应，自暴自弃。有些人正视现实，努力变得更强大，这是个性的结果。研究表明，特殊的人格特征往往是相应的精神疾病的基础。谨慎、追求完美和美丽、高人一等、保守、敏感、多疑、心胸狭窄等强迫性人格特征很容易导致强迫性神经症。因此，培养健康的人格是保持身心健康的关键因素之一。

第三节　案例分析

一、案例一 GROW 教练技术

（一）个案信息

姓名：晓华

性别：男

年龄：22 岁

居住地点：某专科学校在读学生

背景：对学校的管理不满，感觉在学校生活非常压抑；在学校没有自由，被管束，不允许点外卖，学校食堂饭菜难吃，渴望学校外的生活；性格急躁、敏感，遇到事情想法比较极端；曾喜欢喝酒、抽烟发泄压力。

主要问题：脾气暴躁、情绪不稳定、渴望自由

（二）解决过程

依据 GROW 教练技术解决主要问题。GROW 模型是英国的约翰·惠特默在《高绩效教练》一书中提出的一种辅导过程中的沟通工具模型。该模型通过教练的方向性、策略性指导，促使晓华自我觉察、自我改变和自我成长。

1. 第一阶段：Goal 明确目标

GROW 目标阶段分为发出邀请、明确理想目标、明确绩效目标和目标确认四个步骤。

（1）发出邀请

教练主动与晓华进行多次沟通，逐步与晓华建立一种平缓的关系。在建立关系当中，引导晓华说出现状，后面更方便于各方面确定要达成的目标。

在沟通过程中，了解到晓华的一些基本情况，他目前对学校的管理十分不满意，认为在学校的生活非常压抑，无所事事，以至于他的脾气越来越暴躁，与人相处十分不融洽。

（2）明确理想目标

在这个阶段，教练在确认情况过程中，明白了晓华的想法和问题，把目标聚焦到换位思考，找到在学校生活的乐趣以及找到有意义的事。教练引导晓华设定目标，探寻心中真正需要解决的问题。

教练与晓华部分沟通话术：

教练："你想要改变现状，是吗？"

晓华："是的。"

教练："你觉得让你的生活变得忙碌起来需要做什么？"

晓华："我想多参加一些学校活动，加入学生组织。"

（3）明确绩效目标

在明确大概目标之后，教练帮助晓华把目标变成符合 SMART 原则的目标。符合 SMART 原则的目标就是要具体、可衡量、可达成、有价值、有时限。

近期目标：去学校相关部门了解学生的相关管理制度，了解学校相关学生组织以及组织的活动并积极报名参加。

长期目标：参加学生会，竞选学生会主席团，找到自己喜欢做的事，积极参加各项活动，找到人生的价值。

（4）目标确认

最后教练和晓华确认了目标，在确认目标时，教练询问得很详细。晓华从中了解自己将要达成的目标，并配合教练行动。这有助于晓华按照目标来开展后续的治疗。

教练与晓华部分沟通话术：

教练："所以，你想在一年时间内，参加学生会并且成为核心负责人，是吗？"

晓华："是的。"

2. 第二阶段：Reality 了解现状

GROW 现状阶段分为分析事实、探索因素、寻找资源三个步骤。

（1）分析事实

这一阶段与晓华分析他现在所处的情况，以及需要解决的问题。由晓华目前面临的困境可知，他现在需要找到感兴趣的事情，多参加活动，充实自己的生活，以解决他"不自由"的问题。另外，对学校的管理不满，感觉在学校生活非常压抑；在学校没有自由，被管束，不允许点外卖，学校食堂饭菜难吃，渴望学校外的生活；性格急躁、敏感，遇到事情想法比较极端；曾喜欢喝酒来宣泄压力等的问题也亟须解决。

（2）探索因素

在这一阶段要引导晓华发现自己产生以上问题的影响因素，自身因素在于晓华没有发现学校生活的乐趣，没有融入学校这个大家庭中。另外，学校方面也存在一定问题，应该组织学院积极了解学生的生活状况和存在的问题并采取解决措施。

（3）寻找资源

教练与晓华一起分析相关信息。需要收集的信息包括直接信息和间接信息。直接信息是指通过与晓华交谈直接获得的信息。间接信息是在访视晓华学校后获得的信息，学校的管理制度。让晓华知道学校管理制度的存在是为了保障学生的安全而不是为了禁锢学生。另外探访学校的学生组织，为晓华寻找合适的组织，让他感受到学校生活的乐趣。

在这一阶段，把握晓华的喜好，尤其是晓华比较关心的或比较敏感的问题。

3. 第三阶段：Options 讨论方案

在第二步分析现状的基础上，可以制订具体的方案改变现状，解决问题。

方案一：在学校多参加活动，找到自己感兴趣的事，把心思放在自己喜欢的事上，比如，参加校学生会或者学校艺术团施展自己的才能，让自己发光，这样就不会感觉自己被束缚，有事可做就证明自己是有价值的。

方案二：多关注别的学校管理的方式，这样就不会觉得自己被束缚，每个学校为了学生的安全，在管理方面都是非常严格的。另外，可以多和同学了解学校的美食和一些有趣的活动，可以在学校寻找美食、参加有趣的活动，这样生活会更加有意义。

方案三：努力让自己成为一个学霸，全身心投入学习，有明确的目标，可以提前为升本、考研或找工作做准备，这样就不会被一些琐事困扰。

最终晓华选择了方案一。

4. 第四阶段：Will 确定意愿

教练和晓华进行深入讨论，共同探讨各种可能的解决方案，同时充分尊重晓华的个人意愿。教练积极引导晓华去发现学校的美丽之处和人性化的管理制度，并帮助他改变原有的思考方式，学会从不同的角度去理解和解决问题。

（三）改变效果

经过长时间的培训与锻炼，晓华得以加入校学生会，并最终成为体育部的负责人。他尽职尽责地参与并策划了多项活动，展现了全身心投入工作的精神。在此期间，他并未对学校的各种不足之处产生抱怨，反而通过亲身经历发现了学校许多美好的一面。这些经历使他的人际交往能力得到提升，性格也变得更加开朗、乐观。

（四）方法表格

Goal 目标	1. 培养乐观的生活态度 2. 找到在学校生活的乐趣 3. 发现校园的美 4. 学会换位思考
Reality 现状	1. 没有换位思考学校管理严格是在保证学生的安全 2. 在遇到烦心事时，先冷静，再去思考前因后果
Options 方案	1. 询问别人对学校管理的看法，可以通过别人推荐去发现食堂的美味 2. 在学校多参加活动，这样你会发现在学校是非常有意思的，就不会有被束缚的感觉
Will 意愿	阐明行动计划、设立衡量标准、规定分工角色、建立自我责任

二、案例二　认知行为教练技术

（一）个案信息

姓名：小菜

性别：女

年龄：25 岁

背景：某高校研三学生

案例状况：她是一所大学教育专业的研究生。为了获得一份更好的工作，她参加了教师职位的考试。在一次考试中，由于情绪过于紧张，三门科目的成绩都很差。她非常沮丧，更糟糕的是，她对考试产生了强烈的恐惧感。每次考试前，总是担心自己的复习不够全面，心情焦虑易怒，导致精疲力竭。进入考场时，她感到极度紧张，记忆力和思维受到严重抑制，考试成绩总是很不理想。在一段时间内，形成了一个恶性循环：越紧张，考试就越糟糕；考试越糟糕，就越害怕。

精神状态：恐惧、紧张

生理状态：头昏、疲劳、食欲下降、心情烦躁

求助动机：消除恐惧心理、学会控制情绪

（二）解决过程

采用认知行为教练技术中的 ABCDE 理论模型进行解决。

ABCDE 理论是一种认知教练技术，包括从认识非理性信念到改变非理性信念，再到调整情绪和行为的一系列步骤和阶段。该理论始终强调当下，重视人

的理性力量，并认为人最终通过自我调节来适应环境。在这个过程中，人的主动性被提升到了重要地位。

1. 第一阶段：困境

A（诱发事件）：考试失败。

2. 第二阶段：想法

B（对考试有一些不合理的信念）：分数必须超过其他人，否则会很可怕；考试成绩代表了生命的价值，只有所有科目都取得好成绩，生命才有价值；老师应该在各方面都以身作则，考试也应该如此；考试不及格是最可耻的事，同事和学生会嘲笑自己；如果一次考试不及格，将证明自身的能力很差，将来自己也会失败；每次考试前都没有彻底复习，所以不可避免地在考场上会遇到不会的问题；无论对知识有多熟悉，它也是不可靠的，仍然会在考场上忘记它。上述不合理的信念，有的对自己提出了过于完美的要求，有的扭曲了考试成绩对人的意义，有的则是毫无根据地自我怀疑和自我挫败。这表明练习者的思维缺乏理性，有绝对、概括和主观的倾向。

3. 第三阶段：结果

C（由上述不合理的信念引起的不良情绪和行为后果）：考试前的恐惧、担忧、烦躁不安，考场上的紧张，导致身心疲惫，考试成绩下降。

4. 第四阶段：辩论

D（与非理性信仰的辩论）：逐一反驳。

在与非理性信仰的辩论中，反驳"你必须在成绩上超过别人，否则会很糟糕"的想法时，我们可以告诉自己，"每个人的能力和特长都不一样，在某些方面可能优于其他人，而在其他方面可能无法相比，这很正常"。只要我们尽力了，即使考试不及格，我们仍然可以从中学习并改进。考试成绩只是检查学习结果的一种手段，不能代表一个人的全部价值。一个人的价值由许多部分组成，表现在道德、知识、能力、性格、理想、事业、家庭、友谊等方面。因此，仅仅因为学习缺点和不足并不能否定一个人的全部价值。我们应该重视自己的优点和长处，并努力提升自己的能力和素质，以实现自身的价值和成就。

教师在各方面都应该以身作则。教师考试不及格，在讲台上没有面子。糟糕的考试成绩确实打击了自尊。然而，教师也是人，教师不是神。偶尔的失败是可以原谅的，每个人都应该能够理解。此外，考试并不是为了面子而设置的，而是为了检查前一阶段的学习效果。如果能避免面子的负担，以更踏实的态度对待学习中的每一个缺点和不足，就能在平静的心态中稳步前进。

"每次考试前都没有彻底复习，所以在考场上一定会遇到不会的问题。"由于考试是对学习效率的测试，所以问题必须在我们的知识范围内。每次考试前，我都会详细深入地复习，我应该相信试题不会超出我的能力。正是因为不必要的担忧，我在考试前感到焦虑和分心，这迫使我过度复习，导致考试期间疲劳、紧张和智力迟钝，导致考试失败。这种毫无根据的恐惧让我很沮丧，必须消除。

"如果你一次考试不及格，你就证明了你的能力很差，将来也会失败。""意外的失败不能证明你的能力不好。重要的是客观全面地总结经验教训，找出原因，并在多变的因素下尽一切努力提高。"出于你无法控制的原因，不要抱怨和纠缠他人。一旦我真正纠正了自己的缺点，下次考试肯定有成功的希望。如果你因为一次暂时的失败而完全否定自己，这种缺乏信心将埋下另一次失败的根源。

无论记住多少知识，都是不可靠的，在考场上仍然会遗忘。"如果不是我的大脑出了问题，那么我应该像正常人一样遵循记忆的一般规则，也就是说，只要我对某种材料有一定程度的熟悉，我就会在一定时间内保持良好的记忆。"我在考场上忘记了相关知识，并不是说我的大脑记忆功能比普通人低，而是我的精神状态有问题。紧张的情绪使我无法成功地提取存储在脑海中的信息，从而导致所谓"意识狭窄"，这种现象严重降低了解决问题的效率。因此，我不需要怀疑或贬低我的记忆力。重要的是恢复自信，以轻松、平静的心情迎接考试，展示我的真正能力。

5. 第五阶段：更积极的新成果

E：在放弃了对考试的各种不合理信念后，我开始对考试采取更加理性的态度，我的情绪和行为发生了显著的变化。在未来的考试中，我不再担心考试不及格，也不会那么认真地对待高分。复习时，我会专注于学习本身，不再分心，不再烦躁，心情平静稳定。当你参加考试时，你会有一种平静的心情，一个清晰的头脑，并且充满信心。当遇到困难时，你可以充分调动自己的知识，做出合理的假设和推理。考试的结果令你非常满意。这大大增强了我的信心，有效地抑制了我对考试的恐惧。后来，这位学生从未经历过考试焦虑，并成功地找到了一份工作。

（三）改变效果

在 ABCDE 理论的指导下，小菜成功获得了一份理想的工作，成为某高职专科学校的教师。经过这一过程，她的忧虑和恐惧情绪得到了缓解，不再受到考试的困扰。现在，她已经能够有效地控制自己的情绪，并逐步实现自己的计划。

（四）方法表格

阶段	过程
第一阶段： 困境	A（诱发事件）：考试失败
第二阶段： 想法	B（自己对考试产生的一些不合理信念）
第三阶段： 结果	C（由以上不合理信念导致的不良情绪和行为后果）：考前害怕、担忧、焦躁不安，考场上紧张万分，导致身心疲惫，考试成绩下降
第四阶段： 辩论	D（与不合理信念展开辩论）：——将其驳倒
第五阶段： 更积极的新结果	E：放弃了关于考试的种种不合理信念之后，我开始用更为理性的态度去看待考试，情绪与行为随之产生了明显的变化

三、案例三 NLP 教练技术

（一）个案信息

姓名：小 A

性别：女

年龄：20 岁

背景：某高校大二学生

个案状况：她是校学生会的学生干部，身材高挑，面容姣好，思维敏捷、表达流畅，但她一直觉得自己不如别人，稍有不顺心的事情就容易情绪激动，爱哭。小 A 的男朋友是该学院的学生会主席，十分优秀，对小 A 非常好，她自己也很喜欢男朋友，但只要男朋友提出约会，她总想回避，觉得男朋友不应该浪费时间在自己身上，感情出现危机。

精神状态：爱哭、自卑、烦躁、情绪激动

生理状态：头昏、疲劳、食欲下降、肠胃不适、青春痘严重

求助动机：因为自卑而寻求帮助

采用 NLP 中的同步带领技术帮助小 A，"同步带领"就是敏锐观察，充分接纳对方的情绪和感受，积极呼应对方的语言内容，及时置换框架，带领对方从不同的角度重新看待问题，寻找积极的解决方式。

（二）解决过程

1. 阶段一：通过访谈发现问题，表达理解之情

在访谈过程中，通过聆听和观察发现小 A 存在的问题及问题产生的因素。

（1）倾听表达理解之情

教练需要在不被练习者忽视的情况下倾听对方所说的话，以及对方虽然没有说，但已经在言谈举止中表现出来的意思。在聆听的过程中，深入了解到小 A 基本算是留守儿童，父母在北京做生意，从小与弟弟一起在老家和爷爷奶奶生活。初三那年，姐弟俩被父母接到北京上学（当时弟弟初一），到北京后，因家离学校较远，姐弟俩寄宿。小 A 感觉自己不能适应学校生活，经常遭到同学讽刺，弟弟还遭遇过校园暴力。两年后，父亲被骗，生意失败，母亲与父亲离婚，但夫妻两人仍旧一起生活，姐弟俩回到老家继续读书，奶奶赴北京帮助父亲打工还钱，姐弟俩和爷爷一起生活。爷爷要求比较高，教育方式也比较简单粗暴。成长过程中，小 A 可以感受到家人特别是母亲对弟弟的偏爱。小 A 和小姑关系比较好，经常电话联系，向小姑倾诉，小姑也给予积极的回应。此外，小 A 与同学、老师相处融洽。在聆听的过程中梳理问题的根本原因，表达对小 A 的理解之情，给予小 A 必要的引导。

（2）问题产生的因素

个人因素：

她本身具备卓越的素质和能力，然而，她往往无法正确认识和欣赏自己的优点，经常陷入自我否定的情绪中。或许在她的成长过程中，一切都过于顺利，导致她在面对问题和冲突时，情绪容易波动，难以保持冷静。特别是在与男友的相处中，当男友尝试提出解决矛盾的方法时，她常常选择冷漠、忽视甚至逃避的方式应对。这些行为可能源于她内心深处的自卑心理，受多种因素影响而形成。

家庭因素：

小 A 基本算是留守儿童，父母在北京做生意，从小与弟弟一起在老家和爷爷奶奶生活。之后父母的离异给小 A 留下阴影。由于和爷爷生活在一起，爷爷的教育方式简单粗暴，小 A 受到的教育是比较浅的。家庭环境的好坏可以直接影响孩子的身心健康，作为家长要尤为重视。

学校因素：

小时候小 A 在学校经常受到同学的嘲笑，弟弟也受到校园暴力，作为学校要主动了解学生的各方面情况，要特别关注一些留守长大的学生，给予他们足

够的关爱。

2. 阶段二：方案策略实施过程

哭泣和自卑对学生的身心健康、生活和学习都是有害的。那么如何引导学生改变自卑，正确评价自己呢？通过对话和实际行动改变现状。

NLP 教练技术是运用心理引导的沟通技巧与语言推进技术进行引导性对话的过程，逐步达成行动的目标及个体意愿的转化。通过专业技巧，提出适当的问题，引领对方进入过去、现在、将来或者某一情境，帮助其突破原有的思维框架，激发其内在动力，重塑心灵，实现目标。对话的目的有五个：增加练习者的能量；增加练习者的选择权；让练习者承担责任；整体平衡，灵活实现，做出选择；落实到具体行动。同步带领注重情绪与感受，要观察小 A 的肢体语言。

第一步：接纳

努力建立与小 A 之间亲和、信任的关系，注意观察并配合对方的身体语言、语调语速、语音习惯等，关键是抓住一切机会肯定对方。

第二步：调焦

把焦点集中于清晰目标，解决问题。任何事物都具有两面性，要注意分清问题导向和效果导向。运用 NLP 的教练工具，当把焦点反复定位在解决方法上时，小 A 会想到很多解决问题的方案。

第三步：寻找解决方案

合理运用发问工具，把小 A 引导到感知位置，把其带到不同位置，不同角度去感知同一件事情，尽量把事情真相呈现给小 A。利用时间线，引导当事人从过去找到成功的经验或失败的教训，将来可能会产生的后果或收获，即假设在未来已经解决问题的情况下是何种状态，在这种状态下再返回现实寻找解决方法。带到过去承担责任，看到未来增加练习者的能量。从人思考的六个层面——环境、行为、能力、价值观信念、身份、精神逐步引导，寻找解决问题的更多选择项。在这一步要引导小 A 发现自身的优点，在班级、团队中的重要性。

第四步：选择与确定方案

人类的本质都是趋向快乐，逃避痛苦。在这一阶段，我们要引导小 A 发现自身的问题、寻找产生问题的原因、预测可能导致的后果，以及该如何采取和采取何种行动。

行动方案：

激励教育、摒弃自卑、唤起自信：

在对话和行动的过程中要给予小 A 鼓励，激励她认清自己的真实情况，主动和家里的人沟通，把自己的想法和父母以及男朋友进行沟通，寻求解决办法。另外要给自己设定目标。目标 1 是和男朋友多约会。目标 2 是遇到不顺心的事时冷静下来，再寻找解决办法。目标 3 是多和家里人沟通，表达自己的想法。目标 4 是尝试换位思考，忘记以前不愉快的事情，重新生活。

树立信心，激起动力：

在治疗过程中鼓励小 A 和男朋友一起逛街吃饭多接触，可以让小 A 的男朋友多鼓励小 A，多参加一些校级、省级课外学习活动，让她树立信心，唤起对生活的热情。

家校沟通，促进自信：

小 A 自卑，脾气暴躁，很大一部分原因在于家庭的教育环境与方式。因此学校应定期与家长沟通，详细分析学生在学校的表现和原因，讨论解决孩子心理问题的方法，并建议家长选择适当的教育方法，为孩子提供表达自己的机会。和孩子多沟通，多关注孩子的发展并给予肯定的评价。从而帮助孩子走出心理阴影，找回自信。

（三）改变效果

在教练和大家的共同努力下，她发生了很大的变化。小 A 不仅在学业上表现出色，名列前茅，而且积极参与各种活动，社交生活也相当丰富。此外，她与男友的关系也十分和谐。在寒暑假期间，她经常与父母一起外出旅游，增广见闻。现在她做事充满自信，有着十分清晰的目标和自我认知。

（四）方法表格

阶段	过程
阶段一 通过访谈发现问题，表达理解之情	在访谈的过程中，通过聆听和观察发现小 A 存在的问题及问题产生的因素 个人因素：自己本身很优秀，但是她总看不到自身的优点，总在否定自己 家庭因素：小 A 基本算是留守儿童，父母在北京做生意，从小与弟弟一起在老家和爷爷奶奶生活。之后父母的离异给小 A 留下阴影
阶段二 方案策略实施过程	通过对话、行动发现问题并寻找解决方案
阶段三 改变情况分析	通过努力，她现在有了很大的变化。小 A 不但学习成绩名列前茅，参加的活动也特别多，和男朋友相处得也挺融洽。寒暑假经常和父母出去旅游。现在做事非常自信，对自己有了一个清晰的认识

第四节 总 结

一、案例总结

在案例一中，晓华借助 GROW 模型，通过四个步骤，成功地改善了自身的问题。通过这种方式，他的脾气得到了显著的改善，并在学校环境中找到了自己喜欢参与的活动。这不仅使他的校园生活充满了乐趣，他还成为校学生会组织的主要负责人之一。这些变化使他能够找到自身内在的价值，同时也能以一种理解学校管理制度的思维方式进行换位思考。

在案例二中，我们采用了认知行为教练技术中的 ABCDE 理论，成功地消除了小菜的恐惧心理，并帮助她学会了有效控制情绪。在此过程中，她取得了理想的成绩并顺利完成了工作任务。

在案例三中，小 A 经过 NLP 教练技术的训练后，发生了显著的变化。小 A 不仅在学业上取得了优异的成绩，积极参与各种活动，与男朋友的关系也相当融洽。在寒暑假期间，她经常与父母一起外出旅游。现在，小 A 表现出强烈的自信心，对自己有着清晰、准确的认识。

二、技术总结

GROW 模型可以在生活中的许多地方使用。其主要目的是澄清现状，减少某些事情的干扰，使执行者能够发自内心地找到相应的解决方案。GROW 的目标是让人们理解并同意他们可以做什么或如何实现当前目标。因此，学习问题、求职与择业问题适合采用 GROW 模型解决。

认知行为教练技术是通过帮助练习者认识到他们看待问题的特殊风格和思维方式，并利用理性、现实的测量技术和方法来改变他们，让他们学会用更有帮助的、平衡的、可适应的方式来解决问题的技术。一般人际交往问题、恋爱问题、性格与情绪问题适合采用认知行为教练技术解决。

NLP 教练技术的核心点在于模仿，潜能大师安东尼·罗宾（Anthony Robbins）对于如何成为成功人士定义了三个点：第一，找到那个成功人士；第二，模仿那个成功人士；第三，成为那个成功人士。NLP 教练技术虽然本身并非一套心理治疗法，但是 NLP 的重要法则被运用于了解人类的经验和行为，并使之有所改变。所以，在环境适应中存在的心理问题可以使用 NLP 教练技术进行解决。

第四章

心理教练技术在特殊教育中的应用

教练技术已成为被广大民众接受的技术，教练应运用丰富的知识深化对此类技术的掌握与应用。随着中国教练行业的逐步成熟，理论与实践亦在不断丰富与完善。特殊人群教练技术是一个重要的实践领域，由于沟通交流的困难，在处理问题时应更谨慎。我们相信，通过不断努力，教练与特殊人群的沟通方式将逐步成熟与完善。同时，有关于特殊人群教练的理论将逐步建立，教练在不同类型特殊人群方案中可以有成熟完善的理论作为指导，在具体的实践上，也会随着经验的积累形成一套完善的特殊人群教练模式。虽然前几章已经分别讲述了各个年龄段学生的不同心理问题的应用案例，但如何针对除普通人群之外的特殊人群心理问题实施，是更需要教练深入了解与应用的。

本章将详细阐述特殊人群的界定、特殊人群所面临的常见心理问题以及这些问题的形成因素，同时展示教练技术在解决这些心理问题中的应用实例。

第一节　特殊教育学生的心理特征概述

一、特殊教育的定义

（一）特殊教育群体概念

特殊教育群体是指存在智力、感知或者肢体、运动有损害的人群，常见的特殊教育群体有聋哑、残疾、智力障碍等人群。特殊教育群体的青少年的义务教育阶段，一般在指定的学校，如聋哑学校、特殊教育学校等。

（二）特殊教育概念

特殊教育是使用一般的或经过特别设计的课程、教材、教法和教学组织形式及教学设备，对有特殊需要的儿童、少年进行旨在实现一般和特殊培养目标的教育。特殊教育的目的和任务是最大限度地满足社会的要求和特殊儿童的教育需要。发展他们的潜能，使他们增长知识、获得技能、完善人格，增强社会适应能力，成为对社会有用的人才。

（三）特殊教育群体类型

特殊教育人群是指在心理、生理、人体结构上，某种组织、功能丧失或者不正常，全部或者部分丧失以正常方式从事某种活动能力的人。特殊人群包括心理问题、视力残疾、听力残疾、言语残疾、肢体残疾、智力残疾、精神残疾和多重残疾等类型。

二、特殊教育学生心理特征

（一）个性特征

1. 渴望获得尊重、认可

由于特殊教育群体存在一定的身体问题而更容易产生自怜、受挫，或是希望获得人们的同情和帮助等。在得到帮助之后，不少特殊人群会产生感激之情。但是，如果这种感激之情得到的回应较弱，也会给特殊人群带来相应的失落感。特别是人为事故或原因造成的特殊人群，受挫感特别强烈，有的甚至会因此而改变一个人的整个精神面貌和性格。变得对世界充满愤恨，对未来充满焦虑，看待人生也更加消极。特殊人群虽然是一个特殊的群体，但他们的许多心理需求也和常人是一样的，如他们也希望像健全人一样受到尊重，他们更希望他们的一些困难受到社会的关注和帮助等。有时候，面对同样的问题，特殊人群也许会产生跟健全人不一样的观点，面对这种情况时我们应当给予他们足够的理解与宽容。特殊人群的能力是有限的，在许多方面对他们如果有过高的期望值，往往会使特殊人群失去信心和勇气。特殊人群更需要的是尊重，而不是同情和怜悯。

2. 富有同情心

特殊人群在生活中是非常富有同情心的。特殊人群由于自身的疾病与缺陷，希望得到更多人的关注和帮助。在这样的心理状态下，从心理学的角度来说，他们容易在相类似的人身上产生移情和投射，也就是说潜意识里在对方身上看到了自己，跟对方交流实际上是给自己更多的理解和同情。身残之后，他们往往在自卑之中产生自怜，希望获得人们的同情和帮助。性格内向不愿表露的人群，在得到帮助之后，会对他人产生同情心。大多数特殊人群对同样状况的人有着更多的同情心，相互之间的沟通非常和谐，因为他们有着共同的问题点,希望在心理上相互分享和理解,交流经验、研究和工作,并从中受益。

3. 依赖心理

由于自身的疾患,他们习惯性获得社会、学校、家庭的支持和帮助。身边的朋友之间也有很多的相似性,彼此更乐于互相帮助,结为有限的社会帮助网络,甚至形成依赖。尤其是对父母、伴侣的依赖,父母和伴侣是给予特殊人群最多关爱和帮助的人,他们在特殊人群无助的时候总是陪伴在他们身边。而正是这种过度的依赖性,导致他们在独立生活时不能自理,明明能自己解决的问题总想着依靠别人。有过度依赖心理的孩子,在独立生活时得不到他人帮助的情况下,出现摔东西、打架是常见的,甚至会以暴力解决问题。还有一些有依赖心理的孩子,养成了骄纵的性格,在冲突时不愿意妥协,也不为家人思考,总想着自己开心。但我们也要清醒地意识到,我国上千万的特殊人群不可能完全依赖于其亲属、同学等身边人来照顾。他们在需要他人给予帮助却遭遇歧视时,特殊人群往往会产生怨恨、愤怒的心理。

4. 较强的自我意识

自我意识是主体对自身身心状况的体验、认知和控制,自我意识集中表现出了人的心理活动特征。特殊群体,特别是那些有感官残疾或身体残疾但智力发育正常的群体,通常会过度关注他们自身的生理状况,因为他们清楚地感觉到自己和正常人之间的差异。这种情况可能会继续促进他们在自我认知状态下的意识劣向发展。特殊人群会重新将自己与理想进行比较,并将自己与他人进行比较,他们在持续的自我评估水平上感到明显的自我缺陷,并有可能认为自己比别人低等,很可能产生负面情绪,如失败、孤独和后悔等。因此,特殊人群一般有较强的心理防御机制。他们常常害怕其他伤害行为,特别是担心他人会利用自己的生理缺陷"暴露"出问题,他们总是想从社会得到理解和同情。在情感上,他们比健康的人需要更多的友谊和帮助。在社会生活中,他们更关注自己是否能得到他人的尊重和评价。

5. 较强的心理补偿能力

除了有严重智力残疾和精神病患者的特殊人群之外,存在生理缺陷的特殊人群特别重视自身的心理补偿,且喜欢通过其他方面发挥作用。特殊人群的补偿心理通常通过生理机能和心理机能补偿来实现。特别是,他们经常动员其他生理器官,或通过其他手段弥补其生理缺陷。盲人双眼看不到世界,但盲人要想了解世界,就需要调动身体的其他器官来补偿双眼的缺陷,他们用手摸、用耳听、用鼻嗅。聋哑人既听不到声音又不能讲话,为表达思想或用手语,或用口形、眼神来替代说话的功能。一些特殊人群失去双腿，他们可以用拐杖和轮椅，以补偿运动的功能。特殊人群的这种功能互补效应，可使用于补偿的某些器官能够发挥出超常的功能。这种生理功能补偿现象，是特殊人群在长期的生活实践中受到锻炼和强化的结果，可帮助他们在一定程度上克服生理或心理上的缺陷，从而保证生活学习的需要。特殊人群通过生理功能补偿，克服感知和运动方面的心理功能活动。不仅如此，特殊人群在生理功能上的一些障碍，往往会成为他们心理潜能发挥的一种驱动，促使他们发现并注意自己潜在的身体和精神力量，克服非正常人的生活，在某些方面强调自己，促进社会，并弥补他们的生理缺陷。这种补偿将丰富他们的情感世界，而这正是由于自身缺陷所带来的良性因素。当然，特殊群体的心理潜力也会受到自身和一些社会因素影响。由于多种原因，有很多人无法行使补偿心理，会变得更加抑郁和自卑，社会应确保更现实的情况，并鼓励他们开发潜在的心理能力，以实施特殊群体的身心补偿。

（二）家庭心理特征

1. 心理负担过大

特殊人群遭到疾病、残疾、贫困等难题时，家属会挑起对特殊人群照料、康复、救济等重担。这不可避免会对家属的生理和心理造成沉重的负担。因为家庭里有特殊人群，许多活动，如外出游玩、工作等会因为要照顾特殊人群而改变计划。特殊人群对家庭的休息娱乐、家庭氛围、家庭融洽以及邻里关系造成了影响，家属有明显的精神苦恼，工作受到影响。负担过大时，甚至会有特殊人群家属出现心理问题，这时候往往容易延误最佳干预时间，导致病情加重。极端情况下，甚至会出现特殊人群家属和特殊人群一起自杀的行为。自卑心理跟家庭有着很大的关系。一些特殊人群家属对特殊人群缺乏支持，认为他们是累赘，认为他们的缺陷令人不安。在这种观念的影响下，特殊人群也认为自己的问题是一件悲哀的、对不起人的事情，于是不知不觉中形成了他们软弱、胆怯的性格。

2. 悔恨心理

特殊人群出现身心缺陷可能是先天的，也可能是后天的，而很多特殊人群的家属会出现后悔心理。在工作生活中出现不顺多归结于特殊人群的原因，他们常常会后悔："当时为什么要让他出生，为什么当时不照顾好他让他受伤，自己多关注他他就不会受伤。"整个家庭氛围非常消极。家庭成员把特殊人群特别是残疾孩子的生理缺陷视为自己的过错，对他们怀有负疚心理，或是认为他们很可怜。所以事事包办、代替，这就使特殊人群依赖性强、交往能力差。更有一些人不能正视现实，认为家中有特殊人群是件很没面子的事情，因而不与家人交流。有的甚至将特殊人群禁锢在家里以躲避别人的讥笑，人为地让特殊人群失去了与人交往的机会，让特殊人群越来越封闭、越来越孤独。

3. 望子成龙心理

每个特殊人群的父母都希望自己的子女能在学业和事业上有成就，但是由于现实的原因，特殊人群的孩子只能做一些简单的工作。在对孩子的培养中，由于望子成龙心理，家长对特殊人群的孩子教育会非常严格，指导时也会不断灌输他天生特殊的内容，需要比他人更努力才能改变自己。在现实中真正摆脱特殊缺陷获得成功的特殊人群少之又少，大部分还是过着普通生活。但正是这样的逼迫导致孩子成长过程心理愈加压抑、悲伤。父母应和特殊人群孩子达成共识，在学习、生活、工作、事业、爱情等方面提供帮助，并以积极向上的方法去引导孩子的成长。产生望子成龙的心态是正常的，是大多数人的心态。强迫特殊孩子成长的情况，可能偏离了教育中正常的思维方式，不仅无益，还会"弄巧成拙"。这种家庭环境下成长的孩子，会产生偏激心理，做错事时会往负面方向想。

（三）社会心理特征

1. 社会歧视排斥

一个社会中，如果特殊人群的合法权益能够受到完全的保护，其人格和能力能够得到社会其他成员的认同和尊敬，处于良好的社会氛围之中，特殊人群就容易形成开放乐观的心理状态，否则就会导致负面的情绪积累，形成阴暗封闭的心理。但是，社会中的许多健全人对待特殊人群的态度往往是回避、漠视、轻视甚至是歧视。视特殊人群为无用者，认为特殊人群跟自己有很大的区别，不愿意与特殊人群交往，这就导致特殊人群生活封闭，严重缺乏自信，不愿意参与社会生活的问题较为突出。特殊人群在这样的社会氛围中很难形成良好的心理状态，找不到自己的位置。由于长期负面情绪的积累，形成阴暗封闭的心理，特殊人群在生活中遇到其他残疾人，可能也会歧视他人，把自己在生活中受到的痛苦与不满加之在比自己更弱小的人群之上。

2. 社会的冷漠

尽管伴随社会文明的进步，很少会嘲笑或贬低特殊群体，但歧视和冷漠仍然普遍存在。正是这样的现象，导致特殊人群在社会生活中也非常冷漠，对他人的痛楚视而不见。在特殊人群的就业问题上，很多企事业单位从本质上来说并非瞧不起特殊人群，特殊人群自己不去工作，关闭心理，学习、工作能力提不上去，就更没有能力与正常人竞争，从而又加重了他们的心理负担。在社会生活中，能让特殊人群参加的活动少而又少，特殊人群缺乏交流的平台，心中郁积的烦恼无处发泄和倾诉，只能让自己陷进封闭孤独的世界。特殊人群越是在生活中忽略、漠视，特殊人群就越没有参与社会的能力，所谓自尊、自信、自立、自强只能沦为一句空话，拖在他们身后的就只能是一道道长长的自卑的阴影。

第二节 特殊教育学生的心理问题

一、特殊教育学生常见心理问题

（一）孤独心理问题

孤独感是特殊人群普遍存在的一种情感体验。特别是，言语问题、身体残疾和失明障碍的人群，这些缺陷导致他们所能接触的场所太少，无法采取行动，能提供交流的设施也有限。时间长会有孤独感，年龄的增长会增加孤独的体验，这是特殊群体中无处不在的心理特征。由于身体缺陷，他们往往在学习、生活、就业、婚姻等方面面临诸多挑战。如果他们不能及时得到家人、亲朋和社会的帮助和支持，甚至遭到厌弃或歧视，就会产生自闭心理，久而久之便与他们生活的世界形成某种无形的隔离状态，生活和工作的自信心减弱甚至丧失，他们的生活范围变窄，不能与其他人正常交流，缺少朋友，久而久之就会产生孤独感。

（二）自卑心理问题

自卑是特殊人群都有的一种情感体验。特殊人群在身心方面的缺陷使他们在学习、生活和就业方面遇到诸多困难。如果他们从亲属及其他社会关系中得不到足够的支持和帮助，甚至遭受厌弃或歧视，就会产生自卑心理。与健全人相比，他们在婚恋、家庭等问题上遇到的不顺心会加深其自卑情感的体验。特殊人群，存在相对普遍的心理问题，其中肢体残疾患者常对自身的社交能力存在顾虑，自认为不如他人，存在较为强烈的自卑感，对他人的话语较为在意，不愿与健康人交流。

（三）情绪不稳定、偏激心理问题

特殊人群在生活中遇到不如意的事，往往会表现出暴躁、偏激等情绪。如聋哑人情绪反应强烈，而且多表现于外，容易与别人发生冲突。他们虽然情绪体验非常激烈，但情绪表现并不明显，情绪爆发力较小。视力缺陷人群，对外面都抱有好奇心、敌意。听力缺陷人群，听不到他人的话，容易产生怀疑。各种原因导致他们情绪自我调节和自我控制能力差，容易脱离现实去考虑问题，情绪起伏。这一特征在许多特殊人群身上表现较突出，但也有一定的差异。如生理听不见的人群，性格多外向，情绪反映强烈，且多表现于外，容易与别人发生冲突。肢残人群情绪反映多藏于心，虽然情感体验很激烈，但在外人面前情绪反映不十分明显。如果压抑的情绪持续下去不能有效释放出来，很可能因一件小事而出现过激行为。

（四）挫折、消极心理问题

特殊人群的心理承受能力相对较差，对于他人的批评会产生较为强烈的挫败感。因自身存在缺陷而在意他人对自身的观点，同时可能会采取相对偏激的措施去应对这类情况，相对容易抱怨。由于遗传或意外，身心缺陷和功能丧失将被视为他们自己一辈子的损失，会认为低人一等，从而消极和扰乱自身心情，导致抑郁和对生活失去信心。同时，深刻抱怨父母、抱怨生活、抱怨命运。在生活工作中，郁郁不得志。

二、特殊教育学生常见心理问题的影响因素

（一）自身因素

特殊人群自身多少是有生理、心理缺陷的。首先，他们也知道自己与正常人的不同，从而容易产生自卑消极心理。其次，特殊人群在学校或在外面的时候，总会被他人用异样的眼光打量，甚至有人直接嘲笑他们的生理缺陷。有些特殊人群生理因素比较明显，比如，身体残缺的、毁容的、身体异性的更会因自身的生理因素产生各种各样的心理问题。

（二）家庭因素

父母的教养风格对特殊人群的心理发展、个性化、心理保护有着极其重要的影响，不良的父母教养风格对孩子的心理健康有显著的负面影响。父母的教养方式是影响孩子心理健康发展的重要因素，父母在教育中表现出态度不一致、压力过大、歧视、打骂或者冷漠等方式时，孩子常常会表现出更多的心理健康问题。特殊人群家庭对待其孩子不好的养育方式通常有两类。第一类是溺爱型

教养方式,采用这种教养方式的父母对特殊人群来说,过于溺爱放纵,导致他们为所欲为。在这种家庭环境中成长的孩子大多疏远、自私、残忍、独立性差、唯我独尊、蛮横无理。这样必然导致这类特殊人群在走入社会时,不能与他人良好相处,独立解决问题能力差,导致心理挫折更多,影响其心理健康水平。第二类是对残疾孩子以一种嫌弃的态度抚养,认为残疾孩子是家庭负担,对其表现得过于支配,情感上更为冷漠。在这种环境下长大的特殊人群容易形成消极、被动、服从、懦弱甚至不诚实的人格特征,对自己没有自信,还会引发更多攻击行为。由于没有社会支持,生活矛盾事件给其带来的伤害更为严重,很容易产生焦虑抑郁心理。

（三）学校因素

特殊人群学习生活的地方大部分是特殊学校,如盲哑学校、特殊教育学校等,身边所接触的老师、同学都是关爱自己或者是与自己相似的。在饱受关怀的环境下长大,在进入社会面临不同的环境时,会产生强烈的落差感。身处的学习环境,对其心理健康影响尤为重要。因此,在特殊人群发展中,学校教育是相当重要的。学校的重要性首先表现在它在较长时间内对学生进行系统教育,而这种系统教育对学生社会行为的塑造是其他机构无法替代的。学校的重要性还在于它有着独特的、完整的机构,是社会的雏形,对学生了解社会、发展自我和人格、培养合乎角色的社会行为模式起着重要的作用。

（四）社会因素

特殊人群的心理一直被社会的共识、规则影响。社会价值观对人群特定心理健康的影响是对个人的重要性、影响和作用及其行为结果的总体评估。特殊人群由于自身的局限,接触的生活面较窄,此外,对于自身的过度关注和对人际关系过度敏感,很容易形成过度依赖和自我中心的价值观。过度依赖的人习惯服从传统习惯和权势,对自己的生活缺乏主见与计划,会因为找不到自己的归属和价值而产生焦虑情绪,影响其人生积极性的发挥,生活缺乏动力,陷入一种不能自拔的困境。自我中心型的价值观,信仰冷酷的个人主义,自私和爱挑衅,这会造成他们封闭在自己的小世界中,长久不能进步。此外,不能处理好人际关系,狭窄的生活圈使其生活乐趣减少,人际关系不良,导致其敌对、偏执症状增强,抑郁、焦虑情绪泛滥。

第三节 案例分析

一、案例一 GROW 教练技术

（一）个案信息

姓名：小党

性别：女

年龄：16 岁

居住地：社会福利院

背景：孤儿

身体状况：肢体健全，严重视力障碍，意识健全，智力健全

文化状况：具备完善的阅读理解能力，文化水平相当于初中一年级

性格状况：长期酗酒，性格急躁，敏感、渴望自由，家住福利院没有双亲，不服从管理

主要问题：对福利院管理不满；感觉在福利院生活非常压抑；在福利院没有自由，被管束，渴望福利院外的生活；性格急躁、敏感，遇到事情想法比较极端；喜欢喝酒抽烟。

主要心理问题：情绪不稳定、挫折、消极心理、暴躁

（二）解决过程

理论依据：

GROW 教练技术是一种简单易行的教练方法，帮助人们创造专注，减少干扰并提升表现。它包含四个关键方面：目标（Goal）、现状（Reality）、方案（Options）、意愿（Will）。

1. 第一阶段（Goal 目标）

GROW 目标阶段分为发出邀请、明确理想目标、明确绩效目标和目标确认四个步骤。

（1）发出邀请

在这个过程中，教练从小党爱好自由的点切入与她交友，逐步与练习者建立一种平缓、友好的关系。在建立关系当中，引导练习者说出她的情况，后面更方便于各方面确定要达成的目标。

教练与练习者坦诚交流，教练选择轻松话题引导练习者多说自己的感受。练习者说话时教练认真倾听并及时回应，练习者说到一个话题时教练及时深入，引导练习者详细叙述并说出感受。其中教练问到练习者为什么这么反抗福利院的管理，练习者马上表现出攻击性，对教练非常不解。教练及时澄清练习者的疑问和误解，减轻练习者的防备和疑虑，初步建立良好的关系。在得到她的同意后，教练与她的朋友和福利机构其他老师沟通，收集与练习者有关的全面信息。

教练与练习者对话部分内容：

教练："为什么这么讨厌福利院的管理呢?"

练习者："他们老是管着我，我晚上都要回来，跟朋友们约晚上出去玩都没时间。"

教练："我观察到你挺喜欢出去玩的，都去些什么地方呢?"

练习者："只是去学校外面的小吃街买点东西吃，它那边的饭很好吃，福利院伙食不太好。"

教练与练习者第二次会谈因练习者随从学校安排专业实习而延迟，协助练习者处理突发情况。第二次会谈练习者因学校安排专业实习，安排较仓促，练习者对此很不情愿，情绪暴躁。此次会谈教练一面安抚练习者情绪，一面为练习者提供发泄机会，减轻练习者的焦虑情绪和不安全感。同时更进一步取得练习者信任，为后期工作开展奠定基础。

在与练习者交流中，逐步引导练习者说出她最近的心理情况、家庭境况、个人情况。在与练习者达成一致意见后，教练采访了福利机构的一位工作人员，向工作人员了解相关情况。重点询问了基本信息，如福利院的生活环境。教练对练习者的生理、心理和社会三个角度有了大致的了解。

生理角度：练习者是一位盲人，因为视力障碍的原因，生活中有许多不方便因素。最重要的影响是限制了练习者的外出。教练逐渐了解到，其他健康的孩子可以相对自由地进出福利院，而通常不允许练习者留在外面，除非在上学期间。视觉原因是练习者认为不自由的一个重要原因。

心理角度：练习者心理状况的影响主要来源于自身的缺陷。因为练习者是一位盲人，对身边沟通和交流时的感受更加敏感。特别是当其他孩子因练习者是盲人而嘲笑时，对练习者的心理影响尤其大。

社会角度：福利院管理系统和原有问题的影响，以及练习者外出、社会交通等不方便因素的限制，练习者对生活环境不满。

（2）明确理想目标

教练通过分析现状已经大致知道了练习者遇到的问题是什么，教练与小党明确谈话，她回答必须解决福利院管理的问题，达成自己的目标。练习者想要自由出入的帮助，但是只向教练描述了管理的现状，却不清楚其实是因为自身原因。这就需要教练通过对话帮助小党理清思路，明确练习者想要达成的目标，需要进行一些什么工作。

教练与练习者对话部分内容：

教练："听起来，你是想解决福利院管理严格的问题，是吗?"

练习者："肯定啦，跟老师说了很多次我想晚上出去，她还是不同意。明明有朋友一起，他们没有视力障碍，可以保护我。"

教练："你知道是什么原因不让你出去吗? 晚上人多很危险的，而且你所谓晚是晚到 12 点过后，福利院规定晚上 10 点就熄灯睡觉了。"

教练："你真正想要的最好的解决方式是什么?"

练习者："能让我自由进出，我可以晚上早点回来。"

（3）明确绩效目标

在明确大概目标之后，教练帮助小党选择合适的目标，符合 SMART 原则的目标。符合 SMART 原则的目标就是要具体、可衡量、可达成、有价值、有时限。其中小党一直想认识福利院的朋友，教练特地结合了一些内容，以跟小党协商。

近期目标：培养乐观生活态度，尝试克服没有独立空间生活状态能与人正常交往，学会遇到困难正确的处理方法，克服暴躁情绪。

长期目标：戒酒，产生归属感，融入集体，增强人际交往能力，找到奋斗目标。

（4）目标确认

最后教练和练习者确认了目标，在确认目标时，教练询问得很详细。小党从中了解到要达成的目标，打算从小事做起，同意并配合教练行动。有助于练习者按照目标来开展后续的治疗。

教练与练习者对话部分内容：

教练："所以，你想在一年时间内，提升人际交往能力，是吗?"

练习者："可是这里的管理好严格，限制了我的自由。我再怎么努力也需要你们的帮助呀!"

教练："我们的帮助只限于不干涉福利院的正常管理，只能够提供一些小提示、方法之类的，其余还是靠你自己的。"

练习者："那我先要从哪一步做起呢?"

教练："后续再跟你说明，不要这么紧张，还有其他的内容呢。"

教练慢慢引导小党加入训练中，往目标开始前进。

2. 第二阶段（Reality 现状）

GROW 现状阶段分为分析事实、探索因素、寻找资源三个步骤。

这个阶段主要在教练与练习者建立和谐缓和的关系的基础上再进行沟通交流，因为这里会提及一些练习者反感的内容。引导练习者了解她现在生活的福利院环境、学校学习资源、自身情况，一切与要达成的目标相关的内容。通过循序渐进的对话引导，练习者提升了对于生活环境的觉察力与适应力，为下一步探索行动方案奠定基础。这一步小党配合得很好，减少了后续的工作量。

（1）分析事实

教练与练习者沟通中，提出一些关于她学习方面和交友方面的描述性问题。首先教练了解关于小党交友的全部情况才能引导练习者进入其中，帮助她解除误会。

教练与练习者对话部分内容：

教练："你所说的控制暴躁生气情绪，是怎么控制的呢？你会对你的朋友也发脾气吗？"

练习者："我不知道为什么就生气了，明明很小的事。有时候我朋友得罪我也会发脾气，但是马上就和好。"

教练："你希望能改变福利院的管理模式，按照现在的情况该怎么处理呢？福利院的管理模式是这样的……与你心中的目标差多少？"

练习者："我希望福利院对我和其他人的管理一样，我也想要自由。"

（2）探索因素

在这个步骤中，教练引导小党一起探索会影响达成目标的因素，明确并区分因素。在这次会谈上，教练主要分析了对福利院不同观点的原因，并取得了良好的效果。过程主要鼓励练习者表达自己的想法和意见，以及鼓励她反思自己的思想和行为。如共同讨论福利院的作息安排，怎样才能更合理地分配时间。讨论沟通小党想交到怎样的朋友，讨论什么情况会使小党生气暴躁。在讨论中让小党站在不同的角度思考问题，如福利院管理人员的角度、争吵对象的角度等。

教练与练习者对话部分内容：

教练："从争吵对象的角度来看，你觉得他怎样做会使你暴躁而影响你呢？"

练习者："院长的态度很不好，每次我打架只会叫我去谈话，让我给别人道歉，这让我更生气！"

教练："这些影响你心情的因素你可以控制的是哪些呢？"

练习者："我觉得我生气后，只需要让我静一静或者出去玩一下就好。我也想控制，可是他们不仅不体谅我，还一直让我改变。"

教练："除了这些，你认为你之前有什么事情是真正做错了的？"

练习者："我觉得平时想出去玩想要自由是没错的，就是有一次我偷跑出去砸了门，不是故意的。"

（3）寻找资源

在这个步骤中教练引导小党一起探索可以帮助小党达成目标的资源，如小党的优势是文化水平初中一年级，相比于福利院没读书的孩子挺不错了；小党由于视力障碍，听觉异于常人。这一步骤的流程后，小党明白自身的优点，对达成目标解决问题有更大的自信。小党需要了解生活环境，帮助自己成长。练习者再次因学校安排实习进行锻炼，随时关注练习者在新环境的适应和情绪情况，巩固练习者取得进步。

教练与练习者对话部分内容：

教练："你的听觉很好，可以教有听力障碍的朋友更好地了解世界吗？"

练习者："有啊，我的一个朋友是听力障碍，当然她也帮助了我。有一次她很喜欢的明星发布了一首关于动物园的歌曲，我跟她描述歌曲里的场景呢！"

教练："你还有读书的机会，可以更好地通过书本了解知识。"

练习者："我不爱读书，只喜欢听歌。上学对我来说是不可能的，我上课听讲都在睡觉。只有音乐课是我最喜欢的。"

教练："你有没有问过周围的同学或者老师，他们有没有说你成绩还不错？你在班上成绩怎样？"

练习者："也就一般般，我觉得学习的内容太简单了，我马上就会了。一起上学的都是福利院的孩子，他们在玩游戏时比我还笨呢！"

3. 第三阶段（Options 方案）

GROW 方案阶段分为启发引导、确认评估和行动服务三个步骤。

这个阶段中，教练根据前期对小党的了解，制订合适的方案。方案阶段主要确定了小党的成长方案，教练的谈话转向小党可以做到的事情。在这里，教练将观察小党的情况，征求她的意见，并帮助小党为下一步制订明确的行动计划。

（1）启发引导

教练一面继续运用沟通技巧，引导小党对目标和问题进行分析促使其进步，另一方面教练协助练习者处理私自与同伴外出而被福利院知晓一事。此事引起练习者强烈的不满和烦躁情绪。当前练习者受社会环境影响很大，无法证明练习者以前的问题有无影响，导致她的行为出现分歧。在最初的聊天中，她提到了这样的经历，即外出申请被拒绝，一直记在心上。由于福利院现状问题影响，她在近期外出愿望强大，导致了行动上的分歧。

教练与练习者对话部分内容：

教练："要解决福利院管理严格导致不能和朋友出去玩的问题，你有哪些想法？"

练习者："我能接受这些管理，但是那次我跟我朋友出去玩，院长只让她出去，不让我出去。而且院长第二天还当众批评了我，我很不爽！"

教练："你这个年龄想出去玩是正常的，不出去玩怎么交朋友呢？但老师也是担心你，怕你有危险。"

教练："在管理方式不变的情况下，你会如何尽可能地适应生活？"

练习者："我只能妥协了呗，这样没人跟我交朋友，无聊死了……"

教练："如果在帮助朋友问题上你有更多时间的话，你会做什么努力？"

练习者："要看看是帮助谁，如果是听力不好的朋友，我可以介绍他们去听我喜欢的歌曲。"

（2）确认评估

教练需要引导练习者对行动方案进行探索。教练与小党进行分析后，对她的目标进行评估，然后一起制订解决方案和行动方案。在这个阶段中设计的可选择方案符合小党的性格和能力，便于后面小党在下定决心环节做出更好的选择。

该阶段教练问到练习者对自己的需求和期望的帮助时，练习者说到两个：对扩张人际关系认识更多朋友的需求和学业帮助的需求。这两个需求是教练在前几次会谈中有所发现但没有特别重视的，此次由练习者自己提出。

方案一			
练习者目标	短期目标	培养乐观生活态度，尝试克服没有独立空间生活状态能与人正常交往，学会遇到困难正确的处理方法，克服暴躁情绪	
	长期目标	戒酒，产生归属感，融入集体，增强人际交往能力，找到奋斗目标	
教练方案		内容	具体
福利院管理问题		1. 主动与福利院协商，协调管理方式，给更多的自由 2. 主动与管理人员沟通，表达自身情况及情绪 3. 了解福利院的管理机制	1. 担任福利院小管理者 1 个月，每日反馈感受 2. 与管理人员沟通一小时关于曾经的情绪 3. 阅读福利院管理章程 10 次

续表

	方案一	
控制情绪问题	1. 找出曾经暴躁生气的事件，分析原因 2. 阅读控制情绪的书籍，学会控制情绪	1. 写下事件原因及感受 10 篇 2. 每日静坐 20 分钟
社会交往问题	1. 主动与曾经有冲突的同学、老师和解，制作并赠送小礼物 2. 不允许喝酒 3. 多参与户外活动	1. 得到老师的表扬 2. 与同学、老师达成和解 3. 咨询期间不喝酒 4. 参加 5 次户外活动

	方案二		
练习者 目标	短期目标	培养乐观生活态度，尝试克服没有独立空间生活状态能与人正常交往，学会遇到困难正确的处理方法，克服暴躁情绪	
	长期目标	戒酒，产生归属感，融入集体，增强人际交往能力，找到奋斗目标	
教练方案	内容	具体	
福利院管理问题	1. 设计出合理的福利院管理机制 2. 提出关于管理问题的诉求	1. 设计出管理机制 5 个，针对不同障碍的人员 2. 提出诉求 10 个，并征集福利院所有人意见	
控制情绪问题	1. 记录每日生气暴躁的情况原因 2. 观察同龄同学遇事的处理方式	1. 生气后记录原因和后续，并详细描写心情变化的内容 2. 观察并写出 10 个身边发生的冲突	
社会交往问题	1. 尝试使用线上软件交友 2. 与福利院的朋友玩 3. 清理朋友圈，寻找合适的朋友	1. 加入视力障碍病友的社群 2. 尝试与自己有好感的福利院朋友交友 3. 写出身边带领自己违反规则的朋友，写出他们 10 个优点和冲突的事情	

教练与练习者对话部分内容：

教练："这个方案如果这样做，会有问题吗？"

教练："这个方案还有更多的补充吗？"

（3）行动服务

在这个阶段中，教练与小党一起确定好要选择的方案。在各方法确定清楚的情况下，教练与小党进行方案确认。她认为方案一更简单，并表示自己有能力胜任管理工作，因此选择方案一，然后按照方案开始行动。

教练与练习者对话部分内容：

教练："是什么原因让你选择这个方案呢？"

练习者："这个方案可以让我担任管理，我肯定给想出去玩的同学自由，想去哪就去哪。"

教练："担任管理不能任意妄为哦，必须按照规章制度进行。"

4. 第四阶段（Will 意愿）

GROW 意愿阶段分为总结成果、聚焦行动、赋能反馈三个步骤。

这个阶段中，教练总结与小党的沟通情况，然后让小党按设定的方案行动。教练鼓励小党向设定的目标靠近，并且通过各种方法支持她的行动。

（1）总结成果

在这一步骤教练引导小党跟着教练的思路一起总结以往每一个事情的内容，分析结果，改进方法。小党从中得到不同的启发，离目标更近一步。

教练与练习者对话部分内容：

教练："这段时间的沟通，你对福利院的看法有什么改变吗？"

教练："之前因为福利院不让你出门，而暴躁砸东西，现在你觉得是对的吗？"

（2）聚焦行动

这个步骤，教练帮助小党真正地行动起来，根据方案落实到每个任务上。过程中，教练将小党带入方案中，想象下一步的行动，具体一点。在此期间练习者与同学发生一些矛盾。教练针对事件引导练习者分析并自行处理。在良好的实践情况下，练习者配合得很好，在相互沟通方面对她有很大的激励和认可。在后期，教练带领练习者表达她现在对福利院的看法和想法。练习者所说的和她早期所说的有很大的不同。

教练与练习者对话部分内容：

教练："主动与福利院管理人员沟通管理问题，你会怎么跟他们说？"

练习者："我会先跟他们说管理太严格，影响了我的正常交友，再提出我喜欢的方式。"

教练："跟同学沟通会帮助你解决什么问题？"

练习者："我很生气他那样子说我，但是我忍住没有骂他，我希望我们能和平解决。如果沟通好，我们之前的冲突也能和解。"

教练："打算找几个和你有过冲突的同学聊聊？会怎么行动？"

练习者："我会找我之前最讨厌的人，他们是一个小团体。先分析冲突最大的事情，再请他们吃零食，聊一下。"

教练："如果他们不接受你的道歉，你会如何做？"

练习者："只能尽可能让他们理解我，用最大诚意道歉。"

（3）赋能反馈

在这个步骤，小党的思路和行动已经很完善了，与刚开始相比成熟很多。教练不断对小党的表现给予及时的鼓励，给出专业的建议并认可她的想法。通过沟通，小党不断完成方案，向目标前进，达成目标。教练与小党约定好下一次会面的方式与时间，通过跟进确保小党按照方案完成。这个阶段，教练告诉小党因福利院与学校时间冲突，后期将不会再定期面对面与小党交谈，小党表示理解，并说教练也有自己的事情要做。

最后，教练引导小党回顾整个教练过程，小党表示与教练的相处很好，教会自己很多事情。这期间，教练还需要协助小党制订暑期计划，最后小党决定暑期进行实习兼学习。教练与福利院相关工作人员联系沟通，协商小党暑期兼职事宜。教练后期进一步跟进，最后结束训练。

教练与练习者对话部分内容：

教练："刚刚的对话，你说你想以一些友好的方式接近因生气伤害的同学、老师，确定了想要制作小礼物送给他们的想法，你的想法很不错，可以看出你是一个非常细心的人，知错能改。下一步加油，期待你更好的想法。"

练习者："我会按照我的目标继续前进的，但是后面暑假要实习，不知道你有没有时间帮助我。"

（三）改变效果

在教练的悉心帮助和引导下，小党成功克服了自身性格中暴躁的缺陷。对于福利院的管理制度，她不再那么抵触，愿意遵守福利院的各项规定，并在适当的时间安排户外活动。在社交方面，小党与那些经常带她出去游玩的所谓"坏朋友"断绝了关系，转而与几位志同道合的朋友建立了良好的友谊。这种改变使得小党对学习也不再持抗拒的态度。

（四）方法表格

案例分析	过程
Goal 目标	发出邀请、明确理想目标、明确绩效目标和目标确认 近期目标：培养乐观生活态度，尝试克服没有独立空间生活状态能与人正常交往，学会遇到困难正确处理方法，克服暴躁情绪 长期目标：戒酒，产生归属感，融入集体，增强人际交往能力，找到奋斗目标
Reality 现状	分析事实、探索因素、寻找资源 1. 由于生活在福利院，回家跟上学一样被约束管制，没有自由 2. 由于视力障碍，自卑从而消极 3. 交不到朋友，一直被其他人嘲笑 4. 性格暴躁不满，用喝酒宣泄情绪
Options 方案	启发引导、确认评估和行动服务 设计出两个方案：方案一与方案二 最终选择方案一
Will 意愿	总结成果、聚焦行动、赋能反馈 教练引导练习者回顾整个过程

二、案例二 认知行为教练技术

（一）个案信息

姓名：小龙

性别：男

年龄：16 岁

居住地：某社会福利机构

背景：孤儿

身体状况：肢体健全，天生白内障，且有严重弱视，意识健全，智力健全

文化状况：具备完善的阅读理解能力，文化水平相当于初中一年级

主要问题：自卑，思维正常，长期处于被怜悯的环境之中，自卑的情绪不但挥之不去，且有越来越严重的趋势

主要心理问题：自卑、消极、自我认知能力偏差

（二）解决过程

理论依据：

认知行为教练技术（发散性思维技术、行为实验技术）。认知行为教练技术

是一种综合性的方法，通过在认知行为框架内综合运用认知、行为、解决问题的技巧和策略。

　　发散性思维技术的关键在于要认识到从不同角度去看待事情，得到不同的看法和结论。目的在于面对某种客观情形，引导当事人从多个角度去思考各种可能性，得到一种比较全面客观的看法，消除消极情绪。

　　行为实验技术。我们日常生活中也会做出尝试性行为，行为有效或至少得到部分肯定和鼓励的时候，我们可能会继续这种行为，持续的行动会改变认知。

　　1. 第一阶段：咨询关系建立与问题评估阶段

　　这个阶段需要进行关系建立、问题评估、设立目标。

　　（1）关系建立

　　在方案开始时，教练对预先掌握的练习者资料进行分析，了解到练习者年龄不大，进入福利院时间也不长，所以 16 岁的练习者内心应该还是渴望表现活泼的一面。教练需要给练习者创造机会并且不断鼓励练习者，从而让练习者慢慢尝试与他人交流，表现自己。教练抓住小龙渴望交流表现的这一面，主动与他进行沟通，很快突破了交流障碍，建立了朋友的关系。

　　（2）问题初步评估

　　生理角度：练习者天生弱视且有严重的白内障，这使得他在生活、学习中一直都处于一种弱势的地位，无法像正常人那样目视事物。

　　心理角度：练习者由于长期处于一种弱势地位，否定自己的眼睛，形成了一种自卑感。在成长过程之中无法实现自我价值，开始逐渐漠视甚至否定自己其他方面的能力。这样的成长过程也使练习者失去了发掘自己潜能的机会，练习者的能力得不到发挥从而更加自卑。

　　社会角度：练习者从小就是孤儿，加之生理缺陷，很容易受到人群的排斥，到后来进入福利院，每天接触的都是肢体残疾和智力残疾的特殊人群。社会对于特殊人群的评价可能会引导练习者逐渐认同自己的弱势和无能，这种非良性认同也会助长练习者的自卑心理。

　　（3）设立目标

　　教练根据小龙的情况和他的问题评估，并根据他的需求得出他所要达成的目标。目标的设定符合 SMART 法则。

　　近期目标：学会与他人交流的方法，正常与他人交流，改变生活环境的不良影响因素，认可自己的能力，不旷课

　　长期目标：培养乐观生活态度，增强生活信心，建立好友圈

2. 第二阶段：正式咨询阶段

这个阶段与练习者沟通，确定了练习者的方案和所采取的技术，并正式开始咨询。

因为练习者自卑而又渴望被他人认可，所以选择认知行为教练技术中的发散性思维技术、行为实验技术两种技术，并确定了方案。

方案			
练习者目标	短期目标	学会与他人交流的方法，正常与他人交流，改变生活环境的不良影响因素，认可自己的能力，不旷课	
	长期目标	培养乐观生活态度，增强生活信心，建立好友圈	
教练方案		内容	具体
发散性思维技术	第一步	确定客观事实或现象（小龙文化水平较福利院同学高）	带领小龙咨询福利院管理人员，整理福利院同学的文化水平以及考试成绩，获取资料
	第二步	寻找更多可能原因的解释，为每个解释寻找支持证据	带领小龙寻找福利院同学文化水平低的原因，并进行了解文化水平低的原因与经历
	第三步	评估各种可能性发生的概率	与小龙一起评估同学的原因和资料
	第四步	采取行为来验证可能性	小龙与福利院同学进行知识问答比赛
	总结		
行为实验技术	第一步	设计方案检验旧想法（小龙课堂积极互动实验）	通过设计出小龙与老师同学积极互动的计划，观察小龙与他人建立关系沟通、交往能力的情况
	第二步	根据实验结果提出新想法（小龙音乐课堂帮助听力障碍同学实验）	结束后，设计出新的音乐课堂帮助方案
	第三步	继续试验同时检验新旧想法	验证能力
	第四步	试验结果巩固或修正新想法	巩固小龙学习到的沟通技巧、能力
	总结		

（1）发散性思维技术

采用发散性思维技术，以小龙文化水平比福利院同学较高这一点，让小龙通过发散性思维技术了解自己的闪光点，使小龙自信起来。这种技术可以使练习者从不同角度去看待事情，得到不同的看法和结论。

在再次查阅练习者资料的过程中，教练了解到练习者有初中文化水平。而在福利院里，残障孩子都只有幼儿园的文化水平，有的人甚至连话都不会说。练习者有初中文化水平，教练觉得可以尝试用这一点，结合发散性思维技术来树立并巩固练习者的自信。

过程：

①带领小龙咨询福利院管理人员，整理福利院同学的文化水平以及考试成绩，获取资料。

②带领小龙寻找福利院同学文化水平低的原因，并了解他们文化水平低的原因与经历。

③与小龙一起评估他们的原因和资料。

④小龙与福利院同学进行知识问答比赛。

教练与练习者对话部分内容：

教练："我听你们老师说你成绩挺好的，但是经常旷课，是不是真的？"

练习者（又低下了头）："嗯。"

教练："别这样啊，我支持你学习，你可能比我还聪明。"

练习者（抬起头莫名地看着教练）："？"

教练："你的文化程度比课程不是高一点两点，而是高出一大截，上这样的课程更加能巩固你的知识，是不是？"

练习者（狠狠地点头）："是啊，我觉得上课太无聊，教了半年的写字，结果还是教写字，那些东西我早就会了……"

教练："所以啊，我支持你上课啊，既然你学过了，你可以教其他同学嘛。不过说真的，你基础不错，可以继续提高自己啊！让自己懂得更多东西，为将来出去工作、自力更生做准备！"

练习者："就我这样还能出去工作吗？"

教练："咋就不能了？你跟外面很多人比起来有文化多了，说真的，现在国家还是有不识字的文盲，你要是好好读书还能当老师呢！"

练习者："当老师？就我？"

教练："不信吗？文化人不多的，识字的都不多。你认识不少字，而且故事讲得这么棒，当老师一点问题都没有。"

（2）行为实验技术

前期让小龙通过在课堂上积极互动产生自信，从而不再旷课，且能够交到好朋友。行为实验针对具体想法专门设计，改变认知，具有针对性。当认知改变的证据不足或信心不足时，可以通过行为实验进行尝试。在完成以上发散性思维的引导和鼓励之后，练习者与他人简单交流的信心已经建立。在教练的引导下，练习者从外部环境的反馈中慢慢发现了自己的优点，学会重新审视自己的能力。

过程：

①通过设计小龙与老师、同学积极互动的实验计划，验证小龙是不是没有机会或者不懂怎样与他人建立沟通关系。

课堂讲故事方案：教练让老师引导小龙在课堂上讲故事展示自己，老师、同学配合给予鼓励。

②实验结束后，设计新的音乐课堂帮助方案。

音乐课堂帮助方案：教练让小龙教听力障碍的同学上音乐课，展示自己听力强的能力，并让小龙与该同学成为朋友，老师、同学配合给予鼓励。

③验证能力：巩固小龙学习到的沟通技巧、能力。

部分对话、流程：

实验计划一：

在方案进程中，教练找到练习者的老师，一位在福利院为残障青少年义务上课的教练，并将自己的想法与计划与这位老师交流，与老师达成了一致，于是教练在陪练习者上课的时候进行改进。

场景：课室

老师："小龙（练习者），你能给大家讲个故事吗？"

练习者："……嗯……"（练习者低着头还在犹豫，教练就拍了下练习者，竖起了大拇指）。"好……的。"

老师："讲得真不错，小龙，没有想到你这么博学哦！大家觉得他讲得好不好啊？"所有的孩子："好！"

老师："既然他讲的故事好，大家是不是应该感谢下他为大家讲故事啊？大家鼓掌！"

实验计划二：

在再次查阅练习者资料的过程中，教练了解到练习者所在学校里有多种疾病的特殊人群，其中也有听不到的学生，在上音乐课时很受影响，教练觉得可以尝试引导练习者通过自己帮助别人这一点来树立并巩固练习者的自信。

场景：课室、音乐课堂

教练："你平时喜欢上音乐课吗？上课时听过什么音乐？"

练习者："我不去上课的，但是偶然有听到学校播放的音乐。"

教练："挺好的呀，听音乐你开心吗？平时喜不喜欢聆听大自然的声音，喜欢什么动物的叫声呢？"

练习者："我只会用耳朵分辨位置，不会听什么音乐。"

教练："你的耳朵肯定很灵敏，能不能用你的耳朵跟我们描述一下你听到的声音呢？"

练习者："我描述得不太准确，我上音乐课经常走神的，分辨位置什么的只是为了走路。"

教练："我很支持你用声音分辨位置，既然耳朵这么灵敏，可以教教其他同学吗？就在待会儿的音乐课上。你的耳朵辨别位置很好，音乐课成绩肯定不错，可以继续培养这个方向。"

练习者："好吧，如果讲不好，是我的能力不行。"

场景：音乐课堂

教练："待会儿老师播放一个音乐，你能不能告诉这位同学音乐播放了什么内容，是缓慢还是激烈还是热情的音乐。你跟这位同学自我介绍一下吧。"

练习者："你好，我是小龙。"

同学："你好，我是小红，谢谢你告诉我音乐课的音乐内容。"

教练："你们交流一下吧，待会儿开始了。"

练习者："这个音乐有……有鸟叫……水流的声音……"

同学："谢谢你，我第一次感受到音乐的场景呢……"

…………

3. 第三阶段：巩固阶段（强化巩固合理的认知）

通过发散性思维技术和行为实验技术，小龙逐渐变得自信起来，也明白自己身上的能力是很多的，还有很多优点也有待发掘。在这个阶段，教练引导小龙强化巩固关于自己的优点和能力等的认知。

小龙的想法：

我在很多方面的能力是好的，尤其是在学习方面和听力方面，我可以运用自己的能力去帮助他人。我能够交到很多朋友，和他们成为朋友有很多方式，可以先以自己的优点去帮助他们，慢慢熟起来再一起玩，建立好友关系。

4. 第四阶段：结束阶段

这个阶段，教练引导小龙对比咨询前后的变化，总结学习到的交友知识、技能、能力等。教练帮助小龙不断重复这些内容，使之达到长期甚至永久的效果，也为后续完成长期目标做准备。教练为了给予练习者有力的支持和鼓励，帮助小龙不断分析整理关于同学水平的资料，寻找对练习者重塑自信有用的信息，这些工作都是在为练习者寻找心理引导的突破点。在完成以上发散思维的引导和鼓励之后，练习者已经认可了自己的学习能力。在教练的引导下，练习者参加知识问答比赛，从同学们、老师们的反馈中慢慢发现了自己的优点，学会重新审视自己的能力。

（三）改变效果

经过 10 次训练，小龙不再自卑，还顺利交到两个朋友。课堂上，能够与老师积极互动，在上不喜欢的课时不再逃课。老师反映其自卑、消极情绪状态明显改善，能够积极投入各种活动中，也在课堂上成为最配合的学生。结束后，他多次运用自己的特长帮助他人，成为学校的"小志愿者"，还拿到三好学生的奖励。

在此之前，练习者很少说话，但是经过一系列活动之后，练习者开始喜欢讲话了。教练和老师配合，适当给练习者展示自己的机会，并且给予练习者一定的鼓励，这对练习者的帮助是很大的。在活动过后，社会环境对练习者所做出的积极反馈，对练习者的心理造成影响，使练习者开始重新审视自己的能力。他的心理发生变化后，其行为方式以及能力表现与之前产生很大变化。但这一次结果还不够稳定，不能助长练习者与人交流的自信，或者说不能让练习者完全认识自己的优点。

为了给予练习者有力的支持和鼓励，刚开始时教练不断分析整理练习者的资料，发现可以从练习者耳朵灵敏这一优点出发，鼓励他，激励他。在完成几次有意识的引导和鼓励之后，练习者慢慢发现自己听力好的优点，交到很多听力障碍的朋友，通过与同学的交流也能慢慢帮助他人。

（四）方法表格

类型	过程
关系建立 问题评估	评估问题： 自卑、消极、自我认知能力偏差 近期目标：学会与他人交流的方法，正常与他人交流，改变生活环境的不良影响因素，认可自己的能力，不旷课 长期目标：培养乐观生活态度，增强生活信心，建立好友圈

续表

类型	过程
正式咨询 设计方案	使用方法：发散性思维技术、行为实验技术
巩固、强化	强化学习到的交友方法和认知
总结	情绪状态明显改善

三、案例三　NLP 教练技术

（一）个案信息

姓名：小丽

性别：女

年龄：17 岁

居住地：广东

身体状况：精神正常、肢体残疾、无重大躯体疾病史

文化状况：高中二年级学生

性格状况：内向、反应慢、胆小

主要问题：青春期父母的错误指导，导致其自卑，不敢与他人正常交流

主要心理问题：孤僻、自卑

（二）解决过程

理论依据：NLP 教练技术

设定心锚（Anchoring）：心锚是指强烈情感的一种强制启动方式，也称经验掣。心锚可以让人身临其境体会到强烈情感与拥有充足资源，可以让人心情畅爽、兴致高昂。

1. 第一阶段（从语言与感官了解问题）

（1）了解情况

教练从与练习者的交流中了解到练习者的情况。

语言方面：与练习者聊天时，她回答确有害羞、自卑等心理现象。

感官方面：与练习者聊天时，练习者不敢抬头直视教练，且答非所问。

综合：分析其形成的主要原因是练习者的身体、性格特征。另外原因是父母对其进行一些不恰当的教育，导致其个性中形成比较强的男女交往羞耻感及罪恶心理，进入青春期后的生理变化引起心理需求的变化而导致的内心冲突。

因回答失误而被教师当众批评的负性事件和因为肢体残疾被同学排挤是进一步加剧个性中的胆怯和自卑心理，从而导致与人交往恐惧进一步泛化的异常行为的深层心理原因。与练习者共同分析，让其了解自己异常行为背后的心理原因。

（2）问题评估

生理角度：

练习者在医学上诊断为，肢体残疾，程度较轻，她的手指发育不完全；智力症状主要表现为反应比较慢；练习者的生活自理能力可以，部分手脚不协调，能够自我照顾，表达能力尚可，言语中过于自卑。

心理角度：

练习者自小内向、胆小、孤僻，较难适应外界环境，整体心理健康状况较差。练习者主要有自卑状况，主要表现为害怕社交场合和人际交往，恐惧、紧张、焦虑，避免与他人接触，出现回避行为。基本上不和同学来往，不敢直视同学的眼睛，尤其是男生。回答问题事件后，发展为一见到男性就紧张、脸红。高一时，一次在课堂回答教师提问时出现口误，引起同学哄堂大笑，并被教师批评。此后不久，她一见人就觉得别人都在注视自己，一见到人就紧张、发抖，不敢看别人的眼睛。一见到人就两眼发直，手指发麻，觉得自己在任何人面前说话都不自然，越克制紧张感越强烈。为此，她回避出入公共场合和社交场合，一到公共场合就觉得很多人都在注视自己，让自己很尴尬，自知这是一种心理问题，但是又无力摆脱。生活中，无法正常与人交往，同学关系不好，学习成绩处于中下水平，十分痛苦。

（3）关系建立

在方案开始时，教练对预先掌握的练习者资料进行分析，了解到练习者年龄不大，孤独感和抑郁感太过强烈。17岁的练习者内心应该还是渴望表现活泼的一面，教练需要给练习者创造机会并且不断鼓励练习者，从而让练习者慢慢尝试与他人交流，表现自己。

近期目标：缓解焦虑、恐惧，减少回避行为；能与陌生人对视；逐步增加与熟人交往的次数；能与人正常交往

长期目标：完善练习者的个性，树立自信心，增强其社会（人际）适应能力

2. 第二阶段（制订方案）

通过与练习者沟通，并了解练习者的情况、家庭关系，选择 NLP 教练技术中的设定心锚模式。

（1）制订方案

根据小丽的情况和选择的治疗模式制订了详细的方案。

方案			
练习者 目标	短期目标	能正常与父母沟通；会外出参加活动；学会自我安排任务，独立决定；减少忧虑郁闷情绪，增强生活信心	
	长期目标	学习基本生活技能；能够适应社会生存；与家人关系亲密，融入家庭	
教练方案		内容	具体
心锚模式	前期	回忆一次有关内心状态的经验，加强内心状态	寻找最羞愧、最难受的事情——高一出丑
	中期	安装心锚	重现高一出丑事件
	后期	引导想象未来一次需要状态的情景，开动心锚	

3. 第三阶段：实施阶段（实施过程）

（1）前期

教练引导找一个练习者印象最深的负面（导致练习者自卑的）画面，声音、姿势作为启动手段。还原动作来启动心锚，因为方便印象加深。要求练习者按照方案的内容执行回去，再对心理障碍原因进行思考。教练让练习者做一下调查并进行回想，自己印象最深的事情，问问周围人对自己的真实感觉，了解一下他们对自己在与人交往中的反应，如脸红、发抖、目光恍惚等不自然的表情状态是否确实存在，目的是通过客观的调查结果来帮助设定。

事件：

高一时，一次在课堂回答教师提问时出现口误，引起同学哄堂大笑，并被教师批评。

（2）中期

教练引导练习者多次尝试使自己不好的、难过的、自卑的情感达到顶点，用想象、回忆、自我激励的方法想起这个事情使情绪达到饱和。教练促使练习者用强大的觉察力发掘负面心锚。教练让小丽回想最难受的瞬间及想象情境，产生难受的感觉。

（3）后期

教练让小丽想开心的事情或者中断口误事件，俗称"打破状态"。最后，教练引导练习者一起检验心锚的有效性，检验是否能达到练习者满意的程度，能够让练习者排外以及社恐的情绪减少。如果不够，可反复几次，直到顺畅为止。

（三）改变效果

在训练结束之后，教练引导练习者形成日常生活习惯：一是注意观察他人，二是写观察日记。通过这些方法，练习者察觉到他人各自繁忙，对自己的行为和情绪并没有过多的关注。这种客观环境的变化，增强了练习者的信心，并且纠正了以往一些不正确的观念，使其更加坚定自己的立场。练习者现在已经能够在马路上面对陌生人时抬起头来，并且这种状态持续的时间逐渐延长。对于练习者在行为上的进步，教练给予了充分的肯定和鼓励。此外，教练还针对练习者心理障碍产生的原因以及具体的负性事件进行了深入的讨论，以提高练习者对挫折的承受能力，树立正确的挫折观。

在现有条件下，教练充分发挥了教练技术的技巧，配合自身的经验取得了练习者的信任与配合。

（四）方法表格

了解问题	近期目标：缓解焦虑、恐惧，减少回避行为；能与陌生人对视；逐步增加与熟人交往的次数；能与人正常交往 长期目标：完善练习者的个性，树立自信心，增强其社会（人际）适应能力
制订方案"行为弹性"	采用方法：设定心锚
实施过程	前期、中期、后期
改变效果	给予了肯定和鼓励，并对心理障碍产生的原因及负性事件做了具体的讨论，提高其挫折承受力，树立正确的挫折观

第四节　总　　结

一、案例总结

在小党同学的案例中，教练通过 GROW 模型，从分析到引导，每一步都让小党同学融入其中，而不是教练单独推进治疗。通过回访和跟踪，小党已经基本完成当初和教练一起设立的目标，小党逐渐对福利院的管理放下情绪，开始理解他们的行为，转变心态。小党也交到一位知心好友，不再独来独往，有什么苦楚都会跟她分享。有了未来的奋斗目标，她想开一个盲人按摩店。

在小龙的案例中，教练采取了行为实验的特殊方法，多次进行实验，通过在课堂上创造机会，引导小龙与老师和同学进行互动。在回访和跟踪过程中，小龙已擅长与他人沟通，并能通过自身优点吸引他人。

应对小丽同学的实例，教练更加认识到面对特殊人群，鼓励他们社交的作用。针对类似的学生，要根据生活环境，具体问题具体分析，不可操之过急。使用设定心锚的方法帮助练习者突破。通过回访和跟踪，发现已基本达到预期目标，小丽已经能与人正常交往，不再出现回避行为，性格也比过去开朗多了。她现在像放下了一个很重的包袱，不再像以前那样害怕与人交往，出现脸红、紧张的情况比以前少多了，基本上能参加班里的活动，感觉到同学也喜欢她了，也能跟同学们正常交往。

二、技术总结

有幸的是，我们看到社会各界对特殊人群事业的关注越来越多，这个特殊而庞大的群体愈来愈成为社会关注的焦点。当然，他们更需要一群具有专业素质和专业技能的专业人员来帮助他们，这种帮助不仅仅是一种物质上的给予，更多的是一种心理上的引导和尊重。

GROW 的应用，对教练来说是一个很大的模型。不同于其他技术，GROW更是一个引导型的技术。在教练时，每一步都需要设计清楚，教练帮助练习者一步一步接近自己的目标，而达到目标的方法是需要教练和练习者共同设计的。对练习者来说，GROW 教练技术更是一种需要认真对待的技术，不能为快速达成目标而直接推进下一流程，每一步都要练习者亲力亲为。

认知行为教练技术注重于对话与沟通。认知行为教练技术是通过沟通进行教练的，包含了很多基本技术，适合用于青少年。通过分析争吵时的感受是什么，内心想要的是什么，他人如何，如何实现等问题来实现认知提升和行为改变。

案例中，教练凭借自己的 NLP 技术经验以及对练习者资料的收集推测出练习者心理存在的问题，并且使用专业技能对练习者进行帮助。在资源的运用上，教练比较侧重于人际资源，通过与练习者生活中的人交谈，改变了人们对练习者的态度，从而给练习者提供了一种有效的积极环境，但是在相关政策资源的运用上则基本没有。一方面，是教练没有意识到使用政策资源，即教练本身对政策资源的了解比较少，缺乏一种政策意识；另一方面，是由于现实条件的限制，即个案周期、福利院方的资金等。总体来说，教练达到了工作目标，完成了对练习者的帮助并且取得了一定成效。

第五章

心理教练技术在职业教育中的应用

近年来，企业管理人员已成功运用心理教练技术在管理和培训中取得了显著的成效。在此基础上，将心理教练技术应用于职业教育已成为新的尝试，改进对学生的管理方式以更好促进学生的身心健康发展。职业教育作为教育体系中的一个重要组成部分，其主要目的是培养学生的职业技能与素质。在职业教育过程中，学生群体的心理特征及可能出现的心理问题应引起重视。针对职业教育阶段学生的年龄、个性、社会化及职业发展等方面的特点，以及可能导致心理问题的各种因素，我们运用 GROW 模型、神经语言程式（NLP）以及认知行为教练技术等多种心理教练理论与方法进行了深入探讨与实施。对于职业学校的学生可能出现的自卑、抑郁、焦虑等心理问题，我们进行了具体的案例分析，并针对不同情况制订了相应的实施方案。这些方案能够提高学生自我认知水平，增强抗挫能力与培养乐观态度，进一步改善职业教育学生的心理健康状况。

第一节　职业教育

一、职业教育的起源

（一）职业起源

职业是指一种基于特定技能和知识的、有偿的、长期稳定从事的劳动形式。职业通常需要一定的教育和培训，以掌握必要的技能和知识，以便在特定的领域或行业中从事专门的工作。职业还通常要求有一定的工作经验和资格认证，以确保从业者具备足够的能力和专业素养。职业不同于工作，工作可以是短期的、兼职的或临时的，而职业则意味着更长期的、有规律的、稳定的劳动形式。

职业是现代社会中最基本的经济单位之一，也是人们实现自我发展和社会融入的重要方式之一。

职业的起源可以追溯到远古时期的人类社会。在原始社会，人们通常以狩猎、采集、捕鱼等方式谋生，没有固定的职业和职业分工。随着社会的发展，人类逐渐学会了种植农作物、养殖动物，形成了农业社会，出现了农民、牧民等职业。同时，手工业的发展也促进了劳动分工和职业的形成，出现了匠人、工匠、商人等职业。随着工业革命和科技发展的加速，现代职业也在不断涌现，如医生、教师、工程师、程序员等。总的来说，职业的起源是人类在生产和生活中分工和专业化的结果，也是社会不断发展进步的产物。

现代意义的"职业"概念是随着社会生产力水平的提高和个体能力的不断激发而产生的。人类逐渐学会了植物栽培和动物驯化等技能，从而出现了原始的农业和畜牧业，并从中分离出了不同的职业。随着社会生产力的不断提高，手工业和商业等行业也随之出现，职业的种类不断增加。职业的产生和发展是人类文明进步的标志，是社会发展的产物，也是人们实现自我价值和为社会做出贡献的重要方式。

（二）教育起源

广义的教育是指人类在生活、工作、学习和社会交往等方面所获取的全部知识、技能、经验、价值观和态度等，它包括正式教育、非正式教育和自我教育三个方面。正式教育是指在教育机构内，通过教育教学活动，以有组织、有计划、有意识地培养和发展学生的智力、体力、心理和道德等方面的能力和素质。非正式教育是指那些不是专门为了教育而设立的组织和活动，如家庭、社区、媒体、文艺、体育、旅游等，这些活动都能够为人们的知识、技能、经验和价值观等方面的培养提供良好的机会和环境。自我教育是指个人在生活、工作和学习等方面，自主地、自我发展地获取知识和经验，积极地参与各种学习活动，不断地提升自身的素质和能力。广义的教育是一个比较宽泛的概念，它包括了人类在不同领域、不同层面所获取的各种知识、技能和经验等，对个人的发展和社会的进步都具有重要的意义。

狭义的教育是指专门为了教育而设立的教育机构，通过教育教学活动，以有组织、有计划、有意识地培养和发展学生的智力、体力、心理和道德等方面的能力和素质。这种教育是一种有目的、有计划、有组织的教育，通常包括幼儿园、小学、中学、高等教育、职业教育等各个阶段。狭义的教育是一种比较专业化和系统化的教育形式，它通过教育教学活动，提供各种知识、技能和经验等，为学生的全面发展和未来的职业发展打下坚实的基础。

西方国家提出的神话起源观点认为，神话和传说不仅仅是一种古老的宗教信仰和故事传统，还可以作为一种教育工具。神话和传说中的故事和人物形象可以传达重要的价值观和道德准则，帮助人们更好地理解和应对现实生活中的挑战和冲突。在西方文化中，许多经典的神话和传说故事被广泛用于教育以及培养人们的道德观和价值观。例如，古希腊神话中的英雄故事和道德准则，如"勇敢、正义、自律"等，被广泛引用和传承。此外，神话和传说还可以帮助人们更好地理解历史和文化，促进跨文化交流和理解。通过研究神话和传说，人们可以了解不同文化的信仰和价值观，促进文化多样性和包容性。因此，西方国家提出的神话起源观点认为，神话和传说不仅是一种文化遗产，还是一种重要的教育资源，可以帮助人们更好地理解自我和世界，培养积极的价值观和人生态度。

英国著名的教育理论家沛西·能（Thomas Percy Nunn）和法国社会学家、哲学家利托尔诺（Charls Letourneau）的生物起源说认为，生命是一个自然的、漫长的进化过程，起源于有机物质的自然合成。在教育中，生物起源说提供了一种基于证据的生命起源解释，可以帮助学生理解生命的起源、进化和科学研究的方法和过程，培养科学思维、探究精神和创新能力。

美国著名教育学家保罗·孟禄（Paul Monroe）心理起源说认为，人类的心理和行为是基因和环境共同作用的结果，而非由神或自由意志控制。在教育中，这种科学的解释可以提供新的视角和理解方式，帮助学生理解个体行为的根源和特点，并培养科学思维和理性思考能力。此外，心理起源说还可以增强学生的自我认知和自我控制能力，促进心理健康和人际关系的发展，以及理解和尊重他人的行为和情感。因此，孟禄心理起源说在教育中具有重要的意义。

著名的教育学家米丁斯基（Митинский）和苏联著名教育家伊·安·凯洛夫（N. A. Kaiipob）劳动起源说认为，劳动是人类文明发展的重要驱动力，劳动活动可以促进人类智力的发展和提高。在教育方面，劳动起源说提供了重视劳动、尊重劳动的文化价值观，可以帮助学生理解劳动对于人类文明发展的重要性，形成尊重劳动和勤劳务实的精神，并促进实践能力和创新能力的发展。

（三）职业教育起源

刘春生提道："我国的职业教育最早可追溯到 19 世纪 60 年代，清政府开办了有关交通运输、军事、民用等实业学堂。"①

---

① 刘春生，徐长发. 职业教育学［M］. 北京：教育科学出版社，2002：30—32.

黄炎培说："这些学堂以引进西方资本主义社会的办学理念与形式为办学宗旨，逐步形成了符合社会发展需要的办学模式。实业学堂分工明确，专业具有指向性，以欧洲工业革命以来的成果为教学内容。"①

袁华在研究中说："培养学生掌握实业技能为办学目的。可以将近代洋务运动开办的实业学堂看作我国职业教育的起源。"②

米靖在《中国职业教育史研究》中提道："教育是一种培养人的实践活动，扩展到了生活的各个层面，将人们在生活中的耳口相处、身教示范作为教育活动。在原始社会后期，人们开始有意识地制造和使用工具，导致社会分工的出现，为职业教育的产生创造了可能。"③。

人们为了自身生存与繁衍，向年轻人传授生活经验和技能，将这种产生于社会分工后进行知识和技能传授的教育活动看作最早的职业教育。

二、职业教育的定义

（一）职业教育的定义

职业教育是一种旨在培养学生具备特定职业技能和实践经验的教育形式。它是一种实用性很强的教育，主要目的是为了满足现代社会的生产和经济发展需要，培养高素质的职业人才，提高劳动者的就业竞争力和职业发展能力。

职业教育的范围非常广泛，包括但不限于工艺美术、农业、商业、工程、医学、信息技术、运输等各个领域。它不仅包括传统的学校教育，如职业高中、职业技术学院、职业大学等，还包括职业培训机构、企业内部培训、职业技能认证等多种形式。

职业教育的教学内容主要包括理论知识和实践技能。理论知识是指教授学生相关职业领域的基础理论、技术和规范等知识，以便他们更好地理解职业技能的本质和应用。实践技能则是指通过实践操作、模拟、实习等方式，让学生掌握和运用职业技能，提高其职业素养和实际操作能力。

职业教育的教学方法也与传统的学校教育不同，强调实践和应用。它通常采用小班授课、案例教学、实验室操作、项目实践等教学方法，使学生在真实职场环境中学习和实践，培养其实际应用能力和解决问题的能力。

国家和教育部已确认职业教育的类型地位。2019 年，国务院发布了《国家

---

① 中华职业教育社. 黄炎培教育文选 ［M］上海：上海教育出版社，1985：44-45.
② 袁华，郑笑鸿. 职业教育学 ［M］. 上海：华东师范大学出版社，2010：9-10.
③ 米靖. 中国职业教育史研究 ［M］. 上海：上海教育出版社，2007：3-5.

职业教育改革实施方案》，明确指出职业教育是一个独立的教育类型。这个定位对于职业教育的发展非常重要。一方面，强调了职业教育的重要性和作用；另一方面，也有助于职业教育体系更好地服务、支持国家现代化建设。在此基础上，我们应该坚定职业教育的办学方向，深化产教融合、校企合作，探索和完善职业教育的特色模式，走出一条适合中国特色的职业教育发展道路。

总之，职业教育是一种教育形式，旨在培养学生具备特定职业技能和实践经验，以适应现代社会生产和经济发展的需要。它的特点是实用性强、教学内容实践性强，教学方法注重实践和应用。

（二）职业教育的内涵

职业教育是通过教学和实践培养学生掌握和应用特定职业技能和实践经验的一种教育形式。其内涵包括以下几方面。

职业素养：职业素养是指职业人员应该具备的职业道德、职业精神、职业意识等方面的素养。这些素养对于一个职业人员的职业发展和职业成功非常重要。例如，医护人员需要具备高度的职业道德和责任心，工程师需要具备严谨的职业精神和创新能力。

专业知识和技能：职业教育的核心是让学生学习和掌握特定职业领域的专业知识和技能。这些知识和技能是学生获得职业成功的关键。例如，电子工程技术学生需要学习电路设计和调试、模拟电子技术、数字电子技术等方面的知识和技能。

实践能力：职业教育注重学生的实践能力培养，让学生在实践中逐步掌握和应用所学知识和技能。通过实践，学生可以更深入地理解职业技能的本质和应用，提高其职业素养和实际操作能力。例如，厨师学生需要在厨房实践中掌握刀功、火候、配料等技能。

综合能力：职业教育还要求学生具备综合能力，包括分析问题、解决问题、沟通协作、团队合作等方面的能力。这些能力对于职业人员的职业发展和职业成功同样非常重要。例如，销售人员需要具备良好的沟通能力和销售技巧，以便更好地与消费者沟通和推销产品。

总结来说，职业教育的内涵包括职业素养、专业知识和技能、实践能力和综合能力等方面。这些方面的培养都是为了让学生成为具有职业素养、专业技能和实践能力的综合型人才，以便更好地适应和胜任各种职业要求。

职业教育可以根据不同的分类标准进行分类。

按照学历层次分类：分为学历和非学历两种。学历职业教育包括初、中、高等职业教育，以国家统一颁发文凭为主要评价标准；非学历职业教育是以获取某种职业从业知识、专业技能为目的的培训和学习过程，包括招录考试、技能培训和资格认证考试培训等，形式则是市场上的各种培训机构。职业教育与普通教育是两种不同的教育类型，具有同等重要地位。

按照行业分类：职业教育可以根据不同的行业进行分类，例如，医学、机械、电子、建筑等。不同行业需要不同的职业教育内容和技能要求，因此职业教育也需要针对性地进行分类和培养。

按照培养目标分类：分为初职教育、在职教育和继续教育。初职教育是指为初次就业或转行培训的学生提供的职业教育；在职教育是指在职人员通过职业教育提升自己的职业技能和素质；继续教育是指职业人员通过职业教育继续提高自己的职业技能和素质，以适应职业发展需要。

按照教学形式分类：分为学校培训和企业培训。学校培训是指在学校进行的职业教育，主要培养初职教育和继续教育的学生；企业培训是指在企业进行的职业教育，主要培养在职教育的学生。

目前，国际上对职业教育的内涵已达成共识，即职业教育就是就业教育。其主要目标是适应劳动力市场需要，满足社会对合格劳动力的需求，降低青年就业门槛，解决社会就业问题，并全面提高练习者的素质。职业教育应该是思想政治教育、文化基础教育和职业技能训练的有机结合。近年来，我国职业教育紧抓大改革、大发展的机遇期，不断提高内涵和规模，分别迈上了三个大台阶，包括加快建设现代职业教育体系，确立职业教育的类型教育定位，以及提出建设技能型社会的战略任务。这些措施不仅推动了职业教育的高质量发展，也为我国的现代教育体系建设做出了重要的贡献。

三、职业教育学生的心理特征

（一）年龄特征

发展心理学认为，个体的心理是不断发展的，但同时也具有一定的阶段性。所有的发展都与时间相关，对个体而言，年龄是时间的标志。

赵欣等认为："心理发展的年龄特征是指在一定社会和教育条件下，个体心理发展的各个年龄段所表现出的一般、典型和本质的心理特征。"[1]

学者崔景贵对职业教育学生的特征总结："职业学校的学生正处于青春发育

---

[1] 咸桂彩，赵欣. 职业学校学生心理特征与发展任务研究 [J]. 职业技术教育，2004，25（34）：59-61.

期，也是身体发育的第二个高峰期。在这一时期，职业学校的学生各个方面都经历了急剧的变化，总结起来主要有三个方面：身体外形的变化，身高体重迅速增加；内脏机能的逐步健全；以及性的成熟，三大性特征开始出现。这些生理的发展为职业教育学生的心理发展提供了基础。"①

1. 心理发展的过渡性

每个学生都要经历从儿童向成人、依赖到独立、幼稚向成熟、不自觉到自觉的发展变化。这一变化时期是他们心理发展最宝贵的时期，其特质就是心理世界的可变性和心理发展的可塑性、过渡性，因此，这是对他们进行素质教育的关键时间段和最佳时机。

2. 心理发展的封闭性

职校生不轻易表达自己的想法，表现出一定程度的封闭性。但他们渴望找到倾听自己心声的人，在这个阶段他们可能不愿意和父母交流，而更愿意用日记记录自己的心情。封闭性心理容易导致孤独感，但他们也强烈希望被人理解。因此，他们需要结交知心的朋友，可以向他们表达内心真实想法，满足心理需求。

3. 心理发展的动荡性

职校生的生理和心理发展不平衡，以及与其他社会意识的不平衡，既创造了个性发展的条件，也表现出了成熟前的动荡性。职校生在知识、情感、意识和行为等方面表现出动荡性，例如，思维敏锐但易偏激，情绪容易波动，看待问题片面化和绝对化，反思能力较弱，行为有冲动性，但也有勇敢、正义感和敢为的特点。然而，职校生在克服困难方面的毅力还需加强，往往容易将坚定与执拗、勇敢与蛮干混淆。

（二）个性特征

1. 心理发展的独立性

随着身体的发育，职校学生的自我意识逐渐增强，独立思考和处理事物的能力不断发展。他们表现出较强的自主性，渴望摆脱师长和家长的束缚。职校学生自信心和自尊心较强，喜欢展现自我，对个人生活和社会观点有独立的见解和主张。他们勇于发表自己的看法，坚定地维护自己的观点，并愿意进行深入的辩论。

---

① 崔景贵. 当代职业学校学生心理发展的基本特征［J］. 教育与职业，2008（08）：19-21.

2. 心理发展的主体性

相较于小学生、初中生和普通高中生，职校生较为现实。他们开始关注社会现象，探索人生，思考社会现实问题，并对社会中出现的事物充满好奇心，希望像成年人一样参加各种各样的活动。他们相信自己能够很好地完成许多事情，无须任何人的帮助。尤其是对未来生活道路的选择，成为他们意识中的重要问题。

3. 心理发展的矛盾性

职校学生产生矛盾心理的原因来自多方面，既包括自身生理发育因素，也受到外部影响和家庭等条件的限制。这一时期在生活中有诸多的烦恼、矛盾和冲突，同时，也是多元选择的阶段，包括梦想与挑战并存，机遇与艰难并存，快乐与痛苦并存，幸福与困难并存。尽管随着社会的发展，物质条件不断完善，但他们仍然难以承受风霜雨雪，难以忍受委屈和挫折，渴望得到重视，但又不愿放下面子去寻求别人的帮助。因此，一些职校生不能理智地解决问题和困难，导致其心理问题日积月累，出现了严重的心理障碍，对他们的学习、生活和健康成长产生了负面影响。

（三）社会化特征

1. 心理发展的实用性

职业教育的学生对自我发展有不一样的认识，部分职业生认为上普通高中并不能学到实用的知识技能，待在学校是一种浪费时间和生命的体现。因此，在中考后选择进入职业技术学校学习新技能，为将来就业做充分的准备。此外，他们也对社会有更高的认识，知道最终还是要步入职场，因此选择学习新技能，以便更快地适应社会，对自己的职业规划更加清晰。

2. 心理发展的从众性

职业教育的学生存在从众心理，他们在中考后选择进入职业技术学校学习一门技能，但对自己的具体选择并不十分清晰。他们往往因为听信道听途说或追求标新立异而盲目跟风，看到同学染发或购买名牌也会效仿，却没有分析自己是否适合或家庭是否支持。这些行为并不正确，从一定程度上不利于职校生的健康成长。因此，学校应该加强干预，营造健康积极的学习和生活环境，帮助职校生养成良好的生活和学习习惯，促进其身心健康全面发展。

3. 心理发展的叛逆性

职业教育学生的心理发展中，叛逆性是一种常见的现象。青春期是职业教育学生心理发展的重要阶段，学生开始有自我意识和自我价值观，逐渐摆脱对家庭和教育者的依赖，渴望独立和自主。这种发展趋势可能导致学生对教育者的指导和规范持有抵触态度，表现为叛逆心理。

职业教育学生的叛逆心理可分为主动型和被动型两种。主动型叛逆心理表现为学生对某些现象或事物有片面的看法，从而有意识地与教育者的教育行为进行抵抗。例如，有些学生可能认为自己成绩不好可能是教师故意挑剔，表现出顶嘴、逃课、不做作业等行为。被动型叛逆心理则是在教育者言行的直接影响刺激下，学生反映出来的违背教育者意志的心理状态。

职业教育学生的叛逆心理与家庭、学校和社会教育密切相关。一方面，家庭教育方式可能存在过于严厉或过于宽松的问题，导致学生缺乏自我控制和自我约束的能力，出现叛逆心理。另一方面，学校教育方式和方法也会对学生的叛逆心理产生影响。如果教育者过于强调纪律和规范，不注重学生的情感需求和个性发展，也容易引发学生的叛逆心理。

（四）职业化特征

1. 心理发展的定向性

职校生的心理特点主要包括认知风格、职业成就动机、专业技能水平、职业能力发展、择业观念、兴趣爱好定向化和就业信息意识等方面。职业学校的学生具有鲜明的职业指向性，注重实际的择业观念和就业信息意识。他们的认知风格和模式职业化，职业道德情感发展较快，职业意志活动具有理智性。此外，职校生的兴趣爱好定向化，专业技能水平和职业能力发展也是其心理特点之一。然而，职校生对职业学校招生时的承诺、"毕业分配"、双向选择和自主择业等存在疑虑心理，这些特点使职业教育与普通教育有所不同。

2. 心理发展的片面性

职校生由于自身认知和社会环境等因素的限制，可能出现对自身职业定位和职业发展的片面性认识和理解。职业教育学生在职业心理发展中，可能只关注职业的物质收益和生活状态，而忽略了职业成就感和职业满足感等方面的发展。这种片面性的认识可能导致学生在职业发展过程中缺乏内在动力和职业满足感，影响其职业发展的稳定性和长远性。

3. 心理发展的盲目性

职业教育学生心理发展中的盲目性是指职业教育学生在心理发展过程中存在的一种缺陷或不足，表现为对自身职业选择、职业发展、职业规划等方面缺乏足够的认识和思考，存在盲目性。首先，职业教育学生在职业选择上存在盲目性。由于对职业领域的认识不足，他们往往只是基于自身兴趣、家庭背景、社会影响等因素进行职业选择，缺乏对职业需求和市场前景的了解和分析，容易做出错误的选择。其次，在职业发展和规划方面，职业教育学生也存在盲目性。他们往往只关注眼前的工作机会和收入水平，缺乏对职业发展的长远规划和目标设定，容易陷入短视和盲目追求的境地。最后，职业教育学生在职业能力和素质提升上也存在盲目性。他们往往只注重专业技能的学习和掌握，忽视了综合素质的培养和提升，容易导致职业能力的狭隘化和单一化。

第二节 职业教育学生的心理问题

一、职业教育学生常见的心理问题

职业学校的学生大多处于身心发展快速变化的青春期，与成年人和普通学校的同龄学生存在心理上的差异，表现为以下特点：

思维方式正在从半成熟向成熟方向转化；自我意识膨胀，关注自己在群体中的地位；内心存在自我封闭和渴望放飞自我的矛盾；心理素质不够稳定。

职业教育学生的品德发展存在不平衡的特征，容易冲动、充满激情，出现各种心理问题。研究表明，职校学生最常见的心理问题包括自卑、反感、冷漠与孤独、嫉妒、虚荣、人际交往障碍、厌学、狭隘、依赖和入学适应障碍等，这些问题受自身、家庭、学校和社会环境等因素的影响。

二、职业教育人群常见心理问题的影响因素

（一）自身因素

职业教育学生是各具特点的个人，正处于青春期晚期，思想相对单纯，阅历不足，容易受到其他因素干扰。自身因素是个人对自己身体发育和生理状态的认识，包括对自己缺陷的过度关注，容易产生自卑。随着自我意识的成长，职业教育学生逐渐对自己的生理特点有更明晰的看法，但由于青春期的不稳定性和对生理特点的高度关注，可能会夸大自己的缺陷感。这种自卑情绪可能表现为厌学、叛逆、沉迷游戏等不良习惯。面对无法弥补的缺陷，职业教育学生可能会感到自卑并累积精神压力，怀疑自己会遭受歧视，表现出某种逃避的行为。

（二）家庭因素

家庭环境是影响职业教育学生心理状况的重要因素，主要包括家人之间的

亲密程度和经济条件两个方面。研究表明，在家庭氛围和经济条件均较差的环境中生活的职业教育学生，容易产生各种心理问题，如焦虑、恐惧、胆小、自卑、抑郁、烦躁等。

1. 家庭环境缺乏关爱与陪伴

职业教育学生缺少自幼对父母的依恋，对新环境不易适应，需要更长时间的适应，这也是职业教育学生较难管理的原因。家庭成员缺乏对学生的情感关注和照顾，缺乏对学生的鼓励和支持，导致学生感到孤独和无助。此外，家庭成员可能对学生的学习和职业发展缺乏理解和支持，对学生的职业规划和发展缺乏指导和建议，甚至可能对学生的职业选择持负面态度，给学生的职业发展带来压力和困惑。家庭成员之间可能存在矛盾和冲突，沟通不畅，导致学生缺乏正面的家庭氛围和情感支持，容易出现情感问题和行为问题。因此，需要加强家庭成员之间的沟通和情感支持，给予学生足够的陪伴和关注，对学生的职业规划和发展给予指导和建议，帮助学生更好地适应和成长。

2. 家庭环境消极贫困

职业教育学生存在自卑、自闭和缺乏主见等心理问题，这主要与家庭环境有关。这些学生往往来自经济困难的家庭，缺乏积极的家庭氛围和社会经济优势，父母工作态度消极，缺乏保护儿童和子女的意识。这类学生在思想上严重自闭和无主见，他们在潜意识里对自己的定义是做什么都是错的，不如别人，不敢与人沟通，缺乏勇于改变现状的心态，变得更加不自信和自卑。因此，需要从家庭和社会多方面加强支持和帮助，帮助这些学生更好地适应和发展。

3. 家庭环境溺爱

在职业教育学校中，缺乏规则底线意识的问题主要受到家庭过度溺爱的影响，表现在以下三个方面：家庭过度满足孩子的物质需求，导致孩子在进入职业教育学校后在物质方面缺乏节制和底线，违反校规校纪；家庭成员对孩子生活上的过度帮助，使其缺少锻炼生活技能和自我肯定的机会，表现为生活能力差，不愿从事与劳动相关的事务；家庭过度溺爱导致其不懂得尊重长辈、父母，也不尊重老师和同学，表现为不良行为。这些问题使孩子缺乏规则和底线意识，需要家庭和学校共同加强教育和引导，帮助孩子树立正确的价值观和行为规范。

（三）学校因素

在相对条件较差、学校生活单调的职校中，一些学生对学习缺乏兴趣，心理不够健康，自信心不足。他们原本期待能够在新的环境中得到重塑，但却发现学校的教育教学管理形式与原来的初中学校十分相似，让他们失去了希望。这些职校生渴望在学校中展现自我、寄托情感和人际交往的需求得到满足，然而学校常常忽视这些心理需求，甚至采用不当的教育方法，挫伤学生的自尊心，导致一些学生产生压抑、烦躁、自暴自弃、孤僻等心理问题。此外，一些职校教师过于强调学习成绩，认为考试成绩好的学生是好学生，而成绩差的学生则被视为差生，得不到足够的关注和支持，甚至受到训斥。这种不公平的待遇让那些成绩差的学生感到沮丧和失望，对学习生活失去信心，对成绩好的学生产生敌意和冷漠，对老师失去尊重和信任，而自我封闭等心理问题也随之产生。

（四）社会因素

目前，尽管高等职业教育得到了越来越多人的认可，但仍然存在着一些偏见和歧视，例如，"重学术，轻技能"和"唯分数论"的观念仍然占主导地位，这对职业教育学生的心理健康产生了影响。同时，由于我国经济发展不平衡和传统观念的影响，人们对于职业教育的地位、作用和培养目标等缺乏正确的认识，甚至存在着歧视职业教育和职业教育生的现象。这种偏见和歧视会导致一些职业教育学生感到自卑，尤其是在社会比较中，他们更容易采用"向上比较"的方式，而得到的信息多数是负面的挫败感，从而导致自卑心理的产生。同时，具有负面情绪的职业教育学生表现出更高的社会比较需求，尤其喜欢"向上比较"。

第三节　案例分析

职校生存在不同程度的心理障碍，这可能会对他们的文化学习、技能训练和价值观的形成产生负面影响，影响他们在未来社会中的生存和发展。因此，职业学校需要重视心理健康教育工作的质量，因为它直接影响着社会各个职业人群的心理健康水平。近年来，由于心理问题，职业学校学生引发的恶性刑事案件不断增多，对家庭、学校和社会的稳定产生了严重的影响。为此，需要加强心理健康教育工作，帮助学生解决心理问题，提高学生的心理素质和适应能力，预防和减少恶性事件的发生。因此，采用 GROW 模型、神经语言程式（NLP）教练技术和认知行为教练技术来帮助学生克服心理障碍，培养健康心理素质，已成为职业学校教育教学工作中不可或缺的重要环节。

一、案例一　GROW 教练技术

（一）个案信息

姓名：小军

性别：男

年龄：15 岁

身体状况：四肢健全、智力正常

文化状况：职高一年级

主要表现：不敢与他人进行交流，喜欢独自一个人待着，看起来冷漠，但实际上渴望被关注，同时又害怕被关注。他习惯于讨好别人以获取认可，比较敏感，他人的细微行为会让他陷入思维内耗，容易自责，犹豫不决，总是归咎于自己，自我评价也较低，认为自己不如他人。此外，他会把一些小问题无限放大。

主要心理问题：自卑、消极

（二）解决过程

学生个性差异很大，有些学生活泼开朗，有些内向，有些古怪偏执，有些自卑等。自卑的学生很难融入集体，缺乏自信，稍有不慎就可能导致严重的学习成绩下滑问题，甚至辍学。为了帮助这些学生成长，我们需要让他们明确自己的目标和定位，建立自信，与同学进行良好的交流，构建良好的班级氛围。我们可以通过聆听、发问、逻辑层次等工具来解决学生之间的问题，用激励性的评价来培养学生的主体意识，促进他们的和谐发展。相较于以前班主任的狠批一顿、警告报告家长的方式，教师身份转变为教练型教师，最大限度地营造融洽的师生氛围和良好的班风。

采用 GROW 教练技术可以帮助学生解决自卑的心理问题，这是一个简单易行的方法，用来帮助人们创造专注，减少干扰并提升表现。它包含四个关键方面：目标、现状、方案和行动。如果按照一定的顺序和方法专注在这四个阶段，就可以减少干扰，增加决策的速度和精准度。

1. 第一阶段（Goal 目标）

Goal 目标阶段分为发出邀请、明确理想目标、明确绩效目标和目标确认四个步骤。

（1）发出邀请

在发出邀请的步骤中，班主任学习了教练技术并担任教练身份与小军进行了坦诚交流，选择轻松的话题引导小军说话，班主任认真倾听并及时回应，同时深入引导小军详细叙述并表达内心感受。班主任及时澄清和承诺，减轻小军的防备和疑虑，并与其初步建立了良好的关系。班主任还与小军的朋友进行了谈话，并收集了较全面的信息。在与小军交流的过程中，班主任逐步引导他描述自己的心理情况、家庭境况、个人情况，并向小军的父母了解其情况。通过与小军的父母交谈，班主任了解了小军的基本生活状态，并表示会多帮助小军，赢得了小军父母的信任。

在问题分析及诊断阶段，班主任对小军产生自卑的心理进行了评估，从生理、心理和社会三个角度进行分析。从生理角度来看，小军在与人交流时不敢直视对方的眼睛，说话时声音特别小，平时不喜欢说话，有任何事情都憋在心里，甚至与父母交流也很少。从心理角度来看，小军总认为自己有很多缺陷，对自己的评价较低，觉得自己的成绩不如其他同学，经常感到自卑，总是在意别人对自己的评价，经常自责没有做得像别人那样好。从社会角度来看，小军的父母经常把他和其他孩子做比较，认为小军的学习不如其他孩子好，平时在家也不会帮忙做家务，加之在班上有的老师也常常拿小军和其他同学做对比，长期以来导致小军自卑，不敢直视自己。

（2）明确理想目标

班主任向小军发出邀请后，初步了解到小军对比自己和别人所产生的自卑情绪。紧接着，班主任需要明确和小军谈话的目标。通过与小军的交谈，班主任发现小军需要班主任的帮助，但他并不清楚自己想要达到什么样的目标。因此，班主任帮助小军理清思路，明确他想要达成的目标，并通过一系列的发问引起小军的思考。

班主任通过发问引导小军思考："在学习中令你最苦恼的问题是什么？你常常遇到最难解决的问题是什么？"小军："我父母总是拿我和别人家的孩子比较，他们认为同事的孩子不光学习，其他方面都比我强。"班主任进一步问道："那你一定想成为父母心中引以为傲的孩子，对吧？"小军："想，我希望能够得到他们的赞赏。"

班主任进一步问道："那你在家都会做什么？"小军："在家除了写作业就是写作业。"班主任又继续发问："你有没有想过除了写作业帮他们负担些什么，比如，家务之类的？"小军："没有想过，我担心我做不好，到最后得到的只会是批评。"最后，班主任鼓励小军去努力尝试，提醒他不要害怕失败，只有通过实践才能不断地提升自己的能力和素质。

（3）明确绩效目标

在确定大致目标后，班主任帮助小军将目标转化为符合 SMART 原则的目标。符合 SMART 原则的目标应该是具体、可衡量、可达成、有价值、有时限的。

近期目标：培养其乐于助人的品质，能够在家主动帮助父母负担家务，能够在学校帮助老师收作业，利用自身的优点来鼓励自己，帮助自己找回自信，并培养乐观的生活态度。此外，小军还需要尝试克服没有独立空间生活的状态，学会与人正常交往，在遇到困难时能够用正确的方法解决问题，正视人与人之间的差距。

长期目标：通过实现近期目标，逐渐找到自信，正视自己的缺点，发展自身的优点，找到归属感，融入班集体，并增强与父母、同学和老师的沟通和交流能力。

（4）目标确认

在确认目标时，班主任再次确认目标，并进行了详细的询问。小军从中了解到自己将要达成的目标，并积极配合班主任的行动，这有助于他按照目标来开展后续的干预。

2. 第二阶段（Reality 现状）

Reality 现状阶段分为分析事实、探索因素、寻找资源三个步骤。

在第二阶段，班主任与小军建立了友谊关系之后，主动引导他了解自己现在的生活环境、学习资源、个人情况以及与达成目标相关的内容等。通过引导，小军提升了自己的觉察力和适应力，为探索下一步行动方案奠定了基础。

（1）分析事实

班主任与小军进行交流，提出一些关于小军生活和学习的问题，以了解小军的全部情况，为下一步引导打下基础。例如，班主任可能会问："当你的父母说到你的成绩没有其他孩子好时，你会反驳吗？"小军可能会说："反驳又有什么用呢？"接下来，班主任则会问："为什么这么说？"以此进一步了解小军的想法和情况。

（2）探索因素

在这个步骤中，班主任引导小军一起探索可能会影响达成目标的因素并明确和区分这些因素。班主任会鼓励小军表达自己的想法和观点，并引导他思考自己的想法和行为。之后，班主任会找到小军的父母以及其他各科任老师，并与科任老师分析使用这种教育方式是否合理；与小军的父母交谈其产生自卑情绪的原因，反思将小军和同事家的孩子做对比是否妥当，家长是否应该从不同的角度思考问题等。

（3）寻找资源

在这个步骤中，班主任引导小军一起探索可以帮助实现目标的资源。例如，小军的学习能力较强，他的成绩表现很出色，但由于受到父母的影响，他表现出不自信的情绪，不愿意与其他人交流。通过分析，可以帮助其实现目标的资源包括他的父母、科任老师以及帮助他正视自己的优点和缺点，增强自信心，达成目标并解决问题。

3. 第三阶段（Options 方案）

Options 方案阶段包括启发引导、确认评估和具体行动三个步骤。这个阶段制订干预方案。班主任在制订方案时考虑小军的实际情况和目标，帮助小军来实现自己的期望。

（1）启发引导

实施时期班主任一方面运用沟通技巧，引导小军对目标和问题进行分析，促使他进步。另一方面，班主任分享了自己成长过程中遇到的难题的经历，以激励小军。班主任讲述自己幼年时由于父亲早逝，自己成为单亲家庭的孩子，班上的同学经常嘲笑和欺负他。这段时间是他最难熬的日子，他常常因此感到自卑并且和母亲吵架，做出不愉快的行为。但后来，他意识到这并不能从根本上解决问题，他所要做的就是积极坦然面对。当其他同学再嘲笑他时，他告诉他们他有一个很爱他的妈妈。这个故事引起了小军的强烈思考。班主任告诉小军："要正视你所遇到的困难，不能因为害怕而选择逃避，因为那样不能从根本上解决任何问题。父母教育的方式可能你接受不了，但从某种意义上，他们是为了激励你。当你内心有疑惑时，可以及时进行沟通交流，慢慢地，所有的问题都会迎刃而解。"

（2）确认评估

班主任需要引导小军对行动方案进行探索。与小军一起分析原因后，班主任对问题目标进行分类和评估，即判断各问题的严重程度、目标达成的可能性和对其的影响程度，然后根据评估与其一起制订解决方案和行动方案。在这个阶段中，班主任可以将选择方案丰富化、个性化和具体化，以便在下定决心的环节做出更好的选择。在该阶段，班主任询问小军对自己的需求和期望的帮助时，小军希望自己能够在学业上有所突破并且能够得到父母的赞扬，同时能够融入同学中。为此，班主任制订了适合小军的行动方案。

（3）具体行动

方案		
教练目标	寻找目标资源	通过与练习者进行沟通，及时找出产生自卑心理问题的原因，同时与其父母和各科任老师进行沟通交流，及时给予干预
	启发引导	帮助练习者找出使其产生自卑的根源，并仔细分析，根据练习者的表述加以正确引导
	社会交往	主动向练习者父母了解一切关于练习者的状况，并加以正确引导，同时还要及时和各科任老师共同协商管理好班集体，并密切关注和鼓励，共同帮助练习者找回自信
练习者目标	短期目标	培养乐观积极的生活态度，学会遇到困难用正确的方法处理，同时能够正视自身的优缺点以及人与人之间的差异性
	长期目标	通过近期目标的设定，使其找回自信，能够找到归属感，融入班集体，增强其与父母、同学、老师间的沟通交谈能力

4. 第四阶段（Will 意愿）

Will 阶段分为三个步骤：总结成果、聚焦行动和赋能反馈。在这个阶段中，班主任总结与小军的沟通内容，然后制订行动方案，班主任鼓励小军向设定的目标靠近，并且通过各种方法支持他的行动。在对话中，班主任应及时运用 GROW 模型中"六脉神剑"的鼓励赞赏、积极倾听技巧，给予小军帮助。

（1）总结成果

班主任应引导小军，总结之前每一次对话的内容，分析结果，并提出改进方法。班主任可以问小军一些问题，如"通过这段时间与父母的沟通，你对父母的看法有什么改变吗？""这段时间和其他人相处时有没有比之前好一点呢？""你可以和我讨论一下最近总结到什么了吗？"等。

（2）聚焦行动

班主任要根据方案的具体任务进行落实，通过沟通使小军产生自主行动的意识，而不是简单地命令式地推动他完成任务。在实施方案的过程中，需要具体想象下一步的动作，并将其纳入方案中。这样做可以帮助小军克服自卑心理。

在与小军的后期会谈中，为了提高其行动意愿，班主任可以让小军想象自己达成目标后得到父母夸赞的感受，并问他们打算如何奖励自己。确定行动方案后，班主任需要帮助小军将其落实到具体行动上，可以问他："今天谈话结束后，你的第一步具体行动是什么？""这个行动会对解决这个问题带来什么？""你打算什么时候去实施？""如果再次遇到类似的问题，你会如何处理？""你会寻求哪些相关人员的帮助？"最后，班主任要问："你如何评价自己的行动？"并不断地提问："还有其他需要补充的吗？"

（3）赋能反馈

在这个步骤中，小军的思路和行动已经很完善了，班主任不断对小军的表现给予鼓励，给出专业的建议并认可他的想法。通过沟通，小军不断完成方案，向目标前进，达成目标。最后班主任引导小军回顾整个教练过程，小军表示与班主任的相处很好，班主任教会自己很多事情。最后小军决定暑期找一份兼职锻炼自己，希望自己能够在兼职的过程中有所收获，对此班主任后期也进一步跟进，直到结束训练。

（三）改变效果

通过 GROW 干预，班主任以教练身份多次邀请小军进行交流，深入了解其自卑的生理、心理及社会状况，帮助其明确目标并理清思路。在班主任的细致分析下，小军自卑的原因得以准确把握，并制订了一套针对性强的干预方案。实施该方案后，小军逐渐克服了自卑心理，敢于直面他人的眼神，自我评价更为客观公正，能够正确地审视自身。同时，小军在生活和学习上主动与父母进行沟通交流，重新燃起对生活的热情，树立了新的目标，为未来奋斗树立了信心。

（四）方法表格

类型	过程
Goal 目标	Goal 包括发出邀请、明确理想目标、明确绩效目标和目标确认四个步骤，按照这四个步骤帮助练习者。 1. 通过交谈发现问题 2. 培养自信 3. 通过干预使练习者融入班集体，找到归属感，同时能够得到父母的肯定和赞赏，并能够和父母进行感情交流 4. 明确目标，遇到困难能够正确审视

类型	过程
Reality 现状	Reality 现状阶段分为分析事实、探索因素、寻找资源三个步骤，由此分析出案例中练习者主要的心理问题是自卑，在学习中否定自我，对自我评价极低
Options 方案	Options 方案阶段分为启发引导、确认评估和具体行动三个步骤，教练为了改变练习者出现的现状，针对其出现的主要问题提出方案
Will 意愿	Will 阶段分为总结成果、聚焦行动、赋能反馈三个步骤。在和练习者沟通的过程中了解练习者的意愿，之后开始总结交谈成果，给予反馈，并开始实施行动计划

二、案例二　认知行为教练技术

（一）个案信息

姓名：小宋

性别：男

年龄：17 岁

背景：父母对其要求较高

身体状况：四肢健全、智力健全

文化状况：职高三年级

主要问题：该生在面对缺乏实际依据或没有明确客观对象的事物时，会感到焦虑不安。此外，还常常表现出植物神经症状和肌肉紧张，并在考试前感到不安，心情异常紧张。当遇到重大事件时，可能会不由自主地发呆。

主要心理问题：焦虑

（二）解决过程

针对小宋焦虑的心理表现，采用了认知行为教练技术中的可能性区域技术。该技术让当事人认识到未来可能存在多种不同的结果，而不仅仅是最糟糕的那一种。通过描述一个从最糟糕到最好的可能性区域，当事人可以评估这种可能性范围，并确定最可能的结果。这个过程可以帮助改善焦虑情绪，矫正对未来的消极预期认知。

1. 问题评估

小宋因为中考考试错过某科目，只能去职校上学，这一经历一直让他耿耿于怀。尽管进入职中后，他在考试前依然会感到焦虑和担心，但他已经逐渐适应了这种情况，能够在考试开始后逐渐进入状态。然而，进入职高三年级后，焦虑情绪变得更加严重，开始影响他的学习效率和注意力集中度。他曾经寻求心理医生的帮助，医生建议他降低期望值，不要过分关注成绩，多进行体育锻炼，与老师和同学进行交流，并在附近接受心理咨询。经过基本信息收集和排除器质性病变，小宋被诊断为一般心理问题。

2. 正式咨询部分对话

班主任："月考让你想到什么？"

小宋："焦虑和压力。"

班主任："你有什么想法吗？"

小宋："我可能会考不好。"

班主任："我们脑中的某些想法会自动出现，这被称为自动思维，但这些想法可能被扭曲了，我们要学会评估它们的可信度。"

小宋："好的。"

班主任进一步引导："对于你觉得'我可能会考不好'这个想法，你认为它有多大程度上可信？"

小宋思考后："其实也有可能会考得好。"

班主任总结道："当你认识到这个想法不是那么绝对时，你的情绪也会有所缓解。"

3. 实施过程

第一次训练部分对话：

班主任："在这次咨询中，我们将使用可能性区域技术来帮助你处理中考错过某科目的经历。首先，请你描述一下最糟糕、最理想和最可能的情况是什么。"

小宋："最糟糕的情况是我觉得自己会一直被这个错误困扰，无法进入好的学校。最理想的情况是我能够接受这个经历，将焦虑情绪降到最低，专注于现在的学习。最可能的情况是我会在考试前感到焦虑，但通过逐渐适应和专注，能够进入状态。"

班主任："现在让我们来看一下你认为会被这个经历困扰的证据是什么。你是否有类似的经历或者其他人有过类似的经历？"

小宋："证据就是我因为这个失误而进入职校，而不是普通高中。虽然我没有听说过其他人有同样的经历，但我担心同学们会对此有看法。"

第二次训练部分对话：

班主任："现在我们来思考一下，如果最糟糕的情况发生了，你会怎么办？"

小宋："如果最糟糕的情况发生了，我会尽量接受并面对这个事实。我会尝试不再把这个经历放在心上，而是专注于现在的学习和未来的发展。"

第三次训练部分对话：

班主任："你认为有没有可能采取一些行动来争取到更好的结果？"

小宋："我觉得我可以多与老师和同学进行交流，寻求他们的支持和理解。我还可以尝试参加一些体育锻炼，让自己的心情和身体状态更好。此外，我也可以在附近接受心理咨询，获得更多的支持和指导。"

第四次训练部分对话：

班主任："我们来评估一下你的进展情况。你觉得在控制焦虑情绪、提高学习效率和注意力集中度方面有没有改善？"

小宋："我觉得我在控制焦虑情绪方面有了一些改善。虽然我还会在考试前感到焦虑，但我能够更快地进入状态。至于学习效率和注意力集中度，我还在努力改善，但还没有达到我期望的水平。"

通过可能性区域技术，班主任帮助小宋在咨询过程中思考不同情况的可能性，并引导他寻找解决问题的方法。这种方法有助于小宋逐渐接受和处理中考错过科目的经历，以及减轻焦虑情绪对学习的影响。同时，班主任还鼓励小宋采取积极行动来争取更好的结果，并在咨询过程中评估他的进展。

（三）改变效果

在第一次训练中，班主任运用可能性区域技术，帮助小宋探索中考错过科目的经历对他产生焦虑的原因和影响。小宋描述了最糟糕、最理想和最可能的情况，这有助于他更清晰地认识到自己的担忧。班主任进一步引导小宋思考是否有证据支持他被这个经历困扰的观点，并鼓励他考虑是否有类似的经历或其他人有过类似的经历。这个过程帮助小宋意识到他的焦虑可能是基于假设和担忧，并且他并不是唯一一个经历类似情况的人。

在第二次训练中，班主任引导小宋思考如果最糟糕的情况发生了，他会怎么办。这个思考过程有助于小宋建立面对困难情况的自信和提高应对能力。小宋表示他会尽量接受并面对事实，专注于现在的学习和未来的发展。这表明他已经开始思考如何积极应对挑战，并且对自己的能力和发展具有一定的信心。

在第三次训练中，班主任可以与小宋一起制订更具体的行动计划，包括与老师和同学建立更紧密的联系，参加适合自己的体育活动，建立良好的学习习惯等。此外，班主任还可以帮助小宋掌握应对焦虑情绪的技巧，例如，深呼吸、放松训练和积极的自我对话。这样的个性化指导有助于小宋更好地应对焦虑情绪，并提高学习效率和注意力集中度。

在第四次训练中，班主任评估了小宋的进展情况。小宋表示在控制焦虑情绪方面有一些改善，他能够更快地进入学习状态。然而，在学习效率和注意力集中度方面，他仍在努力改善。尽管还有改进的空间，但小宋在处理焦虑情绪方面取得了一些进展，并且他对自己的学习和发展有了更积极的态度。

通过这几次的训练，班主任成功地帮助小宋处理了中考错过科目所带来的焦虑情绪。小宋逐渐接受并面对这个经历，并通过思考最糟糕情况和制订行动方案来增强自己的应对能力。尽管还存在改进的空间，但小宋在处理焦虑情绪、积极应对问题和寻求支持方面取得了一些积极的成果。对于进一步的发展，班主任可以继续与小宋合作，提供个性化的指导和支持，帮助他在学习和情绪管理方面取得更大的进步。

（四）方法表格

技术	实施步骤	实施效果
可能性区域技术	班主任引导小宋描述最糟糕、最理想和最可能的情况	小宋更清晰地认识到自己的担忧和焦虑情绪
	班主任引导小宋思考经历困扰的证据和类似经历的可能性	小宋意识到焦虑可能是基于假设和担忧
	班主任引导小宋思考最糟糕情况发生时的应对方法	小宋建立面对困难情况的自信和提高应对能力
	班主任与小宋一起制订具体的行动计划	小宋有了积极应对焦虑情绪的行动计划
	班主任帮助小宋掌握应对焦虑情绪的技巧	小宋学会了一些应对焦虑情绪的技巧
	班主任评估小宋的进展情况	小宋在控制焦虑情绪方面有一些改善并且对学习的态度更积极

三、案例三　NLP 教练技术

（一）个案信息

姓名：小美

性别：女

年龄：16 岁

背景：单亲家庭

身体状况：四肢健全、智力健全

文化状况：职业教育二年级

主要问题：主要表现为情绪低落、意志行为降低和兴趣低落，此外还可能表现出其他一些躯体症状。这些躯体症状主要包括食欲和睡眠节律的变化，以及胸闷、心慌、气短、注意力下降等多种表现。

主要心理问题：抑郁、消极

（二）解决过程

本案例采用 NLP 教练技术中的艾瑞克森催眠模式。催眠模式利用催眠的方法对练习者进行干预，通过催眠状态下练习者暗示性增高、分析判断能力降低等特点，使练习者更容易接受干预者所灌输的观念。

1. 通过访谈发现问题因素

班主任学习了教练技术并担任教练，在进行访谈的过程中发现造成小美抑郁的因素有三个，分别是个人因素、家庭因素、学校因素。

（1）个人因素

小美是由妈妈和姥姥共同抚养长大的。幼年时期，父母的离异给她带来了一定的心理困扰，对她的心理状况产生了一定的影响。在家中，她常常感到情绪低落，食欲不振，睡眠不稳定，经常做噩梦，对周围的事情都失去了兴趣。在学校，她害怕与同龄人交往，有时遭受同龄男生的欺负，逐渐失去了与他人交往的勇气和意愿。尽管小美在学习上非常努力，但她刻意回避与其他同学的交流，在学校和班级中几乎没有朋友。因此，这种社交退缩可能导致她感到孤独和孤立，进一步加重了她的抑郁情绪。

（2）家庭因素

不完整的家庭结构是影响个体抑郁的一个重要因素。在访谈中，小美提到童年时期父母的离异对她的性格产生了深远的影响。她常常感到郁郁寡欢，有时甚至无端地感到孤独和伤感。此外，家庭氛围也在很大程度上影响着孩子的成长和情绪状况。抑郁的孩子通常觉得家庭环境压抑。这种压抑的家庭氛围会对孩子的情绪产生负面影响。长期处于这样的氛围中，孩子会感到喘不过气来，久而久之可能导致抑郁。

在访谈中，我们发现小美的母亲离异，其将生活的重心都放在小美身上，过度关注她，给她带来了压抑感，这导致她感到家庭的不稳定和缺乏安全感，进而引发抑郁情绪。她开始出现对父母分离的内疚感或责任感，以及对家庭破裂的悲伤和失望感。

（3）学校因素

小美上了职校后，以家庭关系为中心逐渐向以同伴关系为中心过渡，越来越看重与同伴的交往。同伴关系的良好与否，将在很大程度上影响着小美的情绪。不被接纳的同伴关系会让个体感到压抑、孤独，甚至失去价值感，导致低自尊，从而产生抑郁情绪。在访谈中，她在学校中遭受欺凌、排斥或孤立，缺乏支持和友谊，这导致她感到孤独、无助和自卑。

2. 实施过程

（1）建立信任关系

在艾瑞克森催眠疗法的实施过程中，班主任发现与小美进行语言沟通是至关重要的。这种沟通有助于了解她的心理状况，并建立信赖感。

首先，需要展现对小美的言辞和情感表达的真诚关注和尊重。倾听她的话语，并给予足够的时间来表达自己的感受和想法。通过积极倾听，能够表达对她的关注和理解，从而建立起信任的基础。

其次，通过提问，引导小美更深入地探索自己的感受和体验。使用开放式问题，鼓励她描述自己的情绪、思维和行为，以便能更好地理解她的心理状况。避免使用过多的指导性问题，让她自由地表达自己。此外，非言语沟通也是建立信赖感的重要方式。通过面部表情、身体语言和眼神接触，传达关心和接纳。保持友好和温暖的姿态，创造一个舒适和安全的环境。在与小美进行沟通时，尽量避免评判和批评她的情绪或行为。相反，展示理解和支持，确保她感到被接纳和尊重。这样有助于建立信赖感，使她更愿意分享自己的真实感受。

最后，及时给予小美积极的反馈和肯定。当她表达自己的感受时，班主任给予鼓励和认可，让她感受到她的情绪和经历是被重视和重要的。这可以增强班主任与小美之间的联结，并促进进一步的交流。通过有效的语言沟通，可以更好地了解小美的心理状况，与她建立信赖感，为后续的催眠疗法提供基础。这种信任和理解的关系将有助于小美在疗程中更好地沉浸和放松，以实现治疗的效果。

（2）实施放松疗法

经过上次的谈话，小美对班主任的态度有所放松。之后，班主任再次找到小美交谈，班主任对小美实施放松疗法，走进潜意识并了解她的心结。

班主任："现在，小美，请你找一个舒适的姿势，闭上眼睛，开始放松你的身体。你可以感受到椅子的支撑和地面的稳定。慢慢地，让你的身体放松下来，放松你的头部、颈部、肩膀……让每一块肌肉都感受到深度的放松。"

小美：（按照班主任的引导，放松身体）

班主任："现在，你可以开始深呼吸，慢慢地吸气，再慢慢地呼气。随着每一次呼气，你会感受到身体和思维的放松。你的呼吸带来宁静和平静，让你进入一个安全的空间。"

小美：（开始深呼吸，感受放松和平静）

班主任："现在，我要你想象自己置身于一片美丽的花园。你可以看到鲜花的绽放和听到鸟儿的歌唱。这个花园代表着你的潜意识，里面隐藏着许多你内心深处的感受和想法。现在，你可以在花园中漫步，观察周围的景色。"

小美：（进入潜意识中的花园，观察周围的景色）

班主任："在这个花园中，你会遇到一个象征你心结的物体或场景。它可能是一个符号、一个形象，或者是一个具体的情景。现在，你可以告诉我你在花园中看到了什么，以及它让你感受到了什么。"

小美：（描述心结的物体或场景，以及相关的感受和想法）

通过放松疗法和引导，班主任帮助她进入潜意识，并了解她的心结。小美在催眠状态下，通过描述心结的物体或场景，以及相关的感受和想法，帮助班主任了解她内心的困扰。这样的了解有助于班主任实行后续的催眠引导和制订解决方案，帮助小美解除心结并促进心理健康。

（3）利用暗示并解决问题

在前两次交谈中，班主任与小美建立了相互信任的关系，并了解了小美的内心困扰。通过催眠治疗，两周后，再次见到小美，发现她状态有所改善，于是继续对她进行症状干预。班主任与小美进行简短的对话，表达关注和支持。

班主任："小美，我知道你有一些困扰和心结，我在这里是为了帮助你。你现在可以坐得舒服一些，放松一下，我们将一起探索和解决这个问题。"接下来引导小美进行深呼吸，并逐渐放松身体。

班主任："请你深深地吸一口气，然后慢慢地呼气。感受你的身体逐渐放松，让紧张的感觉慢慢离开你的身体。"班主任使用柔和、缓慢的语调，引导小美进入催眠状态。班主任："现在，我希望你想象自己置身于一个安全、宁静的地方。你可以想象自己站在一片美丽的花园中，周围有鲜花和温暖的阳光。你感受到空气中的宁静和平静。"

班主任鼓励小美回忆起与心结相关的情景，并提醒她不会感到痛苦或不适。

班主任："小美，现在你可以回想起那个让你感到困扰的情景。请描述一下你当时的感受和想法。"班主任使用暗示性语言来帮助小美解除负面心结。班主任："现在，你可以想象你身体中的一股力量正在慢慢地、温和地删除那个困扰你的心结。你可以感受到它的力量正在释放你，让你感到轻松和自由。"

（4）唤醒和总结

在唤醒和总结阶段，班主任将协助小美从催眠状态中恢复清醒，并帮助她整理和回顾催眠过程中的体验。以下是一个具体的示例：

唤醒阶段：

班主任会使用一系列语言暗示和指令，帮助小美从催眠状态中恢复清醒。

班主任："小美，现在我会慢慢数到三，当我数到三时，你会从放松的状态中醒来，感到精力充沛和清醒。一、慢慢地回到现实的表面。二、逐渐恢复你的感觉和思维能力。三、现在睁开你的眼睛，感到完全清醒。"

总结阶段：

在唤醒后，班主任会与小美一起回顾催眠过程中的体验，并帮助她将这些体验整理和总结。

班主任："小美，现在你已经恢复清醒了。你可以回想一下刚才的催眠过程，你有什么感受或体验？"

小美："我感到非常放松，就像身体和思维都进入了一种安宁的状态。我能感受到班主任的声音在指引我，但同时也感觉自己在掌控整个过程。"

班主任："非常好。你还能回想起催眠中的一些具体画面或感受吗？"

小美："我记得班主任用了很多隐喻和比喻，这让我感到很有意思。有一个画面让我想象自己在一片美丽的花园里，感受到自然的宁静和美好。"

班主任："非常棒。那么现在我们来总结一下你在催眠过程中获得的益处和感受。你觉得这次催眠对你有什么积极的影响？"

小美："我觉得这次催眠让我能够深入放松，释放压力，还有一种内在的平静感。我也更加相信自己可以通过思维来引导自己的状态和情绪。"

班主任："非常好，你对这次催眠的体验和收获有清晰的认识。这些感受和认识将有助于你在日常生活中更好地应对压力和焦虑。"

（三）改变效果

在班主任的正确引导下，使用催眠疗法。主要步骤包括建立治疗关系、实施放松技术、暗示和唤醒以及总结。首先，建立治疗关系是至关重要的，这需要展现真诚的关注和尊重，倾听小美的感受并避免对其进行评判和批评。其次，实施放松技术可以帮助小美缓解紧张和焦虑，暗示和唤醒则是催眠疗法中最为关键的步骤之一，需要谨慎地选择合适的暗示方法和技术，以达到最佳的治疗效果。最后，总结过程并与小美一起探讨自己的情感和经历是非常重要的，可以帮助小美更好地理解和应对自己内心的问题。

通过开放式问题和非言语沟通方式，创造舒适和安全的环境，小美感到被接纳和尊重。及时给予积极的反馈和肯定，加强与小美之间的联结。在实施放松疗法时，班主任通过引导小美放松身体、深呼吸和想象进入潜意识，了解她的心结和内心困扰。使用暗示性语言引导小美放松身体，并帮助她回想和解除困扰的情景。在唤醒和总结阶段，班主任将小美从催眠状态中唤醒，并与她回顾和总结催眠的体验和收获。这次催眠过程让小美感到放松、平静和自信，对她在日常生活中应对压力和焦虑有积极影响。通过这些步骤，班主任能更好地了解小美的心理状况，为后续的催眠疗法提供基础，增强了她的自信和积极向上的心理信念。有助于小美更好地应对困难，提升她的心理健康状况。

（四）方法表格

类型	过程
案例分析	通过访谈发现练习者产生抑郁心理的因素分为三个方面，教练型班主任采用 NLP 教练技术在访谈的过程中对其心理进行仔细分析，并及时干预
制定方案	采用 NLP 教练技术中的艾瑞克森催眠模式，催眠模式是利用催眠的方法对练习者进行干预，在催眠状态下，练习者的暗示性增高，分析判断能力降低，易于接受教练所灌输的观念
实施过程	1. 建立信任 2. 引导放松 3. 暗示和解决问题 4. 唤醒和总结
实施效果	通过催眠模式，小美正视困难，拥有了积极向上的心态

第四节 总 结

一、案例总结

在案例一中，GROW 模型通过帮助小军明确目标、了解现状、寻找方案、制订计划等方式，有效地增强了小军的自信和自我管理能力。小军的自尊心得到了提升，他学会了以积极的方式面对挑战和困难，不再感到无助和沮丧。此外，GROW 模型还帮助小军找到了自己的兴趣爱好，并鼓励他积极参与校园生活，使小军的心理状态得到了显著改善。

在案例二中，认知行为教练技术中的可能性区域技术通过帮助小宋了解自己的情绪和思维模式，掌握焦虑情绪的控制方法和技巧等方式，有效地缓解了小宋的焦虑情绪。小宋学会了调整自己的思维模式和情绪反应，不再感到无助和恐惧，成功克服了考试焦虑，取得了优异的成绩。此外，可能性区域技术还能够帮助小宋掌握自我管理能力，提高自我效能感，让他的心理健康得到了有效的提升。

在案例三中，NLP 教练技术中的催眠模式通过帮助小美放松身心、改变负面情绪和思维模式等方式，有效地缓解了小美的抑郁情绪。小美在催眠状态下，能够更加深入地探索自己内心的问题，找到解决问题的方法，并且在催眠结束后，能够保持一段时间的轻松和愉悦的心情。此外，催眠疗法还能够改善小美的睡眠和食欲状况，让她的身体状况得到了明显的改善。

GROW 模型、认知行为教练技术、NLP 教练技术都通过不同的干预方式，帮助个体解决心理问题，提高自我认知和自我管理能力，让其心理健康得到了显著的改善。这些技术的应用可以为个体提供更加个性化、科学化、有效的心理健康干预手段，为个体提供更加全面、综合的心理健康服务。

二、技术总结

GROW 模型、NLP 教练技术和认知行为教练技术是三种常用于解决心理问题的教练技术。它们各有不同的应用范围和特点，可以根据不同的问题和个体情况进行选择和应用。

GROW 模型是一种常用于个人和组织发展的教练模型，其主要特点是以练习者为中心，强调练习者自主、主动地参与和决策。GROW 模型主要包括四个阶段：目标、现状、方案、意愿。其中，"目标"阶段帮助练习者明确自己的目标和愿望，"现状"阶段帮助练习者了解自己的现状和资源，"方案"阶段帮助练习者寻找可行的解决方案，"意愿"阶段帮助练习者制订具体的计划和实施行动步骤。例如，在案例一中，GROW 模型可以应用于帮助学生制订学习计划。在"目标"阶段，教练可以帮助学生明确自己的学习目标和愿望；在"现状"阶段，教练可以帮助学生了解自己的学习状况和资源；在"方案"阶段，教练可以和学生一起探讨可行的学习方法和策略；在"意愿"阶段，教练可以帮助学生制订具体的学习计划和实施行动步骤，激发学生的自我管理能力和决心。

认知行为教练技术是一种常用于解决行为问题的教练技术，其主要特点是强调练习者的自我控制和主动参与。认知行为教练技术主要包括认知、行为和情感三方面。例如，在案例二中，认知行为教练技术可以应用于帮助练习者解决抑郁问题。教练可以通过认知重构技术，帮助练习者识别和改变抑郁的负面思维模式，如过度一般化、过度负面化和自我指责等，从而改变抑郁的认知模式；同时，教练也可以帮助练习者改变行为模式，如通过锻炼身体、培养兴趣爱好、改变生活方式等，从而改善抑郁情绪；最后，教练也可以关注练习者的情感体验，帮助练习者释放负面情绪，如通过情感焦点技术帮助练习者表达和处理情感，从而促进练习者的心理健康。

NLP 教练技术是一种常用于解决心理问题的教练技术，其主要特点是强调练习者的内在体验和情感，通过语言和身体技巧的运用，帮助练习者改变思维和行为模式。NLP 教练技术主要包括神经学、语言学和编程学三方面。例如，在案例三中，NLP 教练技术可以应用于帮助练习者解决焦虑问题。教练可以通过了解练习者的感受和情绪，运用语言和身体技巧，帮助练习者改变焦虑的思维模式，如通过认知重构技术，帮助练习者识别和改变焦虑的负面思维模式，从而减轻焦虑的程度。

GROW 模型、NLP 教练技术和认知行为教练技术都是有效的心理辅导技术，可以根据不同的问题和个体情况进行选择和应用。在实践中，教练需要根据练习者的需求和情况，选择合适的技术和方法，积极引导和激励练习者，促进练习者的自我发展和成长。

参考文献

一、中文文献

专著

[1] 黄荣华，梁立邦．人本教练模式 ［M］．北京：北京联合出版公司，2017.

[2] 黄炎培．黄炎培教育文选 ［M］．上海：上海教育出版社，1984.

[3] 梁慧勤．走进生命的教育：教练型班主任专业修炼 ［M］．上海：华东师范大学出版社，2016.

[4] 刘春生，徐长发．职业教育学 ［M］．北京：教育科学出版社，2002.

[5] 刘子鸣．人性解码：解码事业、家庭、人生 ［M］．北京：中国财富出版社，2016.

[6] 米靖．中国职业教育史研究 ［M］．上海：上海教育出版社，2007.

[7] 袁华，郑笑鸿．职业教育学 ［M］．上海：华东师范大学出版社，2010.

[8] 约翰·惠特默．高绩效教练 ［M］．北京：机械工业出版社，2019.

[9] 张海峰，韩云洁．企业教练技术 ［M］．成都：西南交通大学出版社，2015.

译著

[1] 安德鲁斯，福克纳．NLP 圣经：美国 NLP 学院专业教程 ［M］．丁伟，译．北京：世界图书出版公司，2016.

[2] 戴维·伯恩斯．伯恩斯新情绪疗法 ［M］．李亚萍，译．天津：天津出版传媒集团，天津科学技术出版社，2020.

[3] 德雷克，布伦南，戈尔茨，等．教练式管理 ［M］．黄学焦，王之波，等，译校．北京：北京大学出版社，2013.

[4] 理查·班德勒，约翰·葛瑞德．催眠天书：米尔顿·艾瑞克森催眠模式 ［M］．王建兵，蒋红梅，译．北京：世界图书出版公司，2017.

［5］乔纳森·帕斯莫．卓越教练技术指南［M］．龙红明，译．3 版．北京：人民邮电出版社，2018.

［6］斯蒂芬·吉利根．艾瑞克森催眠治疗理论［M］．王峻，谭洪岗，吴薇莉，译．北京：世界图书出版公司，2007.

［7］斯蒂芬·帕尔默，艾莉森·怀布鲁．教练心理学手册：从业者指南［M］．李朔，易凌峰，译．2 版．上海：华东师范大学出版社，2021.

［8］维吉·布洛克．教练技术：教练学演变全鉴［M］．梁立邦，译．北京：北京联合版出版社，2016.

期刊

［1］陈文彬．当代职业学校学生常见的心理问题及改正措施［J］．智库时代，2019，8（01）.

［2］崔景贵．当代职业学校学生心理发展的基本特征［J］．教育与职业，2008（08）.

［3］邓为民．在实践中保持党的纯洁性：基于高校学生思政工作的思考［J］．台州学院学报，2014，36（04）.

［4］法磊．浅析中职生叛逆心理的成因及对策［J］．中等职业教育（理论），2012（04）.

［5］古翠凤，陈小满，辛欢．经济学视角下我国职业教育起源探析［J］．集美大学学报（教育科学版），2014，15（02）.

［6］何华宇．企业教练技术应用于学校管理的思考［J］．四川经济管理学院学报，2009（04）.

［7］黄学焦．伟大的 CEO 是伟大的教练：谈谈教练技术［J］．中国民营科技与经济，2012（03）.

［8］金莹，黄丹．GROW 模型在绩效辅导中的运用与创新：以"90 后"技术人才为例［J］．中国人事科学，2020（06）.

［9］雷炳新．达克效应［J］．现代班组，2021（06）.

［10］刘伟见．教练技术与中国传统文化的融合［J］．现代企业文化，2012，250（11）.

［11］马丽娟，王春．职校生沉迷网络游戏的成因及心理干预策略：以南京高等职业技术学校为例［J］．江苏教育，2020（16）.

［12］孙莉娅．大学生心理问题及异常行为管理预防［J］．吉林华桥外国语学院学报，2008（02）.

［13］王琼．采用认知行为疗法治疗社交恐怖症一例［J］．校园心理，

2009，7（05）.

[14] 咸桂彩，赵欣. 职业学校学生心理特征与发展任务研究 [J]. 职业技术教育，2004，25（34）.

[15] 向雪. 基于 GROW 模型的线上线下教育融合培养案例应用分析 [J]. 长江工程职业技术学院学报，2021（01）.

[16] 谢清. 心理教练技术在学生工作中的运用 [J]. 华南教育信息化研究经验交流会论文汇编（八），2020

[17] 杨玉琴. 职校生心理问题分析及教育策略 [J]. 明日，2019（42）.

[18] 余璇. 浅析教练技术在高校学生工作中的应用 [J]. 文教资料，2017（20）.

[19] 袁春龙. 认知行为疗法在考试焦虑个案干预中的应用 [J]. 中小学心理健康教育，2021.

[20] 曾令华. 基于教练技术的人才培养模式研究 [J]. 企业活力，2010（08）.

[21] 张晓彤. 心理社会治疗模式在残疾人个案中的应用 [J]. 环球市场信息导报，2014（41）.

[22] 郑雪. 刍议心理教练技术在维护大学生心理健康中的作用 [J]. 亚太教育，2015（30）.

[23] 钟小要. 教练技术在提升大学生创新创业心理素质方面的应用 [J]. 沈阳大学学报（社会科学版），2018，20（05）.

论文

[1] 白舸. 基于 GROW 教练模型构建内蒙古某三甲医院护士分层培训体系的研究 [D]. 呼和浩特：内蒙古医科大学，2020.

[2] 许静静. 中等职业学校校园暴力及预防对策：职校德育视角 [D]. 上海：华东师范大学，2010.

二、英文文献

WHITMORE J. Coaching for performance [M]. Boston：Nicholas Brealey, Publishing，2017.